國別和區域研究

International and Regional Studies

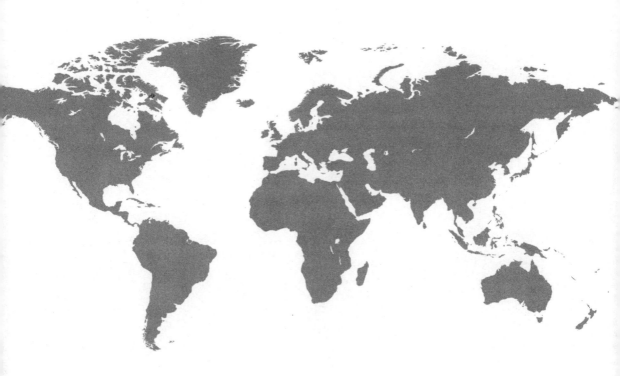

Vol. 1-2

（第 1、2 期）

社会科学文献出版社
SOCIAL SCIENCES ACADEMIC PRESS (CHINA)

目录

"一带一路" 沿线区域形势

"一带一路" 国别研究

学科建设

CONTENTS

Regional situation along the line of "The Belt and Road"

The Studies on Different Countries about "The Belt and Road"

Discipline Construction

发展国家关系　加强区域合作

——《国别和区域研究》发刊词

秦亚青◎

　　《国别和区域研究》创刊了。随着中国改革开放的深入发展和国际地位的日益提升，中国更加全面地参与到国际体系改革和国际社会的建设进程之中。中国从来没有像现在这样，一方面需要更加迫切地了解世界，另一方面也需要被世界了解，为世界所认同。《国别和区域研究》正是在中国快速崛起与全球化带来的世界多元文化的碰撞交融中诞生的。

　　中国的学术期刊承载着诸多使命，需要全面适应国家发展重大战略需求，成为繁荣哲学社会科学的重要阵地、学术发展和学科建设的坚实依托、高端智库建言献策的沟通平台。同时，一份过硬的学术期刊，也需要得到国内外学术共同体的普遍认可。高质量的学术论文和特色鲜明的研究取向是优秀期刊的重要标志；发展理念、准确定位、精心策划则是优秀学术期刊的基本保障。

　　《国别和区域研究》的宗旨是推动学术发展和加强咨政服务，力争成为国家和区域政治、经济、文化、社会全方位综合研究的思想性平台，并努力发挥教学科研、数据应用、咨询服务和国际交流的多种功能和作用。

　　《国别和区域研究》的理念是求新、重质、共生、合作。求新意味着将新思想、新方法、新材料作为期刊的活力之本；重质意味着以高质量、高标准、高起点为选择论文的基本依据；共生意味着关注人类的共同命运，倡导合作共赢的国际关系准则；合作意味着与国内外学术同行和期刊加强合作，共同打造学术交流和思想冲撞的阵地。

2015 年，世界秩序走到了一个重要的拐点。二战结束 70 周年，世界格局经历重要转型，国际关系复杂动荡，新型大国关系备受关注，中国特色大国外交初显端倪。本刊第一期围绕中国外交的重大内容，确定"一带一路"为研究主题。我们期盼中外学者通力合作，为将《国别和区域研究》打造成为特色鲜明、思想活跃、直面问题、体用兼顾的精品刊物而努力奋斗。

秦亚青

中国国际关系学会副会长

《国别和区域研究》学术顾问

《国别和区域研究》发刊贺词

〔沙特〕阿卜杜勒·拉赫曼◎

中华文明的历史悠久和中国人民为人类发展做出的杰出贡献，得到了阿拉伯人民，特别是沙特阿拉伯人民衷心的尊重和赞扬。鉴于中国在沙特阿拉伯人民、政府的心中，乃至整个国家的意识形态中的重要地位，阿卜杜拉国王将中国作为他登基后出访的第一个国家。我记得，当阿卜杜拉国王于1988年第一次访华时，出于对中国人民和中华文明的尊重和求知欲，特意将为期两天的国事访问延长至十天，以便到访中国更多的城市，更深层地接触中华文明，而我也有幸见证了这段历史。

这些难忘的历史不会被岁月磨灭，中沙两国友好的历史仍在不断发展，2014年3月13～15日，时任王储的萨勒曼访问中国。

中方以多项协议和备忘录的形式表示对萨勒曼到访的高度重视，而萨勒曼的访问，也足以证明中国在沙特阿拉伯人民心中颇有地位。这不仅因为中国是沙特阿拉伯最大的石油出口国，也由于两国关系在政治、经济、社会领域取得了长足的发展，其中双边贸易额的飞速增长就是很好的佐证。

萨勒曼访华为中沙发展提供了新动力，两国关系的发展也将迈进新纪元。沙特积极响应中国倡导提出的亚投行，并以第26位参与者的身份加入其中。中沙两国不仅在经济方面合作紧密，在科技、医学、旅游等领域的合作进展同样喜人。

世界也早已意识到中沙关系的重要性。中沙关系观察员、著名战略思想家布鲁斯·罗伯特和其他亚洲问题专家评论，这次由埃米尔·穆格林王储陪同的国王访华时称："自阿卜杜拉国王访华始，沙特的目光就开始转向东方，现如今，沙特早已成为中国在中东地区最大的贸易伙伴。"

萨勒曼充分认识到当今世界所经历的发展本质，并通过对中沙关系的维系与重视，将两国关系推向了新的高峰。众所周知，萨勒曼是中沙两国友好关系坚定的维护者，他为拓展两国发展空间，维护两国人民共同利益，做出了不懈的努力。

萨勒曼在访华过程中，也表达了同样的期许，希望中沙两国关系在和平、合作的氛围下不断发展，他指出："沙特愿在爱和尊重的基础上建立两国间的战略合作伙伴关系，热切希望加强合作、深入对话交流，在政治、经济、贸易、工业、文化、投资、能源、安全合作方面发展双边关系，实现全面的可持续发展，服务该地区的和平与稳定。"

可喜的是，中沙两国关系的深入发展也为中国阿拉伯语教育的发展、阿拉伯文化在中国的传播，以及汉语在阿拉伯国家的传播，注入了强劲的动力。

我很荣幸能够加入北京语言大学阿拉伯研究中心理事会，希望能在促进中阿文化交流、开展对话、促成合作等方面略尽绵薄之力。

在《国别和区域研究》发刊之际，希望这本杂志成为沙中国际交流的桥梁。

祝《国别和区域研究》越办越好！

阿卜杜勒·拉赫曼

沙特阿拉伯国王顾问

沙特国王办公厅专家委员会主席

北京语言大学荣誉教授、博士

中国和平发展道路与构建利益共同体

郑必坚◎

一 中国和平发展道路经得起历史的检验

过去 30 多年，经过艰辛努力，中国走出了一条适合中国国情、又适合时代特征的和平发展道路。

以 1978 年中共十一届三中全会为标志，以邓小平先生为代表的中国共产党人，审时度势，敏锐地抓住机遇，引导中国改革开放，在一步一步地同经济全球化相联系而不是相脱离的进程中，走出了独立自主地实现中华民族伟大复兴，建设富强、民主、文明、和谐的社会主义现代化国家这样一条全新的发展道路。

30 多年来，由于聚精会神搞建设，一心一意谋发展，由于持续推进解放思想和解放生产力，由于开启了实践基础上的一系列理论创新、制度创新、科技创新和文化创新，中国社会焕发出空前的生机与活力。

正因为这样，中国才能够实现持续 30 多年 GDP 年均增速接近 10% 的快速增长，全社会由温饱不足变为总体进入小康。

中国以自身的实力壮大为世界的发展做出了重大贡献，并以实际行动证明了自己是维护世界和平的坚定力量，从而在国际上赢得了应有的地位和影响力。

改革开放带来的沧桑巨变，不仅从根本上改变了中国的面貌，而且使我们越来越清醒和深刻地认识到中国所处的历史方位和前进方向。以我本人的体会和认识来说，这就叫作"和平崛起"。

作为一个观察者、研究者，我从 2002 年起，在提出中国"和平崛起"理念的同时，就强调："和平"，是针对某些国际舆论鼓吹的"中国威胁论"；而"崛起"，则是针对国际上另一些人鼓吹的"中国崩溃论"。

总之，当代中国必须走，只能走，也一定能够走出一条世界近代以来历史上从未有过的大国和平崛起即和平发展的道路。这也就是我所理解的当代中国的根本走向。

二 中国和平发展道路还将不断拓展新的内涵

既然是和平崛起，那就有一个全方位地处理好同一切相关国家和地区的关系的问题。应当说，这也正是中国和平崛起的题中应有之义。也正因为这样，从 2004 年起，我又进一步明确提出，中国在和平崛起进程中，需要全方位地同周边国家和地区，同一切相关国家和地区，逐步构建"利益汇合点"，构建"利益共同体"（那时我还把它叫作"利益利害共同体"）。

2005 年 6 月，我还这样说，中国在和平崛起进程中，一定要做到，也一定能够做到同相关各方，形成轻易拆解不开的、多方面的和不同领域、不同层次的利益共同体。

进入 21 世纪第二个十年，我又在一系列国际国内的讲演中，包括 2011 年胡锦涛主席访美期间我在华盛顿和美国斯坦福大学的讲演中，以及 2011 年我在欧洲，在"21 世纪理事会"的讲演中，对这个问题做了进一步的阐发。

三 构建"利益汇合点"和"利益共同体"符合中国本身 在 21 世纪第二个十年的发展大势

说到这里，我愿进一步强调一个基本点：关于中国和平崛起，关于中国在对外关系中构建"利益汇合点""利益共同体"的思考，首先是基于中国本身在 21 世纪第二个十年的发展思路和发展目标。

迈入 21 世纪第二个十年，中国的发展面临一系列新的严峻挑战。这里有：经济增长受到资源与环境约束的挑战；经济社会发展不平衡，包括投资与消费、"引进来"与"走出去"、城市与农村、东部与西部等方面不平衡的挑战；产业结构转型艰难和科技研发能力不足的挑战；人力资源和社会就业结构不相衔接的挑战；收入分配不够均衡和利益结构面临重新调整的挑战；社会矛盾明显增多而社会治理相对滞后的挑战；还有可以预料和难以预料的种种严重自然灾害的挑战；等等。

为了应对这些挑战，中国在 21 世纪第二个十年的努力，确定无疑地只能集中到一点，就是要把中国社会生产力推进到一个新的更高水平。也就是要在前 30 多年改革发展成就基础上，从量和质两方面（尤其是质的方面），实现中国社会生产力的新的更大飞跃。这是一切问题的中心，也是我们解决一切问题的最根本依据。由此而来的，围绕这个中心：第一，中国人要使中国的科技和教育事业再上一个大台阶；第二，要使中国的经济结构、产业结构再来一个大转型（扩大内需和国内市场）；第三，还要下大功夫把中国的社会治理提高到一个新水平（更加活跃、更加有序、更加环保，从而更加和谐）；第四，在对外关系上，全方位地同周边国家和地区，同一切相关国家和地区，逐步构建不同层次和内涵的"利益汇合点"和"利益共同体"。同样由此而来的，将是中国更加致力于国内发展，更加致力于提高全民族文明素质和精神追求，从而使中国社会既充满活力又和谐安定，使中华民族既实现和平崛起又达到文明复兴！

我确信，这样的中国，必将为世界提供更巨大的市场需求和更广阔的发展机遇。

这也就从根本上决定了中国与世界的关系在今后十年乃至更长时间的发展走向。

四 构建"利益汇合点"和"利益共同体"也符合 21世纪第二个十年的世界发展大势

关于中国和平崛起，以及关于中国在对外关系中构建"利益汇合点""利益共同体"的未来愿景，当然同时也是基于世界大势。

我认为，21世纪第二个十年，对中国和世界来说，都是机遇和挑战相交织期，而且机遇和挑战又都前所未有。

这里，我愿就此提出八点基本估计。

第一，在世界多极化、经济全球化条件下，各国相互依存不断加深，你中有我，我中有你，大家谁也离不开谁。

第二，大国关系出现重大调整，相互竞争和合作更加明显。在合作中求发展，又在竞争中谋优势。控制竞争、发展合作成为一种必然要求。

第三，包括中国在内的发展中国家共同和平崛起的势头日益明显。今后十年是其发展和崛起的关键时期。

第四，国际金融危机催生了世界范围内社会生产力结构的重大变革，一个以"绿色、低碳、可持续"为重要特征的新技术革命和产业革命方兴未艾，日益展露其锋芒。在后国际金融危机时期，气候、能源、资源、粮食、金融等全球性安全问题更加突出，全球治理问题也被紧迫地提到议事日程上来。

第五，各大国经济发展方式将发生重大变动，由此又将决定各大国相对地位和利益关系的进一步变化。

第六，各种形式的剧烈动荡和地缘政治冲突时有发生，冷战思维乃至传统形式的局部热战危险依然存在。对此既不必惊慌失措，也不能掉以轻心。

第七，无论世界格局怎样发展，人类仍将无可避免地在一个很长时期内处于主权国家主导国际关系的历史阶段。尊重国家主权和领土完整，仍然是国际关系不可或缺的基本准则之一。

第八，综观天下大势，无论中国还是世界，仍将呈现机遇与挑战这样的两重性相交织，而归根到底机遇大于挑战的根本走向。

就中国来说，我们对未来十年中国的和平崛起仍然充满信心，而决不会因为这样那样的事变就轻易动摇。如果说在21世纪第一个十年，中国坚持走和平发展道路，成为世界发展的重要组成部分，中国与世界形成了共同利益的扎实基础，那么，在21世纪第二个十年，中国将继续坚定不移地走和平发展道路，而成为世界发展更加重要的一部分，中国与世界也将形成更加系统、更加深化和更可持续发展的共同利益。

中国是和平发展道路的实实在在受益者。中国要真正实现现代化还必须毫不动摇地继续坚持和依靠和平崛起。中国有什么理由要改变呢？

当然，世界上的事情是复杂的，是由多方面因素决定的，而且往往如我前面所谈，是令人眼花缭乱的两重性发展。以当前大国动向而论，归根到底，无非有三种作为：一是继续冷战思维，搞各种形式的冷战；二是世界大战虽然打不起来，但搞局部热战；三是构建"利益汇合点"和"利益共同体"，谋求共同发展。对于前两种作为，中国人都领教过，我们的态度是第一反对、第二不怕。在经济全球化不断深化的今天，世界各国面临着共同的、全新的挑战，如果仍然以20世纪70年代以前甚至19世纪的旧思维旧战略来应对21世纪上半叶的全球挑战，那是很危险的，而且可以断言不会有好下场。中国人主张的是第三种前途，即在经济全球化条件下，在努力搞好自身力量建设包括国防建设的基础上，走和平发展道路，同世界一切相关国家和地区发展"利益汇合点"和"利益共同体"。

以海纳百川的胸怀，以乘风破浪的勇气，共建21世纪海上丝绸之路

李肇星◎

习近平主席提出"一带一路"倡议以来，时至今日已取得丰硕成果。中国的规划和机制建设取得了实质进展，在国内外成功举办了一系列会议，丝路精神和几大经济合作走廊的构想深受好评，各地方、企业界、侨界、新闻界和文化学术界积极参与。"一带一路"沿线50多个国家、欧盟、东盟、上合组织、联合国亚太经社理事会等多个国际组织展现积极态度。中国与哈萨克斯坦等5国签署了"一带一路"合作协议，与沿线国家在交通基建、产业和人文等领域的一些项目上取得突破。亚洲基础设施投资银行创始成员国众多，丝路基金顺利启动。

这些成果的取得，既源于中国政府和各界人士积极和有效的推动，更源于沿线国家和人民的关心、认同和参与。习近平主席1988年在福建工作的时候就提倡要搞"经济大合唱"，因为"众人拾柴火焰高"。任何一项伟大的事业，都需要朋友、需要伙伴，需要大家心往一处想，劲往一处使。"一带一路"是中国的倡议但不是中国的专利，是交响乐而不是独奏曲，是团体操而不是独角戏。时至今日，"一带一路"正成为沿线各国人民的共同愿景和共同行动。

经常有外国朋友会问，"丝绸之路经济带"和"21世纪海上丝绸之路"是什么关系，为什么要将两者合在一起，"一带"和"一路"哪个更重要、更优先？其实，丝绸之路自古就有陆海两大方向，骆驼和帆船都是亚欧大陆及附近海洋商贸和文化交往的象征，陆、海丝绸之路是互补并行

《国别和区域研究》（第1、2期），第6~9页。

的关系。今天的"一带一路"是亚洲腾飞的两只翅膀，既然要展翅高飞，就得两只翅膀同样用力，"一带"和"一路"相辅相成，同等重要。"一带一路"一头连接亚太经济圈，一头连接欧洲经济圈，南亚和西亚是"一带"和"一路"的交会之地，因此陆上与海上合作必须兼顾。"一带一路"的沿线国家，不管是沿海国家还是内陆国家，都在加强互联互通和发展国际贸易，都有参与国际海洋合作的权利，都应该是"一带"和"一路"的平等建设者和共同受益者。

海上丝绸之路较之陆上，有共性，也有特性；有优势和潜力，也有难度和挑战。要推进"21 世纪海上丝绸之路"建设，笔者主张要有海纳百川的胸襟，有乘风破浪的勇气，在对接合作上下功夫。

海纳百川，就是中国已经并将继续虚心听取沿线国家和人民的意见和建议，充分考虑各方合理的利益和关切。就是坚持开放的区域主义，不搞封闭性集团，不针对第三方，与其他区域合作倡议和机制建立合作关系，欢迎域内外国家以适当方式积极参与。未来"一带一路"建设会涉及很多经济和人文合作项目，欢迎国际组织、跨国公司、金融机构和非政府组织各尽所能。

乘风破浪，就是把握国际金融危机之后的调整期，顺应全球海洋经济蓬勃发展的潮流，建设海上合作支点与海上经济合作走廊，大力推进海洋运输、海上资源开发、海洋环保、海洋科研、海洋旅游、海洋考古以及临港经济区发展。就是增强各国海上合作的战略共识，增进战略互信，突出经济与人文合作，先做能做的事、容易做的事，以和平的方式妥善处理矛盾和分歧，避免争议问题影响合作大局。

有的外国朋友很坦诚地讲，他们认为建设"21 世纪海上丝绸之路"是件好事，但担心大国在海上争夺势力范围，担心与海上争端搅在一起，担心形形色色的海上安全问题。"21 世纪海上丝绸之路"是亚欧国家共同参与的合作蓝图，21 世纪的亚欧各国应该摒弃冷战思维，构建合作共赢的新型国家关系，以更加自信、开放、从容的姿态推进海上合作。中国倡导"21 世纪海上丝绸之路"，与中国"亲、诚、惠、容"的周边外交理念是一致的，中国没有什么所谓的谋求势力范围的地缘战略意图，不会做侵犯别国主权或强人所难的事。中国坚定维护属于自己的海洋权益，也坚定维护全球和地区海洋秩序，提供公共产品，建设和谐海洋。

2014年8月，在厦门举行的亚太经合组织（APEC）第四届海洋部长会议通过了《厦门宣言》，主张构建更全面、可持续、包容和互利的亚太海洋合作新型伙伴关系。要实现这样的伙伴关系，对接合作是最有效的方式。

对接首先是古今对接。海上丝绸之路古已有之，2000多年前中国人、印度人、阿拉伯人就已驾驶海船互通有无。宋元时期，中国泉州成为"东方第一大港"，千帆竞逐，梯航万国，与埃及的亚历山大港齐名。2016年3月，印度旅游年开幕，印度总理莫迪说，几千年来，印度和中国之间结成了不可分割的纽带。中国古代高僧玄奘到印度取经时曾经到过我的家乡古吉拉特邦，回到中国后，回到了习近平主席的家乡陕西。印中两大古老文明曾经为世界奉献良多，21世纪是亚洲世纪，中国和印度将一如既往为整个世界做出贡献。"21世纪海上丝绸之路"建设，需要挖掘历史文化资源，增强亚洲人认知海洋、进取海洋、经营海洋、发展海上合作的自信心，继承和弘扬和平合作、开放包容、互学互鉴、互利共赢的精神。

其次是陆海对接。新亚欧大陆桥、中蒙俄、中国—中亚—西亚、中国—中南半岛等国际经济合作走廊建设，离不开沿海港口。海上重点港口建设，也离不开陆上腹地和交通线。希望通过"一带一路"建设，实现陆上和海上经济要素的自由流动，促进内陆和海洋文化的交融，建设通畅安全高效的陆海运输大通道，让沿海和内陆的人民实现共同富裕。

最后是各国发展战略的对接。很多国家都有自己的发展战略、发展规划，现在到了对接各国战略规划的时候了。对接不是你来规划我，也不是我来规划你，而是在尊重彼此规则的基础上，找出共同点与合作点，进而制订共同规划、推进合作项目。例如，印度尼西亚总统佐科提出建设海洋强国和"海上高速公路"，与"21世纪海上丝绸之路"倡议不谋而合，海洋合作正成为中国与印度尼西亚双边合作的新引擎。

对接最终要靠人来实现，要以人为本，靠人心相通。笔者的同事王崳生大使，在斯里兰卡常驻十余年，夫人病逝于科伦坡，他对斯里兰卡人民感情笃深。前不久，他以 84 岁的高龄再赴斯里兰卡出席研讨会，用当地僧伽罗语致辞，就共建海上丝绸之路发表热情洋溢的讲话，赢得热烈反响。他在夫人的墓前献花，老泪纵横但无怨无悔。所以，海上丝绸之路不是横空出世，而是几代外交官和社会各界人士的心愿和努力的积淀。

2014 年，中国外交部组织了丝绸之路青年行活动，安排南京高校的外国留学生到江苏、浙江等地参观丝路古迹和新貌。印度尼西亚留学生说，郑和拥有当时世界上最强大的船队，却用和平的方式带给东南亚人民友谊和商品。当他亲眼看到大宝船的样子之后，更信服今天的中国将走和平发展道路。所以，海上丝绸之路要靠更多年轻人去亲身体验，投身到火热的建设事业中去。

中国"一带一路"建设与中东利益相关国家

高尚涛◎

【内容提要】 本文利用利益相关者理论，围绕如何在中东阿拉伯地区建设"一带一路"问题，构建了一个实证分析框架。本文认为，中国应该把沙特阿拉伯、阿联酋、卡塔尔、伊拉克、埃及等重要的支持型利益相关者国家作为战略支点和地区抓手，将其国家战略与中国的"一带一路"战略对接，并用心经营。以这些战略支点国家为中心，逐渐向其周边国家扩散发展，再将其串联起来，最终建成"一带一路"经济带。

【关键词】 一带一路 利益相关者 阿拉伯国家 战略支点

【作者简介】 高尚涛 外交学院国际关系研究所博士，副教授。

2013 年 9 月，中国正式提出建设"丝绸之路经济带"和"21 世纪海上丝绸之路"（简称"一带一路"）的重大战略规划。在"一带一路"建设中，中东地区和阿拉伯国家是中国的天然合作伙伴，也是中国的重要利益相关者，值得认真研究和对待。但由于中东阿拉伯各国差别很大，满足中国建设需求的条件各不相同，哪些中东阿拉伯国家的重要

《国别和区域研究》（第 1、2 期），第 10 ~ 30 页。

性更高、合作价值和开发潜力更大？应如何有效甄别其重要性级别并合理利用其合作潜力制定合理对策，有效推进"一带一路"建设进程？为回答这些问题，本文利用利益相关者理论，建立了一个实证分析框架，对中国如何在中东地区和阿拉伯国家推进"一带一路"建设进行深入分析。本文认为，中国应该把沙特阿拉伯、阿联酋、卡塔尔、伊拉克、埃及等重要利益相关者国家作为战略支点和地区抓手，将其国家战略与中国的"一带一路"战略对接，并用心经营、串联对接，最终建成"一带一路"经济带。

一 中国建设"一带一路"的战略定位和利益目标

"一带一路"建设是中国为推动国民经济持续稳定发展、扩大对外开放、开创中国外交新局面而做出的重大战略规划和顶层设计，事关中国的外交全局和国家根本战略利益。

为推动"一带一路"战略规划顺利开局，中国确定了"以亚洲为重点建设经济走廊以深化区域合作、以基础设施建设和资金人员流通为主要突破方向"的初期建设规划。2013 年 9 月 7 日，习近平主席在访问哈萨克斯坦时表示，为了使各国经济联系更加紧密、相互合作更加深入、发展空间更加广阔，中国可以创新合作模式，共同建设"丝绸之路经济带"，以点带面，从线到片，逐步形成区域大合作。2014 年 5 月 21 日，习近平主席在亚信峰会上进一步指出，中国将同各国一道，加快推进"丝绸之路经济带"和"21 世纪海上丝绸之路"建设，尽早启动亚洲基础设施投资银行，更加深入参与区域合作进程，推动亚洲发展和安全相互促进、相得益彰。同年 11 月 8 日，习近平主席在主持"加强互联互通伙伴关系对话"会议时强调，为加强"一带一路"务实合作，深化亚洲国家互联互通伙伴关系，共建并发展命运共同体，塑造更加开放的亚洲经济格局，应从五个重点方面入手。第一，以亚洲国家为重点方向，依托亚洲、造福亚洲，率先实现亚洲互联互通；第二，以经济走廊为依托，兼顾各国需求，统筹陆海两大方向，建立亚洲互联互通的基本框架；第三，以交通基础设施为突破，实现亚洲互联互通的早期收获，优先部署中国同邻国的铁路、公路项目；第四，以建设融资平台为抓手，打破亚洲互联互通的瓶颈。中国将出资 400 亿美元成立开放性"丝路基金"，欢迎亚洲内外的投资者积极参与；第五，以人文交流为纽带，夯实亚洲互联互通的社会根基。

在上述初期规划框架中，位于亚洲地区的中东阿拉伯国家占有重要地位。2014 年 6 月 5 日，习近平主席在中阿合作论坛第六届部长级会议开幕式上发表"弘扬丝路精神，深化中阿合作"的重要讲话，强调阿拉伯国家是与中国共建"一带一路"的"天然合作伙伴"，希望中阿双方坚持共商、共建、共享原则，打造中阿利益共同体和命运共同体。为此，习近平提出中阿共同构建"1 + 2 + 3"合作格局，即以能源合作为主轴，以基础设施建设、贸易和投资便利化为两翼，以核能、航天卫星、新能源三大高新领域为新的突破口，合作共建"一带一路"，争取用 10 年时间，把中阿贸易额从 2013 年的 2400 亿美元增至 6000 亿美元。为此，双方应加快协商和推进中国—海湾阿拉伯国家合作委员会自由贸易区建设、阿拉伯国家参与亚洲基础设施投资银行事宜，争取早有收获。

这意味着，中国与位于亚洲的阿拉伯国家以能源合作为主轴，以基础设施建设、贸易和投资便利化为两翼，以核能、航天卫星、新能源三大高新领域为新突破口进行"一带一路"建设，是中国在中东地区的开局目标和重大战略利益。如何有效协调亚洲阿拉伯国家与中国共同实现这一目标，成为中国面临的重大课题。

二　中国"一带一路"建设在中东地区利益相关国家重要程度权衡

中国是"一带一路"建设的发起国，也是"一带一路"建设的利益主导国,为更好地推进"一带一路"在中东地区的建设,实现中国战略利益,中国需要认真甄别和确定该地区的利益相关者,甄别它们的重要性程度、利益关切和基本立场,以确定有针对性的行为策略。

根据中共中央对"一带一路"建设的战略定位,中国在中东阿拉伯国家建设"一带一路"的利益相关者主要是位于亚洲的阿拉伯国家。这些国家不仅可以直接影响中国与中东阿拉伯国家的"一带一路"建设,而且会受到"一带一路"建设的直接影响。结合中国外交部对国家和地区的分类,我们把位于亚洲的中东阿拉伯国家确定为13个,分别是沙特阿拉伯、阿联酋、阿曼、卡塔尔、科威特、巴林、巴勒斯坦、黎巴嫩、叙利亚、也门、伊拉克、约旦,[①] 再加上埃及。埃及作为中东阿拉伯国家,虽然其绝大多数领土位于非洲大陆,但其紧邻亚洲,而且作为古丝绸之路重要通道的西奈半岛,也位于亚洲版图内。所以,埃及也应被包括在内。

那么,在这13个利益相关者国家中,哪些国家的重要性更大一些、值得中国投入更大精力呢?要回答这一关键问题,我们需要对这些国家的重要性级别进行衡量。

根据利益相关者理论,我们用"合理性"、"影响力"和"紧急性"三个指标衡量这些国家的重要性。所谓合理性指标,是指某一利益相关者是否对利益主导国的某一国际利益具有法律的、道义的或其他特定方式的合理索取权,而影响力是指某一利益相关者是否拥有影响利益主导国某一国际利益的地位、能力、资源和相应手段,紧急性则是指某一利益相关者的诉求能否立即影响利益主导国的利益从而迅速引起该国决策者的重视。在以上13个利益相关者国家中,任一国家要成为有意义的利益相关者,至少需要符合上述三项指标的其中一项,即要么对利益主导国的某一利益

---

① 参见中华人民共和国外交部网站:《国家与地区·亚洲》,http://www.fmprc.gov.cn/mfa_chn/gjhdq_603914/gj_603916/。

拥有合理索取权，要么能够对利益主导国的决策者施加压力，要么能够迅速引起利益主导国决策者的重视，否则就是没有意义的利益相关者，不值得重视。[①]

借用笔者在《外交决策分析的利益相关者理论》一文中对三个指标的可操作化处理方式，具体到本文分析的利益相关者国家，合理性指标主要涉及"控制关键资源"这一可观察项（最大赋值 40）。影响力指标主要涉及利益相关者与利益主导国的相对权力大小和对利益主导国的吸引力大小，由于中东阿拉伯国家相对权力均比中国小，所以中东各国相对权力最大赋值为 10，而吸引力最大取值为 20。紧急性指标则涉及"进行联盟活动（与其他利益相关者联盟），且采取支持或反对行动"（最大赋值 20）、"不进行任何联盟活动，但采取支持或反对行动"（最大赋值 15）两个可观察项。[②]

结合本文研究的具体内容（中国作为利益主导国在上述 13 个利益相关者国家中构建"1 + 2 + 3"战略合作框架），我们可以将三大重要性指标的可观察项进一步细化。

合理性指标中的控制关键资源，可以细化为利益相关者各国的石油探明储量、天然气探明储量、基础设施建设规划规模、消化中国产品的能力（中国向其出口额）。以上几项关键资源都是中国在中东阿拉伯国家构建"1 + 2 + 3"战略合作格局的关键组成部分，可以视为同等重要，赋值累加。它们的最高赋值均为 40/4 = 10，该数值对应实际数值最大的国家，其他国家的取值则按比例递减。根据上述分析，制定表 1（合理性指标的可观察项赋值表）。

---

① 美国学者米切尔和伍德提出用"评分法"（Score – based Approach）来衡量利益相关者的指标体系，深化和细化了利益相关者理论的应用研究。两位学者指出，利益相关者理论有两个核心问题，一是利益相关者的确认（Stakeholder Identification），二是利益相关者的重要性（Stakeholder Salience）（决策者依据什么给予特定群体以关注）。参见陈宏辉、贾生华《企业利益相关者三维分类的实证分析》，《经济研究》2004 年第 4 期。

② 参见高尚涛《外交决策分析的利益相关者理论》一文中的可操作化指标，《外交决策分析的利益相关者理论》，《社会科学》2016 年第 1 期。

表1　合理性指标的可观察项赋值表

	石油探明储量[①]（百万桶 MMbbl）/分值	天然气探明储量[②]（亿立方米）/分值	基础设施建设规划规模[③]（亿美元）/分值	中国向其出口额[④]（亿美元）/分值	分值累加
沙　特	268350/10	8600/3.483	374.2/10	187.398/5.61	29.093
阿联酋	157300/5.862	2250/0.91	201.2/5.375	334.113/10	22.147
伊拉克	140300/5.228	6400/2.59	252.2/6.75	68.941/2.063	16.631
卡塔尔	25382/0.946	24700/10	101.6/2.725	17.109/0.513	14.183
科威特	104000/3.876	1798/0.728	87.9/2.35	26.755/0.8	7.753
阿　曼	5500/0.21	849.5/0.345	39.8/1.075	19.008/0.57	2.195
黎巴嫩	440[⑤]/0.017	750.4/0.305	26.58/0.7	24.908/0.745	1.767
埃　及	4500/0.168	1656/0.67	299.2/8	83.627/2.503	11.34
约　旦	1/0	6.031/0.003	20.2/0.55	34.346/1.028	1.58
叙利亚	2500/0.093	240.7/0.098	44.4/1.175	6.902/0.208	1.573
也　门	3000/0.112	478.5/0.195	39.5/1.05	2.139/0.065	1.422

---

① 数据取自 "世界各国石油探明储量排行"，参见 Wikipedia，"List of countries by proven oil reserves"，http：//en. wikipedia. org/wiki/List_ of_ countries_ by_ proven_ oil_ reserves。

② 数据取自 "世界各国天然气储量排行"，参见 Wikipedia，"List of countries by natural gas proven reserves"，http：//en. wikipedia. org/wiki/List_ of_ countries_ by_ natural_ gas_ proven_ reserves。

③ 据估算，从 2014～2020 年，中东北非每年将投资约 1000 亿美元到基础建设领域（约为地区 GDP 的 7%）。其中，发展中产油国（如伊拉克、利比亚和阿尔及利亚）每年投入其 GDP 的约 11% 用于基础设施建设，而石油进口国和海湾国家每年的投入则分别为其 GDP 的 6% 和 5%。参见分析文章 Florence Eid – Oakden：《中东北非基础建设：是中国在建筑未来么？》，载 Arabia Monitor 官网，http：//eid – oakden. blog. caixin. com/archives/67927。作者 Florence Eid – Oakden 博士，是 Arabia Monitor 创始人及首席经济师，同时在贝鲁特美国大学经济和金融学专业担任教授，并在巴黎 INSEAD 学院及巴黎高等商学院任访问教授，对中东北非国家发展建设和中阿合作有专门研究。

④ 数据来源于 "中国国家统计局·中国向亚洲各国（地区）出口总额"（年度查询：2013）。统计局网址：http：//data. stats. gov. cn/workspace/index? a = q&type = global&dbcode = hgnd&m = hgnd&dimension = zb&code = A06040101&region = 000000&time = 2013。

⑤ 黎巴嫩的油气田发现较晚，尚未计入国际排行。参见中国经济网《黎巴嫩北部领海发现大型石油以及天然气田》，http：//intl. ce. cn/specials/zxgjzh/201302/20/t20130220_ 612425. shtml。

续表

	石油探明储量（百万桶 MMbbl）/分值	天然气探明储量（亿立方米）/分值	基础设施建设规划规模（亿美元）/分值	中国向其出口额（亿美元）/分值	分值累加
巴　林	125/0.005	92.03/0.038	16.4/0.45	12.389/0.37	0.862
巴勒斯坦	30①/0.001	277②/0.113	12.43/0.325	0.76③/0.023	0.462

注：表中个别数据存在误差。

　　影响力指标中的可观察项，可以细化为利益相关者各国影响中国构建"1+2+3"战略合作格局的政治影响力和吸引力，政治影响力是指各国能在多大程度上阻碍或推动中国的建设进程，吸引力则是指各国的各种环境条件是否吸引中国进入。

　　政治影响力可以根据各国综合实力，即军事实力、经济实力、政权稳定性三项内容大致衡量。由于各国综合实力都比中国小，所以影响力最高赋值为 10，军事实力、经济实力、政权稳定性的最高赋值为 $10/3 = 3.33$。军事实力可细化为军事打击能力（攻击火力），可用"全球火力网"（Global Firepower）综合计算 50 多个指标得出的权力指数（Power Index）的倒数表示，数值越大表示军事打击能力越强，赋值越高。军事打击能力最强者赋值 3.33，其他国家按比例递减。经济实力可以细化为经济总量（具体数据取自世界银行统计的 2013 年国别 GDP 数据），经济总量最大的国家分值最高为 3.33，其他按比例递减。政权稳定性可以细化为国家稳

---

　　① 巴勒斯坦的石油发现较晚，其探明储量尚未计入国际排行。参见新华网《巴勒斯坦发现新油田至少 3000 万桶石油储量》，http://news.xinhuanet.com/energy/2013-11/11/c_125681656.htm。

　　② 经英国天然气公司勘探，两个距离加沙地带 20 英里的气田大约拥有 1.4 万亿立方英尺（约合 396.4 亿立方米）的天然气储量，其中 70% 位于巴勒斯坦一侧，约 277 亿立方米。中国石油设备网：《以色列将支持巴勒斯坦开发地中海两气田》，http://www.oilequipcn.com/news/22373353.html。

　　③ 参见中国外交部网站《中国同巴勒斯坦的关系》，http://www.fmprc.gov.cn/mfa_chn/gjhdq_603914/gj_603916/yz_603918/1206_604042/sbgx_604046/。

定指数（Global Peace Index）[1]，该指数综合考虑了全球每个国家的社会安定程度，用一定的数字表示，数字越小，国家安定性排名越靠前。本文选取 2014 年各国数据的倒数来表示各国安定程度，数值最大的国家分值最高为 3.33，其他按比例递减。据此。我们可以制定出政治影响力二级指标的可观察项赋值表（见表 2）。

表 2　政治影响力二级指标的可观察项赋值表

	军事实力[2]/分值	经济总量[3]（2013，亿美元）/分值	政权稳定性[4]/分值	分值累加
沙　特	1.15/2.38	7484/3.33	0.499/2.57	8.28
阿联酋	0.8/1.65	4023/1.77	0.572/2.94	6.36
埃　及	1.6/3.33	2720/1.2	0.372/1.91	6.44
卡塔尔	0.53/1.1	2032/0.9	0.647/3.33	5.33
科威特	0.58/1.2	1758/0.78	0.596/3.07	5.05
阿　曼	0.59/1.21	796/0.36	0.529/2.72	4.29
约　旦	0.64/1.32	337/0.15	0.537/2.76	4.23
巴　林	0.48/0.99	328/0.15	0.449/2.31	3.45
黎巴嫩	0.45/0.92	443/0.2	0.415/2.14	3.26
伊拉克	0.35/0.73	2293/1.02	0.274/1.41	3.16
叙利亚	0.86/1.77	404（2007）/0.17	0.296/1.52	3.46

[1]　Global Peace Index 是经济与和平学会（Institute for Economics and Peace）发布的旨在测定全球各国国家社会安定程度的指数，综合考虑了与政治稳定和社会安定有关的 21 个影响因子，具有较高的可信性和引用率。

[2]　Staff Writer of Global Firepower Network，"Countries Ranked by Military Strength（2015）"，http://www.globalfirepower.com/countries - listing.asp.

[3]　参见世界银行官方网站《世界银行2013年国别GDP数据》，http://data.worldbank.org.cn/indicator/NY.GDP.MKTP.CD/countries/SA - AE - OM - QA - KW - BH - LB? display = graph。

[4]　数据采用各国稳定程度排名数据的倒数表示其稳定程度的高低，参见 Global Peace Index 2012.pdf，p.12，http://economicsandpeace.org/wp - content/uploads/2011/09/2012 - Global - Peace - Index - Report.pdf。

续表

	军事实力/ 分值	经济总量 （2013，亿美元）/ 分值	政权稳定性/ 分值	分值累加
也　门	0.52/1.07	359/0.16	0.311/1.60	2.83
巴勒斯坦	0.1[①]/0.21	113（2012）/0.05	0.185[②]/0.95	1.21

吸引力指标是指利益相关者各国的各种环境条件是否吸引中国进入。借鉴《对外投资新空间："一带一路"国别投资价值排行榜》一书所做的投资价值（吸引力）指标体系，我们将利益相关各国的吸引力指标操作化为基础设施环境指数、经济环境指数、制度环境指数和政治环境指数，每项指数指标最高赋值为 20/4＝5。基础设施环境指数是指各国基础设施（如电力、交通、通信等）的完善和便利程度，是否很好地满足了中国的投资需求，如果完全满足中国需要（界定为指数积分 80 以上），赋值 5；如果基本满足中国需要（界定为指数积分 50～80），赋值 3.75；如果不太满足中国需要（界定为指数积分在 50 以下），赋值 2.5。经济环境指数是指各国经济环境（如自然资源出口、自然资源经济租金、东道国吸收 FDI 程度、汇率波动性、双贸易额和 GDP 等）与中国投资需求的契合程度，是否很好地满足了中国需求，如果完全满足（指数积分 80 以上），赋值 5；如果基本满足（指数积分 50～80），赋值 3.75；如果不太满足（指数积分在 50 以下），赋值 2.5。制度环境指数是指各国制度环境（如是否签署双边投资协定、信贷融资便利程度、税率与管理、劳动监督等）的完善程度，是否很好地满足了中国需求，如果完全满足（指数积分 80 以上），赋值 5；如果基本满足（指数积分 50～80），赋值

---

① Global Firepower 没有给出巴勒斯坦的火力值，但是，Global Firepower 给出的最后一名即第 126 名索马里的权力指数的倒数（火力值）为 0.17，鉴于巴勒斯坦的对外打击能力明显弱于索马里，我们由此估算，巴勒斯坦的火力值可能勉强达到 0.1，甚至不到 0.1。不过，本文数据仅用相对值，这个数字绝对大小带来的误差对分析结果影响甚微。

② 无数据，近似表示为以色列国家安定指数的半数。巴勒斯坦治安主要由以色列控制，但其内部政权稳定性远不及以色列政权，大约取其半数。

3.75；如果不太满足（指数积分在50以下），赋值2.5。政治环境指数是指各国的政治环境（如政治风险、领导人互访、腐败程度、犯罪成本等）是否有利于中国投资进入，是否很好地满足了中国需求，如果完全满足（指数积分80以上），赋值5；如果基本满足（指数积分50～80），赋值3.75；如果不太满足（指数积分在50以下），赋值2.5。借用《对外投资新空间："一带一路"国别投资价值排行榜》一书中的指数积分，我们可以制定吸引力二级指标的可观察项赋值表[①]（见表3）。

表3　吸引力二级指标的可观察项赋值表

	基础设施环境指数/分值	经济环境指数（2013，亿美元）/分值	制度环境指数/分值	政治环境指数/分值	分值累加
沙　特	72.2/3.75	100/5	50.4/3.75	66.4/3.75	16.25
阿联酋	83.7/5	71.7/3.75	40.9/2.5	87.3/5	16.25
埃　及	56.1/3.75	60.4/3.75	76.2/3.75	42.9/2.5	13.75
卡塔尔	69.9/3.75	71.2/3.75	39.9/2.5	86.5/5	15
科威特	65.0/3.75	73.8/3.75	45.5/2.5	76.5/5	13.75
阿　曼	60.5/3.75	76.9/3.75	38.5/2.5	81.7/5	15
约　旦	55.1/3.75	53.9/3.75	11.9/2.5	67.5/3.75	13.75
巴　林	69.5/3.75	66.4/3.75	35.2/2.5	61.5/3.75	13.75
黎巴嫩	61.3/3.75	56.4/3.75	50.6/3.75	35.2/2.5	13.75
伊拉克	46.1/2.5	71.6/3.75	30.4/2.5	37.5/2.5	11.25
叙利亚	56.6/3.75	0/0[②]	52.0/3.75	57.0/3.75	11.25
也　门	45.1/2.5	66/3.75	47.9/2.5	31.2/2.5	11.25
巴勒斯坦	0/0	0/0	0/0	0/0	0

　　接下来是紧急性指标的操作化处理。由于中东阿拉伯国家普遍表示支持中国"一带一路"建设，所以，其紧急性指标不包括反对的情况。该指标可以简单细化为是否进行联盟活动，如果进行联盟活动，最高赋值

　　① 钟飞腾、朴珠华、刘潇萌、滕卓攸等：《对外投资新空间："一带一路"国别投资价值排行榜》，社会科学出版社，2015，第89～115页。
　　② 无数据，默认为0。数据获取困难，从侧面反映了其环境恶劣，所以默认取值为0，下同。

20；否则，最高赋值 15（支持中国）。这意味着，一个利益相关者国家，如果不采取任何联盟行动，其紧急性为 15，[1] 其每联盟一个国家，紧急性就会增加 0.42。至于联盟的具体内涵，我们操作化为加入海湾国家合作委员会（海合会，GCC）和石油输出国组织（欧佩克，OPEC）这两个多边机制，其他地区国际组织都比较松散，本文不予考虑。海合会包括沙特、阿联酋、阿曼、巴林、卡塔尔和科威特 6 个相关国家，欧佩克包括沙特、伊拉克、科威特、阿联酋、卡塔尔等十余个国家。根据以上分析，我们可以制定紧急性指标的可观察项赋值表（见表 4）。

表 4　紧急性指标的可观察项赋值表

	联盟国家数量/分值	分值累加
沙　　特	9 国/18.78	18.78
阿 联 酋	9 国/18.78	18.78
埃　　及	0 国/15	15
卡 塔 尔	9 国/18.78	18.78
科 威 特	9 国/18.78	18.78
阿　　曼	5 国/17.1	17.1
约　　旦	0 国/15	15
巴　　林	5 国/17.1	17.1
黎 巴 嫩	0 国/15	15
伊 拉 克	4 国/16.68	16.68
叙 利 亚	0 国/15	15
也　　门	0 国/15	15
巴勒斯坦	0 国/15	15

从上述对三大指标的经验分析可以看出，我们分析的这 13 个利益相关者国家，都是既符合合理性指标，又符合影响力和紧急性指标的国家，所以都是决定型利益相关者（Definitive Stakeholders），都值得重视。但是，这些国家的重要性级别又有不同，甚至相差较大，中国不应对它们平

---

① 这里我们假定在不联合他国的情况下，利益相关者各国的外交能力是大致相同的。

均用力。根据上面四个表格的计算结果，我们可以进一步计算出所有利益相关者符合三大指标的可观察项的得分总和（上述各表分值累加之值的和），并以此排出 13 个利益相关者国家的重要性顺序（见表 5）。

表 5   13 个利益相关者国家的总分值与重要性级别排序

	合理性指标的分值累加	政治影响力二级指标的分值累加	吸引力二级指标分值累加	紧急性指标的分值累加	总分值	排名
沙　　特	29.093	8.28	16.25	18.78	72.403	1
阿联酋	22.147	6.36	16.25	18.78	63.537	2
卡塔尔	14.183	5.33	15	18.78	53.293	3
伊拉克	16.631	3.16	11.25	16.68	47.721	4
埃　　及	11.34	6.44	13.75	15	46.53	5
科威特	7.753	5.05	13.75	18.78	45.333	6
阿　　曼	2.195	4.29	15	17.1	38.585	7
巴　　林	0.862	3.45	13.75	17.1	35.162	8
约　　旦	1.58	4.23	13.75	15	34.56	9
黎巴嫩	1.767	3.26	13.75	15	33.777	10
叙利亚	1.573	3.46	11.25	15	31.283	11
也　　门	1.422	2.83	11.25	15	30.502	12
巴勒斯坦	0.462	1.21	0	15	16.672	13

可见，在上述 13 个利益相关者国家中，沙特排名第一，重要性高达 72.403，所以是中国在中东阿拉伯国家建设"一带一路"、构建"1＋2＋3"战略合作格局的重中之重，必须给予最高程度的重视。阿联酋仅次于沙特，重要性达 63.537；卡塔尔位列第三，重要性达 53.293。位列第四至六名的国家分别是伊拉克、埃及、科威特，重要性分别达 47.721、46.53、45.333，重要性也很高。以上这些国家，是中国在中东阿拉伯国家建设"一带一路"、构建"1＋2＋3"战略合作格局的基本盘和战略支点，应对其重点关注、重点经营。

重要性低于 40% 的国家有阿曼、巴林、约旦、黎巴嫩、叙利亚、也门、巴勒斯坦，分别排名第七至十三位。对中国而言，在精力有限的情况下，对之给予一般性关注即可。

三　中东地区重要利益相关国家对"一带一路"建设的关切

限于篇幅，本文将主要讨论重要性位居前五名的国家的利益关切和中国对策，这五个国家依次是：沙特、阿联酋、卡塔尔、伊拉克、埃及。

第一是沙特。近年以来，沙特的基本发展战略就是积极推动经济多元化、招商引资和促进就业。沙特的基本经济政策是以石油产业为支柱，实施多元化发展战略。目前，沙特仍是世界第一大石油出口国，石油收入占其财政预算收入的 80%、出口收入的 90%、GDP 的 45%。[①]同时，沙特大力推动经济多元化发展和私营企业发展，以保障国家经济安全、扩大就业。多元化发展行业主要集中在发电、通信、天然气开采和石油化工等。沙特的外籍劳工超过 500 万人，与本国就业人口形成竞争。为帮助没有一技之长的大量本国人口尤其是年轻人就业，沙特政府一方面继续强化职业教育和技能培训，另一方面强力驱逐没有合法居留手续的外籍劳工。沙特政府鼓励外国投资，为此，他们在国内落实 WTO 标准，开辟了六个经济特区。沙特政府计划 2012～2014 年投资 3730 亿美元用于社会发展和基础设施项目建设，以促进经济发展。为保证上述发展计划能够顺利落实，沙特政府为 2015 年制订了 2293 亿美元的政府预算，并破天荒地允许预算赤字达 386 亿美元，可见其振兴经济、促进就业的决心之大。沙特前国王阿卜杜拉·阿齐兹（2015 年 1 月 23 日病逝）上台以后，调整其政治经济政策，在保持其"美国支点"（PIVOT US）的同时，增加了"东方支点"（PIVOT EAST），决定优先与中国、印度、日本、巴基斯坦等国发展经济和政治关系。由于中国具有巨大的经济体量和重要的政治影响，所以沙特把中国看作其"东方支点"的重要成员和足以平衡"美国支点"的力量。

---

① Theodora，"Countries of the world：Saudi Arabia Economy 2015"，http：//www. theodora. com/wfbcurrent/saudi_ arabia/saudi_ arabia_ economy. html.

沙特不仅希望中国成为其稳定的最大石油输出市场、增加对其投资、帮助其发展国内经济,还希望中国在解决巴以冲突和叙利亚问题上发挥重要的经济和政治影响。但是,由于沙特政府对中国的叙利亚政策存在异议,所以其对中国的一些合作建议有所阻延。为抵消石油价格下跌影响,沙特2015年收窄其对出口亚洲市场的石油价格的优惠幅度,这对中国经济带来一定消极影响。2014年3月13~16日,时任沙特王储、副首相兼国防大臣萨勒曼访华,表示愿继续在各领域提升与中国战略性友好关系,并对中国"一带一路"战略表示"赞赏",愿就此保持沟通。2015年1月23日,萨勒曼成为沙特新国王,其对华关系基本保持稳定,中海自贸区谈判也有望取得新进展。

第二是阿联酋。近年来,阿联酋奉行经济多元化战略并取得了明显成效。但是,阿联酋经济总体上仍然严重依赖石油和天然气等传统能源产业。除迪拜以外,阿联酋的其他酋长国财政收入均严重依赖能源出口,尤其是阿布扎比。目前,阿联酋的经济多元化主要集中在旅游业、建筑业、制造业和服务业等领域。相对而言,迪拜的经济多元化战略更加积极,它计划将本酋长国打造成地区内零售和批发贸易中心、旅游中心和房地产投资开发中心。迪拜还成功取得了2020年世界博览会(World Expo 2020)的主办权,为此,计划投资68亿美元用于基础设施建设。① 为保证经济可持续发展,阿联酋政府于2013年底起草了《国家绿色发展战略》(National Strategy for Green Growth)。为保障这一战略实施,阿联酋制订了配套规划方案,包括《阿联酋2021远景规划》(UAE Version 2021)、《阿布扎比2030环境远景规划》(Abu Dhabi Environmental Vision 2030)、《迪拜2030国际能源战略》(Dubai Integrated Energy Strategy 2030)和《阿联酋绿色建筑条例》(Estidama)。通过这些战略规划,阿联酋政府准备在石油和天然气、水利电力、交通运输、建筑业、工业生

---

① "UAE Economic Report 2014 – Bank Audi sal", http://research. banqueaudi. com/documents/EconomicReports/uae_ economic_ report. pdf.

产和荒地开发利用等领域，创建绿色可持续的发展道路，例如发展可循环利用和清洁能源、开发绿色建筑和交通、加强生态保护和降低排放量、发展有机农业、鼓励投资和进出口、扩大就业等。对于中国的"一带一路"战略，阿联酋政府表示全力支持。2015 年 3 月 31 日，阿联酋外交国务部部长安瓦尔·卡尔卡什及其经济部副部长阿卜杜拉·萨利赫分别表态，中国政府的共建"一带一路"倡议与阿联酋的发展战略高度契合，阿联酋政府愿意积极响应，拓展两国务实合作领域，推动"一带一路"建设在本国早日取得成果。

第三是卡塔尔。卡塔尔的重要性位居第三。该国虽小，但经济潜力和发展潜力巨大。过去，卡塔尔经济主要靠石油和天然气驱动，2000 年以来，卡塔尔政府大力推行经济多元化战略，制造业、建筑业、金融业以及旅游会展、知识经济等异军突起，成为推动其经济增长的重要动力。卡塔尔的经济政策的两大支柱，一是维持天然气相关行业的可持续增长，二是鼓励私人和外资进行非能源领域的投资。其中，石油和天然气依旧占其出口收入的 92% 左右、政府财政收入的 62% 左右。卡塔尔石油储量尽管只够开采 56 年，但其天然气储量位居世界第三，约占世界探明储量的 13%，其液化天然气的生产和出口也居世界前列。卡塔尔成功取得了 2022 年足球世界杯的举办权，为此，卡塔尔进行了大规模的基础设施建设和筹备工作，新建城市地铁、轻轨运输系统、机场、港口、道路和体育场及其相关设施等。根据阿联酋中东风投公司建筑项目跟踪系统的统计数据，截至 2015 年 1 月，卡塔尔的建设市场总值已达 2802 亿美元，其中住房建设 1365 亿美元、基础设施建设 1034 亿美元、能源开发领域建设 403 亿美元，成为世界上第二大最具吸引力的基础设施建设市场。[①] 卡塔尔积极参与"一带一路"建设，其能源经济政策和经济多元化发展战略、2022 年举办世界杯的筹备工作，都将为中国企业提供重大机遇。作为 2014 年

---

① 《卡塔尔成为全球第二大最具吸引力基础设施建设市场》，东风网，http://news. eastday. com/eastday/13news/auto/news/china/u7ai3335444_ K4. html。

卡塔尔埃米尔塔米姆访华的重要成果,卡塔尔于2015年12月14～16日在多哈举办"卡塔尔－2015MIC中国制造展",邀请超过300家中国参展企业与来自中东及非洲30个国家近千个项目的800余家企业采购商进行洽谈。而此次展会的重点采购项目之一,即为卡塔尔筹办2022年世界杯的相关建设进行采购。可见中卡合作力度之大。另外,卡塔尔在中国与海合会重启自贸区建设谈判方面,也发挥着重要而积极的作用。

第四是伊拉克。伊拉克经济体制总体上是一种国有经济,以石油行业为主导,政府90%以上的财政收入和80%以上的外汇收入来源于石油出口。2014年日平均出口石油基本稳定在240万桶,新建成的两大油田带来的产量提升被频繁的恐怖袭击造成的石油损失所抵消。2014年下半年,石油价格大幅下跌,伊拉克财政收入锐减,伊拉克与主要石油公司签署协议,希望提高石油出口数量以弥补财政收入不足。但伊拉克的石油加工设施、输油管道及其相关基础设施严重不足,无法支持出口扩大,所以,伊拉克急需设备和设施升级。伊拉克库尔德斯坦自治区与伊拉克联邦政府在土地管辖区域和石油出口权利方面存在纠纷,2014年12月,双方达成协议,石油出口归伊拉克石油部统一管理,中央政府向库尔德斯坦自治区的库尔德自由斗士武装拨付10亿美元军费,并恢复向自治区转移支付约占国家预算17%的自治区财政预算。伊拉克政府希望吸引大量外来投资,但由于伊拉克政治体制脆弱、恐怖活动高发、社会不稳定、腐败猖獗、基础设施陈旧、基本服务不足、合格劳动力匮乏(失业率居高不下),加上其商业法律不合时宜,外来投资受阻。伊拉克政府迫切需要进行政治改革和政策调整,以解决上述问题。2013年,伊拉克什叶派政府提出了以经济多元化为核心的五年发展规划,大力提高工业水平。根据该规划,伊拉克将于2013～2017年,投资3570亿美元用于全国范围内的开发项目,重点放在建筑业、服务业、农业、教育、交通运输和能源领域。此间,力争石油收入达到6620亿美元(2017年原油储存容量达3005.7万桶、日产石油达950万桶、日出口达600万桶),非石油收入达到435亿美元。2017年力争生产小麦

600 万吨，工业生产率年均增长 13%，贫困率降低 3%，显著缩小城乡差距。① 2014 年 8 月，同为什叶派的阿巴迪任新总理，基本坚持这一发展规划。

第五是埃及。塞西政府急需发展国内经济、大力推动贸易和招商引资。"阿拉伯之春"爆发以来，埃及政局持续动荡。2014 年 6 月 8 日，塞西将军当选总统，埃及政局总体上趋于稳定。新组建的塞西政权面临两大任务，其一是完成实现国家稳定和建立民主制度的政治任务，其二是通过结构性改革推动经济发展，挽救濒临崩溃的国家经济。其中，经济改革和发展是完成社会稳定和民主改革任务的基础。所以，发展经济成为塞西政府的重大任务。为发展经济，塞西政府制订了如下经济发展战略：进行自由市场经济改革；削减每年 60 亿美元的能源补贴、增加税收；上调利率抑制通货膨胀；采取扩张性财政政策、增加政府投资、增加产出、创造就业机会；规划大型发展项目、为中小企业创造投资机会、降低失业率；实施城市发展全国战略规划，上马大型开发中项目，如苏伊士运河开发、金三角开发、西北海岸开发、基础设施开发项目等。为吸引国外资金帮助埃及完成发展规划，埃及政府大力改善投资环境，恢复投资者信心。主要举措有：设立由总统领衔的"最高投资委员会"；整合和颁布统一的投资法，满足投资者需求、保护投资者权益；建立专业公平高效的投资纠纷解决机制；建立公私部门之间的伙伴关系、提高经济效益；推动政府与国际组织合作，塑造有利于投资的国家战略。"阿拉伯之春"后，埃及塞西政府高度重视与华合作，认为中国提出的共同建设"一带一路"倡议与其"东向政策"完全吻合，希望与中国共同探讨在此框架下的具体合作。埃方希望中国在中埃经贸合作框架下推动埃及苏伊士经贸合作区发展，鼓励和支持有实力的中国企业赴埃及投资兴业，参与实施大型项目，积极推动在电力、太阳能和风能等新能源和可再生能源，铁路、公路和港口等基础

---

① IRAQI DINAR，"Iraqi five‐year plan to diversify the economy"，http：//iraqdinar. us/iraqi‐five‐year‐plan/.

设施，以及农业、制造业、银行、质检和航天卫星等领域的合作。鼓励两国金融机构和企业探讨开展融资合作，同意加强与华在和平利用核能领域的合作。埃及政府于 2015 年 3 月中旬召开了"埃及经济峰会"，推出 20 个投资项目，涉及能源、运输、水利等领域，计划引资 100 亿 ~ 120 亿美元。为方便中国参会，特意将会期推迟到 2015 年 3 月举行。

四 中国对中东重要利益相关国家的应对策略

如前所述，中国作为利益主导国，其主要战略利益就是在上述中东阿拉伯国家推进"一带一路"建设，构架"1 + 2 + 3"合作格局。而且，上述国家都是中国建设"一带一路"的决定型利益相关者，值得中国高度重视。并且上述国家都对中国建设"一带一路"持支持态度，尽管在一些具体事项上这些国家与中国也有一些分歧，如埃及、卡塔尔等国要求中国输入该国的产品必须符合它们的产业标准，但是，这些分歧是在合作框架内的一些技术性问题，不是旨在破坏合作的抵制行为，所以，我们仍可将其界定为支持性行为，这些国家也可以被视为支持型利益相关者。

利益主导国对支持型利益相关者的策略应是战略配合。也就是说，中国对这些国家的基本策略应是迎合其利益关切，团结和调动它们，共同推进"1 + 2 + 3"合作格局的实现。当然，重要性排名越靠前的国家，越值得中国重视。

沙特重要性排名最高，是中国在中东阿拉伯国家建设"一带一路"的重中之重，是中国需要精心经营的重要战略支点国家，所以，中国必须深入了解其相关利益关切，将"一带一路"建设的"1 + 2 + 3"合作格局与其国家发展战略规划精确对接。中国应积极参与沙特的经济多元化战略，有针对性地增加对沙特投资，在沙特职业教育和促进就业领域加大参与力度。沙特经济多元化发展行业主要集中在发电、通信、天然气开采和石油化工等，中国企业在这些领域应积极参与，尤其积极争取在其六大经济特区落地。中国各大银行也应率先在沙特建立分支机构，并推动沙特国家银行建立人民币结算中心，推动贸易合作便利化和人民币国际化。中国还需要强化职业教育和技能培训，加强与沙特合作，推动中国职业教育企业进入沙特发展。沙特希望中国成为其稳定的最大石油输出市场，中国可以适当增加从沙特的石油进口，在满足国内需要的同时，深化与沙特合作，将其打造成中国在中东阿拉伯地区推进"一带一路"建设的重要战略支点。

阿联酋的重要性排名第二，又是阿拉伯国家第二大经济体，重要性仅次于沙特，是中国建设"一带一路"的关键利益相关国家之一，值得中国高度重视，建议中国将其打造成为另一个推进"一带一路"战略的重要支点国家。鉴于目前阿联酋也采取以石油和天然气为支柱的多元化战略，中国应强化与其战略对接，将中国构建"1+2+3"合作格局的行动融入其中。阿联酋的经济多元化主要集中在旅游业、建筑业、制造业和服务业等领域，中国应在这些领域加强投资和合作。鉴于迪拜计划将本酋长国打造成地区内零售和批发贸易中心、旅游中心和房地产投资开发中心，中国企业可积极参与其中，尤其是借助其地区内零售和批发贸易中心平台，大力推销中国产品。积极参与基础设施建设也是中国企业的强项，建议中国企业抓住迪拜为承办 2020 年世界博览会而投资 68 亿美元改善基础设施建设的机会，深化和强化合作程度。阿联酋政府的《国家绿色发展战略》是中国深化与其合作的又一大机遇。阿联酋政府计划出台政策，在石油和天然气、水利电力、交通运输、建筑业、工业生产和荒地开发利用等领域，创建绿色可持续的发展道路。而中国经济处于升级换代的关键时期，中国企业可以抓住这一机遇，与阿联酋合作发展可循环利用的清洁能源，开发绿色建筑和交通，加强生态保护和降低排放，发展有机农业等。

卡塔尔排名第三，对中国推进"一带一路"战略意义重大，中国可将其打造为构建"1+2+3"战略合作格局的战略支点之一。卡塔尔国家虽小，但经济发展潜力巨大，对周边辐射带动性强。卡塔尔有两大经济支柱，一是维持天然气相关支柱行业的可持续增长，二是鼓励私人和外资进行非能源领域。中国企业在这些领域均大有可为，可积极参与，深度合作。中国还可继续利用卡塔尔承办 2022 年足球世界杯加大基础设施建设力度的时机，在其新建城市地铁、轻轨运输系统、机场、港口、道路和体育场及其相关设施等领域积极参与，分享其 2802 亿美元的建设市场的大蛋糕。人民币结算业务在多哈的落地，将会有力促进中国企业进入卡塔尔的活动，需要继续大力推动。

伊拉克的重要性排名第四，是中国建设"一带一路"的重要利益相关者，也值得中国重点关注。伊拉克经济总体上是以石油行业为主导的国有经济，国家财政收入严重依赖石油出口。但是，2014 年下半年以来的石油价格下跌，以及伊拉克的石油加工设施、输油管道及其相关基础设施严重不足，导致其收入锐减，伊拉克政府急需改造其石油生产和输出设施。中国企业可酌情考虑通过这一突破口强化和深化与伊拉克的合作，推进"一带一路"战略在伊拉克落地。但考虑到伊拉克政治体制脆弱、恐怖活动高发、社会不稳定等因素，中国企业到伊拉克投资创业需加强调研，高度谨慎。伊拉克什叶派政府最近提出以经济多元化为核心的五年发展规划，计划投资 3570 亿美元用于全国范围内的开发项目，重点放在建筑业、服务业、农业、教育、交通运输和能源领域，中国企业可重点考虑在这些领域加强参与。

埃及在重要性排序中名列第五，加之埃及在中东地区具有重要影响力，所以中国应将其作为推进"一带一路"建设的重要支点之一对待。目前，埃及政府大力发展经济、期待经济复苏，中国企业可积极利用埃及政府急于实施城市发展全国战略规划（埃及 2052）的机遇，参与苏伊士运河开发项目、金三角开发项目、西北海岸开发项目、基础设施开发项目等大型开发中项目。埃方也希望中国在中埃经贸合作框架下积极参与实施大型项目，积极推动在电力、太阳能和风能等新能源，可再生能源、铁路、公路和港口等基础设施领域，以及农业、制造业、银行、质检和航天卫星等领域的合作，鼓励两国金融机构和企业探讨开展融资合作，同意加强与华在和平利用核能领域的合作。2015 年 3 月的"埃及经济峰会"更是推出了 20 个投资项目，涉及能源、运输、水利等领域，计划引资

100 亿 ~ 120 亿美元。这都是中国企业积极参与其中，深入落实"一带一路"战略的大好机会，应牢牢抓住，深入经营和挖掘。

当然，中国在中东阿拉伯地区构建"1 + 2 + 3"战略合作格局、推动"一带一路"建设落地，绝不仅仅限于打造上述几个战略支点，而需要在经营战略支点的基础上，放眼长远，进一步以此编织支点网络，全面深入落实"一带一路"战略，实现中国在中东国家的政治经济利益。为此，中国需要把与沙特、阿联酋、卡塔尔、伊拉克、埃及等国的战略合作作为主要地区抓手，用心经营；然后以这些战略支点国家为中心，逐渐向其周边国家扩散发展，并将其串联起来，最终建成"一带一路"经济带。

China's Construction of "The Belt and Road" and Stakeholder Countries in the Middle East

Gao Shangtao

Abstract：This paper, using the stakeholder theory, proposes a framework for empirical analysis of the issues concerning how to build "The Belt and Road" in the Arab Middle East. It is argued that China should take Saudi Arabia, UAE, Qatar, Iraq, Egypt and other important supportive stakeholders as strategic strongholds and regional fulcrum to coordinate its national development strategies and dock the "The Belt and Road" initiatives. Then China should gradually spread the initiatives from these strategic pivotal countries to their neighboring countries until the final completion of the construction of the "One Belt and One Road" economic zone.

Keywords：The Belt and Road, Stakeholder, Arab countries, Strategic strongholds

"丝绸之路经济带"战略构想的意义、效应及影响

张仕荣　熊　洁◎

【内容提要】　2013 年由习近平主席首次提出的共同建设"丝绸之路经济带"的战略设想具有重大的战略意义，将有利于我国抓住用好重要战略机遇期，同时加快我国中西部战略的实施，有利于我边疆地区的稳定和发展；"丝绸之路经济带"的倡议将成为我国西向战略中最重要的调整举措，有助于促进中国与西部邻国及欧洲各国的经济融合，同时也有力地提升了中国的国家形象，但同时也会引发一些全球性影响，主要体现在中国与各大国和欧盟的中亚战略的兼容与冲突方面。

【关键词】　丝绸之路经济带　中亚战略　兼容　俄罗斯

【作者简介】　张仕荣　中央党校国际战略研究所国际关系与台港澳研
　　　　　　　　　　　究室副主任，副教授，博士；
　　　　　　　熊　洁　中央党校国际战略研究所当代思潮研究室助理
　　　　　　　　　　　研究员，博士。

　　2013 年 9 月 7 日，国家主席习近平在哈萨克斯坦纳扎尔巴耶夫大学发表重要演讲，首次提出共同建设"丝绸之路经济带"的设想。目前，"丝绸之路经济带"已经覆盖了亚欧大陆桥沿线诸国，从中国西至中亚（哈萨克斯坦、吉尔吉斯斯坦、塔吉克斯坦、乌兹别克斯坦、土库曼斯坦），延伸到南亚和西亚（俄罗斯、阿富汗、印度、巴基斯坦、伊朗、阿

塞拜疆、亚美尼亚、格鲁吉亚、土耳其、沙特阿拉伯、伊拉克等国家），最后至欧洲（德国、法国、荷兰、英国、意大利等国家）和北非（埃及、利比亚、阿尔及利亚等国家），横贯欧亚大陆，地跨亚欧非三大洲，覆盖面积约5000万平方公里，涵盖人口30亿左右。

一 "丝绸之路经济带"的重大意义

2100多年前，中国汉代的张骞两次出使中亚，开启了中国同中亚各国友好交往的大门，开辟出一条横贯东西、连接欧亚的丝绸之路。"丝绸之路"这一概念由德国著名地质地理学家李希霍芬最早提出，指公元前114年到公元127年连接中国和河中（阿姆河和锡尔河之间的地带），以及中国与印度之间进行丝绸贸易的西域交通路线。后来德国历史学家赫尔曼在《中国与叙利亚之间古代丝绸之路》一书中，把丝绸之路的含义扩大延伸到近东、亚洲西部。目前，丝绸之路泛指西汉时期建立的始于中国，途径中亚、西亚到达欧洲甚至北非的通商道路。

（一）"丝绸之路经济带"建设有利于我国抓住用好重要战略机遇期

十八大报告指出，我国发展仍处于可以大有作为的重要战略机遇期。目前，国际政治形势复杂，"丝绸之路经济带"的建设有利于扩展我国的战略空间。一方面，我国家利益不可避免地需要向海外拓展，对全球资源与贸易的依赖不断加强；另一方面，我国全球影响力日益增强，引起东亚及全球力量格局发生变化，与中国有关的地区纷争将会不断出现。当前，美国一直推动亚太"再平衡"战略，中日关系受历史问题和钓鱼岛问题的影响一直低迷，美日和美韩军事同盟有逐渐强化的趋势，菲律宾等个别东南亚国家借南海问题与我不断纠缠。

在国家安全层面，坚持西向发展战略有助于巩固上海合作组织的各项重要成果，有利于我避开与美国直接的竞争对抗，从而抓住用好我国和平发展的战略机遇期。

中亚国家及南亚邻国历史上一直是我传统友好国家，是我整个外交布局的首要发展方向，建设"丝绸之路经济带"有利于我国睦邻、富邻的周边政策，与周边国家共建"命运共同体"和"利益共同体"，为我国的发展创造稳定繁荣的周边环境。

（二）"丝绸之路经济带"的建设有利于我国中西部战略的实施

中国经济越来越融入全球经济，同时也越来越依赖国际经济形势。党的十八大报告明确提出，继续实施区域发展总体战略，充分发挥各地区比较优势，优先推进西部大开发。2008年金融危机之后，全球主要经济体普遍受挫，出口环境日益严峻，在当前全球经济低迷的背景下，必须通过区域经济合作，改善我国外部的经济环境。同时，"丝绸之路经济带"也将促进中国的西向战略。在欧美市场普遍不景气的背景下，拓展中亚、西亚和南亚市场，对我国的外贸出口也有积极意义。"丝绸之路经济带"将促进我国进一步改革和开放中西部，推动东部地区过剩产能转移和产业升级，缩小地区之间的差距。

2010年，中国GDP规模首度超过日本，成为世界第二大经济体。自2009年成为世界第一出口大国后，2012年，中国对外贸易达到3.87万亿美元，超过美国（3.83万亿美元），成为世界第一大货物贸易体。与此同时，经济贸易也主要集聚于东部、南部沿海地区，尤其是东南沿海一带。经济集聚于东部、南部沿海一带的直接后果就是对外通道过于单一，过于依赖海路通道。目前在货物贸易中，进出口总额87.4%、出口额86.8%、进口额88%集中于东部沿海地区（从辽宁到广东沿海一线），尤其是68.1%、62.4%、73.1%分别集中于上海、江苏、浙江、福建、广东五省市。①"丝绸之路经济带"建设将新疆、陕西、甘肃、宁夏、四川等中西

---

① 此处货物贸易进出口额以境内目的地货源地为标准，数据来自《2013中国统计摘要》。

部地区推到了对外开放的前沿阵地，有可能成为未来中西部发展的助推器，并为西部地区释放巨大的改革开放红利。

（三）"丝绸之路经济带"发展有利于我边疆地区的稳定和发展

反分裂是国际社会中各主权国家维护主权和领土完整的最重要的国家行为。目前，暴力恐怖势力、极端宗教势力等日益猖獗，严重威胁我边疆特别是新疆的安全和稳定。"丝绸之路经济带"的发展既可提高边疆地区各民族人民的生活水平，促进与内地特别是发达地区的经济融合，同时也可促成相关区域尤其是中亚国家共同合作严厉打击边界地区的"三股势力"，确保该地区稳定、繁荣。历史已经证明，经济发展与政治合作有助于化解安全冲突，消弭各类极端势力的滋生。

（四）"丝绸之路经济带"的建设有利于维护我能源安全

在能源对外依存度攀升的同时，中国能源企业"走出去"的步伐也在加速，"丝绸之路经济带"的建设能够通过与中亚和中东交通网络联通，以及油气网线的建设，缓解我国日益严峻的能源需求压力。

2013年中国原油对外依存度达58%，天然气对外依存度达31.6%。2020年中国石油对外依存度将达68%，但目前国家原油储备不够，储备体制不健全。同时，原油进口的70%以上来自政治局势较为动荡的中东和非洲地区。尤为严峻的是，原油进口线路主要依靠海上运输，有4/5通过印度洋－马六甲海峡线路，形成所谓"马六甲困局"，严重影响国家能源安全。亟须打通"南下"东南亚和"西进"中亚地区的陆路通道。开发中亚地区，尤其是里海地区，有助于原油供应多元化，同时可以通过中亚国家，陆路连接中东，获取石油，减少对马六甲海峡的依赖。

二 "丝绸之路经济带"的地区效应

"丝绸之路经济带"是中国与西部邻国并延伸至欧洲国家形成的一个

大经济合作区域，大致在古丝绸之路范围之上，国内应该包括西北陕西、甘肃、青海、宁夏、新疆五省区，西南重庆、四川、云南、广西四省市区。"丝绸之路经济带"的倡议将成为继上海合作组织成立之后，我西向战略中最重要的调整举措，并且有可能在区域合作中实现新的突破。

（一）"丝绸之路经济带"彰显我国在区域经济合作中的引领作用

当前，全球经济形势依然低迷，各种形式的贸易保护主义和区域经济集团化势头沉渣泛起。避免区域经济集团化趋势推高贸易保护主义，是促进全球经济均衡增长的重要方向。

中国政府提出"丝绸之路经济带"构想，显示了中国不谋求排他性的区域经济集团的基本立场。不仅如此，中国一直秉持自由贸易的原则，持续推动全球市场的开放和生产要素的合作性流动、增长，"丝绸之路经济带"模式有可能成为跨地区合作的新范式。

新丝绸之路沿线建设经济带横跨欧亚非三大洲，彰显了中国作为全球性大国的责任，集中体现了中国在坚持全球经济开放、自由、合作主旨下促进世界经济繁荣的新理念，也高度揭示了中国和中亚、南亚、欧洲国家在经济与能源合作进程中惠及其他区域，带动相关区域经济一体化进程的新思路，更是中国站在全球经济繁荣的战略高度推进中国与中亚合作跨区域效应的新举措。

（二）"丝绸之路经济带"将加速我与沿线国家的经济融合

"丝绸之路经济带"是由沿线各国共同努力，以点带面，从线到片，逐步形成的区域大合作。"丝绸之路经济带"的建设将推动沿线国家经济的发展，有可能惠及世界半数以上的人口，其经济规模和覆盖面前所未有，继而推动沿线国家的经济繁荣，提高所在国家人民生活水平。

根据该区域特征可以进行区段划分，以中国作为"丝绸之路经济带"的东端起点，向西一带划分为功能有所差异的三大层段：一是中亚经济带，包括哈萨克斯坦、吉尔吉斯斯坦、塔吉克斯坦、乌兹别克斯坦、土库曼斯坦；二是环中亚经济带，涵盖中亚、俄罗斯、南亚和西亚，包括俄罗斯、阿富汗、印度、巴基斯坦、伊朗、阿塞拜疆、亚美尼亚、格鲁吉亚、土耳其、沙特阿拉伯、伊拉克等以及上述中亚地区；三是亚欧经济带，涵盖环中亚地区、欧洲和北非，包括欧洲德国、法国、英国、意大利、乌克兰等地区，北非埃及、利比亚、阿尔及利亚等地区，以及上述环中亚地区。

"丝绸之路经济带"一边连着繁荣的东亚经济圈，另一边连着发达的西欧经济圈，但是新丝绸之路沿线大部分国家，特别是中亚处在两个经济引擎之间的"低洼地带"，故而"丝绸之路经济带"就形成了"两边高，中间低"的不平衡状态现象。其中中亚地区是"丝绸之路经济带"的核心区域。2012 年，中亚地区（不含中国）共有人口 6500 万，GDP 规模为 2987 亿美元。该地区与中国共有 3000 多公里的边境线，共同面临"三股势力"的侵扰，具有进行地区稳定、能源资源、经济贸易合作的天然需求和开发潜力。2001 年上海合作组织成立以来，中国目前已成为中亚国家最主要的贸易伙伴和投资伙伴，但比重仍有待提高。共建"丝绸之路经济带"有助于中国西部大开发和中亚各国经济发展，深化中国与中亚地区的能源资源合作，并促进该区域和平稳定和繁荣发展。发展经济与追求美好生活是沿线民众的普遍诉求，而沿线国家也急切要求与两大经济引擎直通互连，这构成了建设"丝绸之路经济带"的必要条件和国际基础。因此，构建"丝绸之路经济带"的出发点并不是单纯的中国国内政策，而是为了促进中国与中亚、欧洲等地区开放合作的总体战略布局。今后，相关各国应就区域经济发展战略进行广泛交流，协商制定区域合作规划和措施。

（三）"丝绸之路经济带"将促进我与沿线国家的互联互通

新丝绸之路在空间上形成了串联中外的轴线，成为促进中国与周边国家和地区互惠互利、交流合作的纽带。"丝绸之路经济带"将有力促进国际基础设施互联互通建设，将经过俄罗斯、哈萨克斯坦等上海合作组织主要成员国，延伸至地中海中岸和东岸，连接东亚、中亚、欧洲与非洲。通过沿线各国的合作和规划，打通从太平洋到波罗的海的运输大通道，并形成连接东亚、西亚、南亚的交通运输网络，促进贸易畅通和投资便利化。目前，中国已与部分中东欧国家，如罗马尼亚、塞尔维亚，成立专门的基础设施网络咨询委员会，探索交通网络设施互联合作。

据测算，从我国连云港到荷兰鹿特丹，如果通过丝绸之路，运输距离可比海运缩短9000多公里，时间缩短近一个月，运费节约近1/4。中德位于"丝绸之路经济带"两端，是亚欧两大经济体和增长极，也是渝新欧铁路的起点和终点。渝新欧国际铁路是"丝绸之路经济带"的重要通道，从重庆始发，经西安、兰州、乌鲁木齐，从阿拉山口驶入哈萨克斯坦，再经俄罗斯、白俄罗斯、波兰，抵达杜伊斯堡，全程16天，1.03万公里。每周有3列渝新欧铁路列车经过这段旅程。2013年2月，巴基斯坦总理侯赛因访华，将卡拉奇—穆尔坦—拉合尔高速公路列入巴中合作的三大旗舰项目。建成后，它将成为中巴经济走廊的交通要道，未来更有望向北连接至新疆喀什甚至乌鲁木齐，成为中巴经济走廊的陆上"脊梁"。

除了沿线道路畅通外，还要加强货币流通和通商便利化，推动实现本币兑换和结算，增强抵御金融风险能力，提高本地区国际竞争力。各方也应该就推动贸易和投资便利化问题进行探讨并做出适当安排。

三 "丝绸之路经济带"的全球影响

建设"丝绸之路经济带"将促进中国与西部邻国及欧洲各国的经济融合，同时会有力地提升中国的国家形象，但也会引发一些全球性影响，主要体现在中国与各大国和欧盟的中亚战略的兼容与冲突。在整个"丝绸之路经济带"的版图上，中亚地缘政治地位突出，是区域统筹的重心和互联互通的枢纽，也是大国战略博弈的焦点。英国地缘政治学家麦金德曾经做出著名的判断："谁统治了心脏地带，谁就能主宰世界岛；谁统治了世界岛（即亚欧大陆），谁就能主宰全世界。"而亚欧大陆腹地这个"心脏地带"，即中亚，自 19 世纪开始成为英俄等大国角逐的要地，北连俄罗斯，东临中国，南毗印度，西通中东和欧洲，是亚欧大陆的十字路口，扼守亚欧两洲陆路通道。苏联解体后，尽管从经济发展水平来看，中亚处于"丝绸之路经济带"的凹地——经济发展水平整体落后，基础设施等条件相对滞后，但是由于其地缘政治枢纽地位以及丰富的能源矿藏储备，俄罗斯、美国、欧盟、印度、日本等域内域外大国广泛关注。中亚与中国新疆毗邻，属于中国周边战略的重要组成部分，因此中亚是中国提出的"丝绸之路经济带"的核心利益交会区。经略中亚，涉及中国政治、经济、能源、安全等多重利益，有重要的战略意义。就全球影响看，中国提出的"丝绸之路经济带"在政治上与主要大国的中亚战略存在冲突，在经济上基本兼容、在人文交流上并行不悖。

（一）"丝绸之路经济带"在政治上与主要大国的中亚战略存在冲突

中国提出的"丝绸之路经济带"尽管较低调和务实，侧重在经济领域讨论区域合作问题，但又必然会在政治上外溢，特别是引起了美国、俄罗斯等大国的疑虑和不安，认为会与其争夺中亚主导权。

俄罗斯一直对中国"丝绸之路经济带"的倡议很冷淡，只是囿于中俄战略伙伴关系而没有明确反对，因为中亚一直是俄罗斯传统的势力范围。尽管苏联解体后作为加盟共和国的中亚五国纷纷独立，但俄罗斯的影响从未离开。俄罗斯目前在中亚的战略目标是维护传统势力范围；遏制美国势力坐大；获得经济、能源及战略利益。这直接体现了俄罗斯力图恢复昔日强国地位荣耀的长期国家战略。然而俄罗斯中亚战略的形成并非一蹴而就，事实上苏联解体后，俄罗斯对中亚的战略发生过摇摆。独立初期，俄罗斯急切希望获得欧美国家的认可和接纳，视包括中亚在内的其他独联体国家为阻碍俄罗斯发展的负担，因此俄罗斯的中亚战略一度演化为"甩包袱战略"。随着俄罗斯与欧美国家蜜月期的结束，特别是其对欧美幻想的破灭和北约东扩造成的地缘战略空间不断缩小和被挤占，俄罗斯即刻调整了中亚战略，特别是普京主政俄罗斯以来，将中亚等独联体国家视为俄罗斯外交的首要重点战略。2002 年 11 月，普京明确宣称："俄自1991 年苏联解体到'9·11'事件后的战略退却时代已经结束，我们要在条约和协议的框架下重新夺回我们的战略利益区。"目前，俄罗斯已形成较为明确的中亚战略，其战略指向的三重目标是：维护传统势力范围；遏制美国势力坐大；获得经济、能源及战略利益。可以预见，这一目标在短期内很难发生变化。需要指出的是中亚事务与俄罗斯休戚相关，属于俄罗斯核心利益区。

美国作为唯一的全球性大国，非常关注欧亚大陆的地缘政治形势，并视其为争夺全球首要地位而进行斗争的棋盘。美国在中亚的战略目标是大中亚战略，遏制俄罗斯在中亚地区的影响，将俄罗斯与中亚国家整合进西方政治－安全－价值体系，以及塑造中亚国家的发展方向及其地缘政治环境。尽管在苏联解体之后，美国的中亚战略调整了数次，却都遵循了这个战略意图。但相较于欧洲以及亚太和中东，中亚并非美国的核心利益区，然而又不能排除非常时期美国在此发挥更大作用的可能。早在 1999 年，美国国会就通过了以支持中亚和南高加索国家的经济和政治独立来复兴连接这些国家及欧亚大陆的"丝绸之路"的《丝绸之路战略法案》。"新丝绸之路"对美国的意义在于，首先，在美国全球战略调整的大背景下，保证其撤军后阿富汗的稳定。其次，推动地区国家间合作，改善地区安全现状，美国将阿富汗的未来系于地区内国家甚至跨地区国家之间的合作。另外，主导地区发展进程，保持并强化美国对该地区的影响，弱化俄罗斯和中国的影响。2005 年，美国学者弗雷德里克·斯塔尔第一次把阿富汗与中亚五国作为一个整体，提出了"大中亚计划"。同年 10 月，美国务卿赖斯在演讲中提出："阿富汗需要与中亚地区建立一种全面伙伴关系，一个安全繁荣的阿富汗能使中亚稳定，并将中亚与南亚联系在一起，这是未来经济成功的关键所在。"2006 年，美国国务院调整了部门机构设置，将原属欧洲局的中亚五国归入了新成立的中亚南亚局。同年，美国国会举行了以"大中亚计划"为核心议题的听证会。自此，美国已经开始将阿富汗和中亚、巴基斯坦等综合起来进行考虑，试图以阿富汗为中心整合中亚与南亚，打造一个"大中亚"地区。

日本目前的中亚战略目标是扩大日本在该地区的影响，在获得能源的同时，增加自身政治活动的空间。日本中亚战略的特点是，优先追随政治军事联盟美国。2005 年乌兹别克斯坦爆发安集延事件后，美乌关系恶化，"中亚＋日本"五国外长会议也因此推迟。2011 年美国提出"新丝绸之路计划"。2012 年 7 月，在东京召开了关于"新丝绸之路"计划的部长级会议，美国希望将日本拉入该计划。苏联解体后，日本很快便承认中亚国家并与之建交。1997 年，日本首相桥本龙太郎提出"欧亚大陆外交"战略，将中亚及高加索八国称为"丝绸之路地区"，称要加强与这些国家的双边关系。2004 年，日本外长川口顺子出访中亚时提出建立"中亚＋日本"对话机制，确立了日本同中亚国家的多边合作关系。2006 年，日本外长麻生太郎发表"建立自由与繁荣之弧"演说。日本对中亚地区的重视程度不断加深，对中亚的外交政策不断升级。

中亚国家独立之后，随着自身经济、军事力量的增强，印度对中亚事务的介入经历了一个从不予重点关注到尝试全面介入的过程，目前印度奉行"连接中亚"政策。印度的中亚战略首先考虑到中亚和南亚地区的战略与安全的合作利益。从陆地入侵印度的外部势力，大多以中亚为通道，以印度西北部为跳板，然后再进入印度内陆，因此中亚也是印度陆上安全的晴雨表。除了安全之外，印度还希望借助中亚向西制约宿敌巴基斯坦，向东抗衡中国的影响，因而中亚地区成为其优先考虑发展关系的对象。印度的中亚战略目标是通过加强与中亚国家之间的合作，致力于推动印度不仅成为南亚次大陆的主导者，而且成为世界事务的有力塑造者。2013 年 11 月的上海合作组织峰会上印度表现出正在追寻对中亚地区事务扮演更加积极的角色的意图，印度外交部部长在会上的发言明确表明新德里已经承诺准备努力加入上海合作组织成为正式成员国。印度与中亚毗邻，战略攸关，但由于实力有限，印度的作用非常有限。

欧盟针对中亚提出了新伙伴战略，首要目标是促进中亚的稳定和冲突预防。中亚地区包括阿富汗在内是恐怖分子的集聚地，是西欧的毒品经中亚的转运站，同时也是西欧人口走私的转运站。这些对欧盟国家构成严重的安全威胁，让欧盟执委会从特定的角度思考发展与中亚地区稳定的伙伴关系，进而支持中亚五国推动区域和次区域的整合。

可见，在政治上，俄罗斯和美国在战略上与中国"丝绸之路经济带"在中亚地带存在碰撞，而欧盟和印度的中亚战略与中国战略冲突不明显，这是中国需要站在全球的角度认真统筹丝绸之路战略的首要难题。

（二）"丝绸之路经济带"在经济上与主要大国的中亚战略基本兼容

中国提出的"丝绸之路经济带"重在经济融合，中国一贯主张非排他性的区域合作，因此与主要大国的中亚经济战略可以实现兼容，这也是中国的一贯主张。

俄罗斯目前的中亚政策是推进其主导的欧亚经济共同体进一步发展，深化中亚各国与俄罗斯、白俄罗斯等国的经济联系。尽管俄罗斯与中亚各国都属于上海合作组织成员国，但是俄罗斯一直避讳扩大中国在中亚的经济影响力，更多地赋予该组织政治和安全方面的功能和角色。

2011年7月，美国国务卿在印度参加第二次美印战略对话期间首次提出了新丝绸之路战略，其目标是以阿富汗为枢纽，将油气资源丰富的中亚、西亚国家与经济发展迅速的印度乃至东南亚连接起来，通过援助中亚地区国家的基础设施建设，建设一个连接南亚、中亚和西亚的交通运输与经济发展网络，推动实现"能源南下"与"商品北上"，促进各国间以及几大区域间的优势互补，整合中亚和南亚的资源，发掘该地区作为欧亚和欧洲之间运输区的潜能，推动包括阿富汗在内的该地区国家的经济社会发展。

欧盟的目的是要中亚地区建立开放、市场经济导向并能吸引外资的社会环境，欧盟也是中亚地区生产设备、投资与服务业的主要提供者。从其长期目标上看，其需要稳定油源的供应，保障从里海地区到欧洲的能源的运输渠道，并遏制俄罗斯对欧洲能源的掌控。1991 年，中亚国家独立不久，欧盟就出台了向中亚提供经济上和技术上的援助的"塔西斯计划"，之后，双方积极发展双边和多边关系，从最初的伙伴关系与合作协定，上升到 2007 年的新伙伴关系战略。欧盟在中亚的经济目标是改善中亚地区的贸易、投资与能源供给环境。欧洲对中亚的战略目前主要基于 2007 年欧盟—中亚新伙伴关系战略，以及欧盟援助中亚的地区战略文件。

因为地理原因和历史因素，中亚并非日本的核心利益区，但日本在该地区的经济影响一直存在。日本一直运用经济手段，谋求增加地区影响力。同时谋求能源稳定供给，为能源政策制定相应的中亚战略。截至 2012 年 6 月，日本向中亚及外高加索地区政府提供的发展援助已达 2942.88 亿日元。2012 年第四次"中亚＋日本"对话会议上，日本同意再次向中亚国家提供 7 亿美元的援助。日本是个能源匮乏的国家，2011 年进口能源占其能源消费的 84%，为了解决能源短缺问题，日本通过融资和技术手段积极参与或开拓中亚的新旧能源开发，在中亚及外高加索地区的能源合作，是以国有或民营企业为主导，这些企业大都得到日本政府的协助和支持。日本一方面利用政府发展援助向中亚国家基础设施（包括能源）投资，另一方面，对日本公司提供财政支持，使其获得中亚国家的油气资源开采权。值得注意的是，日本的中亚能源政策是把能源开发与环境保护、节能、可替代能源生产、促进当地社会经济发展结合起来，这对中亚国家产生了更大吸引力。

印度的中亚战略将通过双边和多边方式广泛介入，通过现有的地区合作组织如上海合作组织、欧亚经济共同体等，推动地区经济增长以及地区经济一体化。交通运输是阻碍该地区经济一体化的重要因素，印度与中亚各国并不接壤，陆路与海路运输不够发达，现在印度和中亚主要靠航空线连接。为解决交通问题，印度积极参与两条"南北走廊"的开发，一条是印度孟买到伊朗阿巴斯港，再经铁路、公路到土库曼斯坦和中亚其他国家的"走廊"。另一条是从孟买到阿巴斯港，再经铁路到伊朗里海的安扎里港，再到俄罗斯的阿斯特拉罕港，最终通往中亚和欧洲的"走廊"。目前，印度与中亚各国的贸易水平低，经济合作发展还比较滞后，除了在制药（中亚所需药品的1/3由印度提供）和信息技术领域占有一定优势外，印度在中高端贸易领域无法与美、日、欧等国竞争，在轻工产品上无法与中国抗衡。另外，印度考虑和中亚建立长期的能源、资源伙伴关系。印度能源非常匮乏，70%的石油和天然气需要从海外进口。因此需要积极参与中亚的能源外交，确保印度能源供应的安全，为印度的经济发展创造一个稳定的多元化能源供应渠道。最近几年印度加快了实施进军中亚能源开发的步伐，其目标是使中亚成为印度新的能源供应地。2003年4月，土库曼斯坦、阿富汗和巴基斯坦签署联合协议，邀请印度加入土—阿—巴的天然气管道建设项目（TAPI项目）。这条天然气管道预计从土库曼斯坦东南部的道拉塔巴德（马拉耶尔）经阿富汗、巴基斯坦，最终到达印度。另外，无论是从伊朗还是中亚运输油气等能源，都不可避免地要经过政局不稳的阿富汗和其劲敌巴基斯坦的领土。以TAPI项目为例，印度想从土库曼斯坦运送天然气，但这一管道在阿富汗境内长达735公里，途径阿富汗南部重镇塔利班的"大本营"坎大哈，因此该地区安全（包括非传统安全）对印度利益极为关键。

目前看，依托中国的地缘优势和经济实力，有可能通过"丝绸之路经济带"与各大国中亚经济战略实现兼容，当然俄罗斯和日本对中亚的经济融合特别是中国牵头倡议还存在疑虑。

（三）"丝绸之路经济带"在人文交流上与主要大国的中亚政策并行不悖

相对于军事、经济等的物质性以及政治制度等的刚性而言，人文交流则是非物质的相对柔性，具有非排他性和包容性，这就意味着文化和文明能够在同一时空共存，甚至成为政治、经济等方面合作推进的先行者和润滑剂。应当看到古代丝绸之路得以维系并且流芳千古，最重要的一点是丝绸之路以其巨大的吸引力，汇聚了沿线多样的文明和不同的民族，实现了文明的融合与交流，而中亚地区在古丝绸之路上更是不同文明、不同宗教交流汇聚的典范，这一传统在今天依然可以见效。中国提出的"丝绸之路经济带"侧重经济，同时突出与中亚交流的人文色彩，与主要大国在中亚的文化乃至意识形态战略方面并行不悖。

美国在中亚主要的政策目标是打击恐怖主义势力、参与能源资源开发的竞争和推进民主化进程。其中，美国在中亚的意识形态渗透是其中亚政策的重要组成部分。冷战后，美国一直不断通过政治、经济、文化等各种手段推动中亚国家的民主化进程，试图建立一个亲西方"民主化"的中亚。2005 年，战略位置极其重要的中亚国家吉尔吉斯斯坦成了美国输出"颜色革命"的主要目标，同年爆发"郁金香革命"，之后国内局势一直动荡。2005 年 8 月，美国国务院宣布将在独联体范围内实施一项特殊计划，内容包括在阿塞拜疆和吉尔吉斯斯坦建立"民主信息中心"等，以"促进独联体各国独立媒体发展"。该计划由美国人权与民主基金资助，总金额超过千万美元，由美国驻独联体各国使馆负责实施。中亚各国政府对美国此项援助计划一直抵制，因为如果任凭美国人支持本国的独立媒体自由发展，这些媒体将成为反对派抨击现政权的平台，这是各国领导人都不愿意看到的。美国通过的《丝绸之路战略法案》指出："美国在中亚和南高加索国家具有重要的长期利益。这些利益涉及安全，经济发展，能源和人权。"为此，美国一直表态要继续大力促进中亚地区"民主、宽容与公民社会的发展"。

俄罗斯一直将中亚视为战略后院，尤其是经过苏联时期的社会主义劳动分工体系，更是在经济上使中亚与俄罗斯牢牢地联系在一起。苏联解体后，这种联系基础依旧存在，并仍在俄罗斯和中亚国家的现实经济生活中发挥着重要作用。从文化认同和民族感情来讲，数百年的共同生活使俄罗斯文化深深浸入到中亚地区各民族人民的生活之中，长期使用俄语进行交流使中亚各国民众与俄罗斯文化有自然的亲近感和认同感。

日本在中亚虽然追随美国，但是表示尊重中亚文化的多样性，正视地区差异，因此中亚国家对日本的做法相对能够接受。2013 年日本文部省表示将制定海外留学生接收战略，重点吸收中亚和东盟地区留学生，加强对留学生学成归国后的援助。

欧盟的中亚战略除了在中亚追求现实能源与安全利益外，同时又大力推广其价值观。考虑到地理和历史因素，中亚并非欧洲的核心利益区，但欧盟的经济实力和推行价值观等方面的诉求有可能使之在中亚发挥更大作用。欧盟对中亚战略要确保中亚地区的民主与民生，确保其政治稳定和经济繁荣。欧盟认为，提升该地区的民主化、人权与减少贫穷，可以长期确保中亚地区的安全。因此，欧盟向中亚地区提供有关建立清廉的政府、公民社会的各种技术援助。按照2007年颁布的对中亚战略和2007～2013年欧盟委员会的地区援助计划，欧盟将人权、善治、民主和社会发展确立为同中亚各国开展合作的优先领域。欧盟与中亚国家2013年底召开的部长级会议，宣布2014～2020年将向中亚国家提供10亿欧元发展援助，支持该地区国家实现可持续性自然资源管理、社会和经济发展、地区安全等。欧盟将管理和综合性的可持续的增长作为未来七年与中亚发展合作的两大关键支柱，并特别关注最贫穷和最脆弱的国家。欧盟在中亚地区的发展项目包括：地区可持续发展，地区发展安全，提供基于欧盟专有技术和专业知识的目标政策建议，用于支持这些国家的经济、社会和机构改革，同时考虑各国优先领域和与欧盟模式及标准的近似程度。

中外人文交流是"丝绸之路经济带"的主要内容，通过加强文教领域的交流，增进与沿线民众的沟通。同时，中国"丝绸之路经济带"的倡议一直坚持世界文明的多样性理念，并且一贯秉承互不干涉内政的外交原则，因此中国尊重沿线国家的社会习俗与政治制度的选择，一方面对各大国特别是西方国家在中亚的意识形态战略，包括推进民主、"颜色革命"等保持高度警惕，另一方面中国在沿线的文化软实力建设与各大国在中亚的文化交流及意识形态渗透并行不悖。

四 关于"丝绸之路经济带"的几点思考与建议

（1）"丝绸之路经济带"是沿线各国共同参与的宏图伟业，它的推进应该体现沿线各国的意愿，避免中国单方面推动和主导。同时"丝绸之路经济带"的建设应该是各国共同的事业，避免中国单方面承担责任或者义务。在推进这一设想的过程中，应该同沿途各国政府、智库交换意见，避免一厢情愿。

（2）"丝绸之路经济带"应建立多边合作的平台，注重制度建设的推进。现有的上海合作组织是该地区国家合作的奠基石，应当以此为依托，在上海合作组织框架内部设立新的功能机构，避免新制度的产生弱化现有机制，让相关国家产生猜忌。

（3）"丝绸之路经济带"与诸多大国在亚欧大陆的战略上有竞争甚至冲突之处，因此应当求同存异，在具体政策目标上，应体现非竞争性和非排他性，突出各国在此地利益的交会之处。仅以中亚地区为例，中亚五国之外的各国和国际组织在该地区的利益博弈的焦点主要围绕能源、反恐、地理枢纽、价值观（包括民主）等方面，其中在能源开采、交通基础设施建设、反恐等方面各方都存在合作的空间。

（4）"丝绸之路经济带"应当突破经济的局限，拓展到文化、科技、教育等诸多领域，增强沿线各国的联系与友谊。由于种种原因，政治和经济上的合作在"丝绸之路经济带"建设伊始可能会遇到重重障碍，为此可转而从文化、教育和科技等不太敏感且双方都关注的领域开始合作交流，不断丰富其内涵，使之成为经济、政治合作的先行者、润滑剂和助推器，应当以"润物细无声"的耐心和细致，推进相关工作，待相关的环境培养到一定阶段，再推动进一步的合作与交流。

（5）充分吸收和借鉴其他国家的经验，站在沿线国家的立场考虑工作部署安排和政策制定，了解当地的实际需要。比如日本在这方面的细致工作值得我们注意，日本充分发挥本国在环境保护、能源、抗灾技术等领域的优势，拨付更多相关领域的留学名额给中亚；日本政府不但提供奖学金给中亚留学生，还对留日学生学成归国后予以援助，创造学成归国学生与当地日资企业接触的机会。

（6）"丝绸之路经济带"对内做好顶层制度设计和战略规划，整合各方优势与特色，避免地方竞争性发展和内耗。"丝绸之路经济带"设想提出的时间不长，各级部门和地方政府反响热烈，都希望依托该战略实现本地区本部门或者本行业跨越式的发展，然而也出现了很多重复性的规划和竞争。对此，应当有国家层面的先行的顶级设计和规划，在中央部署和引导之下发挥地方的积极创造力和主观能动性，推动该战略健康有序发展。

Significance, Effect and Impact of the Strategic Conception of Silk Road Economic Belt

Zhang Shirong & Xiong Jie

Abstract: The strategic conception of joint construction of a "Silk Road Economic Belt" first proposed in 2013 by Chairman Xi jinping has great strategic significance. It provides China with an important strategic opportunity to accelerate the implementation of the development strategy for China's central and western regions, and maintain the stability and development of China's border areas. The initiative for "Silk Road Economic Belt", being the most important adjustment in China's westward development strategy, will facilitate economic integration of China with neighboring countries to the West and those in Europe while at the same time strongly improving China's national image. Meanwhile, some global impacts can be anticipated, mainly on the compatible and conflicting aspects of China's Central Asia strategies with those of other major powers and the EU.

Keywords: Sild Road, Economic belt, Strategy

中东北非伊斯兰政党的发展及对中国的影响

王光远◎

【内容提要】 中东地区伊斯兰政党的崛起与发展有着复杂的历史成因和过程。伊斯兰教不单是一种政治意识形态，还是一种特殊的社会组织和社会力量。这种力量往往在历史变革的关键时刻发挥重大作用。目前，伊斯兰政治力量已经对所在国、地区及国际三个层面产生了巨大影响，影响着中东局势的稳定与发展。虽然中东北非地区的政治伊斯兰运动自"阿拉伯之春"崛起后又陷入低潮，但由于受历史与内外部因素综合影响，政治伊斯兰的动能在低位盘整积蓄力量后，未来仍可能实现反转突破。由于秉持现实主义原则和温和妥协的理念，伊斯兰政党的上台对中国的海外利益保护、"新丝绸之路经济带"建设以及向西开放战略等不会造成较大影响，但有可能在未来对中国穆斯林聚居地区产生映射效应，需要予以重视并采取相应对策。

【关键词】 中东北非 政治伊斯兰 伊斯兰政党 中国

【作者简介】 王光远 北京语言大学中东学院。

美国著名中东学者詹姆斯·比尔和卡尔·利顿在《中东：政治与权力》一书中指出："不首先考虑中东地区的宗教特点，就不可能理解这里复杂的政治结构。"

伊斯兰政党是伊斯兰教政治参与的现代形式，要深刻解读各伊斯兰政

《国别和区域研究》（第1、2期），第48~77页。

党的思想意识形态与实践行为模式，就必须追根溯源，深入研究伊斯兰教与政治之间的共生关系。

公元7世纪，伊斯兰教先知穆罕默德开始在麦加传教，规劝人们信仰唯一的真主，按照伊斯兰信仰和道德准则来生活。穆罕默德的传教威胁到了麦加多神崇拜的贵族们的利益，遭到了抵制与迫害，难以立足。被迫迁徙至麦地那后，穆罕默德根据当时社会发展的需要，创立了以伊斯兰共同信仰为纽带的穆斯林社团（乌玛）。这个重大的决定，使无论是先知穆罕默德本人的角色，还是伊斯兰教的性质，都产生了深刻重大的改变，并影响至今。穆罕默德既是发布天启、带领穆斯林履行义务的宗教领袖，又是解决社团内部纷争、抵抗外敌入侵的政治领袖；伊斯兰教宗教思想改变了阿拉伯人以血亲氏族为纽带的人际关系，伊斯兰教法规范了穆斯林的行为举止并整合了阿拉伯社会；以对真主的信仰、崇拜和宗教情感为纽带建立的麦地那乌玛，逐渐演变为具有政治结构和社会功能的宗教国家。

随着伊斯兰教宗教思想的确立和发展，其政治思想也随着时间的推移逐步形成，对伊斯兰政治传统的形成与变化产生了决定性作用，时至今日仍是各伊斯兰政治团体所奉行的坚定理念。

伊斯兰政治思想的核心主要体现在以下两个方面。

第一，尊经崇圣与传统政治形式的理想化。"经"指以《古兰经》和圣训为主的宗教启示与经典，"圣"指先知穆罕默德，"崇"是推崇而不是崇拜。《古兰经》是真主的语言和启示，由真主的使者穆罕默德口头传诵，被圣门弟子记录整理，后统一于标准本《古兰经》。对于穆斯林来说，《古兰经》是真主的启示，是伊斯兰教教义的准则，也是伊斯兰教法的渊源和立法的首要依据，还是宗教生活、社会生活和道德行为的标准。先知穆罕默德生前的言行，包括他默认的传统习惯（逊奈سنة），被不同的圣训学家记录整理，逐渐形成了逊尼派穆斯林所认可的四大圣训实录，是仅次于《古兰经》的第二立法源泉。《古兰经》和圣训所体现的宗教精神和宗教价值是永恒且不可超越的。在先知及四大哈里发时代，社会结构比较简单，广大穆斯林享有广泛的民主与平等，四大哈里发均通过协商（شورى）与推举选出。更重要的是，那个时代实现了人与真主的律法的统一，神圣的伊斯兰教法是规范社会与治理国家的唯一依据。这一时期被后世的伊斯兰宗教学者和广大穆斯林视为"黄金时代"，不断地加以论证与解释，先知及四大哈里发的人格被理想化，教法统治、协商与推举等政治行为被赋予了神圣与正义，成为伊斯兰政治的优良传统。宗教、历史、文化有机地结合在一起，回归先知时代精神，回归伊斯兰原旨教义，形成了伊斯兰教的复古机制。即，以伊斯兰教的基本原则和最初的实践作为进行价值判断的最高标准，评价现行的社会与政治制度；以最初几代穆斯林的社会生活为理想和终极目标，力图使偏离了伊斯兰理想的社会重新返回理想状态。

第二，理想主义与现实政治的二律背反。伊斯兰教关注来世，也同样重视现世；既是精神的修行，又是现实的政治。可以说，宗教理想与现实主义相结合是其显著特点。先知穆罕默德传教时期就曾灵活运用现实主义的策略，团结力量与麦加贵族进行武力斗争，最后取得胜利，可被视为伊斯兰现实主义政治的最初体现。在这之后，现实主义政治继续发挥其影响力，倭马亚王朝，哈里发由协商推举转变为世袭制，这一制度的转变与理想化的政治形态有了巨大的差异。面对政治合法性的问题，宗教学者采取了现实主义的策略，即谁夺取了权力，谁就具有合法性。[①]

当代阿拉伯国家政治中，也可见到现实主义政治的身影，这些国家有的将伊斯兰教作为国教，有的将《古兰经》作为宪法，还有的将其作为立法的主要源泉。但是这并没有妨碍这些国家在社会政治实践中采取现实主义的立场，积极地推动社会经济向前发展。

当代伊斯兰政党的产生、发展与变化，时刻体现着理想主义与现实主义的二律背反。一方面，伊斯兰政党渴望回归，在国家实行伊斯兰教法，

---

① 刘靖华、东方晓：《现代政治与伊斯兰教》，社会科学文献出版社，2000，第 258 页。

确立伊斯兰立国基础的地位；另一方面，长期处于反对派甚至非法组织境地的伊斯兰政党，为了自身的生存与发展，往往又可以做出一定程度的妥协，以适应现代政治和世俗国家的需要。但伊斯兰政党的本质又决定着其回归的本质，所以能否在宗教义理与现实利益之间找到一个弹性适度的平衡点，往往决定着一个伊斯兰政党的生死存亡。

伊斯兰教不独是一种政治意识形态，还是一种特殊的社会组织和社会力量。它是穆斯林以信仰和诚笃感情为基础的有自身组织系统的社会团体。这种力量往往在历史变革的关键时刻发挥着重大作用。目前，伊斯兰政治力量已经对所在国、地区及国际三个层面均产生了巨大的影响，伊斯兰力量和世俗势力呈现胶着状态，影响着中东局势的稳定与发展。

一　埃及伊斯兰政党：穆斯林兄弟会与萨拉菲派

埃及的政治伊斯兰主要由两大力量构成：穆斯林兄弟会（以下简称穆兄会）与萨拉菲派。在思想方面，萨拉菲主义有很长的历史传统，对中东伊斯兰复古运动都有影响，穆兄会前期亦深受其影响。但穆兄会立场温和，既有保守外壳又有改革内核，萨拉菲派则保守复古；在社会影响力方面，穆兄会成员更加多元化，社会基础范围更广；在政治方面，传统萨拉菲派主张远离政治，穆兄会的思想则包含政治行动主义，并有较长的政治实践历程。

1928 年，哈桑·班纳（hasanal－banna حسن البنا）在埃及创立穆斯林兄弟会，致力于传播伊斯兰信仰、弘扬伊斯兰文化，从事慈善事业、普及教育。建立教俗合一的政治制度，遵循伊斯兰教法成为穆兄会的基本纲领。自成立之日起，穆兄会的政治实践活动就与当局不断发生冲突，其激进的立场和不断壮大的势力引起了当政者的警惕和恐惧，遂遭到打压和取缔，领袖班纳亦被暗杀。随后，穆兄会转向地下，得到城市下层的支持，社会基础更加广泛化。纳赛尔时期，阿拉伯民族主义意识形态占主导地位，奉行回归传统思想的穆兄会长期处于高压之下，导致以赛义德·库特卜（SayyidQutb سيد قطب）为代表的极端思想努力出现，对暴力的崇尚也达到顶峰，穆兄会内部开始分化为温和派和极端派。萨达特时代，由于推行怀柔的宗教政策，穆兄会重新崛起，正式放弃武力斗争，在政治、经济等领域与当局开展合作。但70年代后期，由于在埃以和谈、伊朗伊斯兰革命等问题上与萨达特立场相反，双方关系恶化，穆兄会再一次遭到镇压与取缔。穆巴拉克时代，穆兄会继续遭到镇压，面对不利形势，穆兄会坚持温和立场，积极致力于慈善与社会服务，群众基础不断扩大。之后，埃及官方再度对伊斯兰主义者实施高压政策，穆兄会又被排斥在了议会之外。

从追求民族解放到致力于民主化运动；从崇尚暴力、保守复古转变为放弃暴力、采取温和改良的立场；从社会服务组织转向追求合法政党地位，积极参与议会选举——面对不同的政治环境，穆兄会的政治实践与参与方式始终在变化。

萨拉菲（al – Salafiyyah السلفية）源于阿拉伯语"先辈"一词。萨拉菲派劝诫穆斯林应恢复伊斯兰原初精神，严守先知穆罕默德及四大哈里发时期的伊斯兰教教规。

萨拉菲派内部分化严重，呈现多样化的发展态势，埃及的萨拉菲派分为保守萨拉菲、政治萨拉菲与"圣战"萨拉菲。保守萨拉菲坚持政治无为的历史传统，主张远离政治，反对民主；政治萨拉菲以光明党为代表，努力适应现代政治理念，积极融入政治进程，探寻伊斯兰发展道路，但与穆兄会相比意识形态仍相对保守，对于伊斯兰原则不容任何妥协与改良；"圣战"萨拉菲是主张暴力（"小圣战"）和不主张暴力（"大圣战"）的分支，尤其是主张暴力的分支派别，在中东剧变中活动猖獗，对地区国家安全形势构成严重威胁。[①]

（一）埃及伊斯兰主要政党概况

2011年"1·25"革命后，埃及伊斯兰政党陆续成立，主要分为温和

---

① 包澄章：《中东剧变以来的萨拉菲主义》，《阿拉伯世界研究》2013年第6期。

派、萨拉菲派与其他派别,派别之间的界限往往不分明,内部亦充满合作与斗争。穆兄会背景的正义与自由党是温和政治伊斯兰的代表,民众基础最为强大;光明党是政治萨拉菲的主要代表,立场保守,坚持实行伊斯兰教法。此外,还有诸如中间党、苏菲派和杰哈德派("圣战"派)等其他伊斯兰小党。本节主要介绍正义与自由党和光明党,其他政党由于民众基础较弱,社会声望不高,影响力较小,暂不在本节进行讨论。

1. 正义与自由党

埃及正义与自由党(Freedom and Justice Party حزب الحرية والعدالة)脱胎于穆斯林兄弟会(Muslim Brotherhood جماعة الإخوان المسلمين)。穆兄会首次建党尝试于 1996 年,但遭到当局的反对。2005 年,穆兄会在人民议会选举中获得 20% 的席位,随后宣布其 2007 年建党的计划,但当时组织内各派意见不一致导致搁浅。

2011 年 2 月 21 日,穆兄会总教导穆罕默德·巴蒂阿宣布成立正义与自由党。巴蒂阿宣布正义与自由党并非纯粹的伊斯兰政党,对所有埃及公民开放——无论穆斯林还是基督徒都可加入。穆哈默德·穆尔西(Mohamed Morsi محمد مرسي)当选主席,阿萨姆为副主席,库塔坦为总书记,同时基督徒思想家拉菲克·哈比比为副主席。

正义与自由党坚持全面按照伊斯兰准则进行渐进性改革。改革的领域包括个人、家庭、社会、政府与国家,其中最重要的是实现正义,司法独立,建立世俗政府,依靠协商与民主和平移交权力。尊重个人自由与权力,维护国家统一,重视平等与社会公正,保护妇女权力,加强青年教育和可持续发展。宣传并深化基于伊斯兰的价值观和思想,成为个人与社会生活的行为准则。正义与自由党允许埃及科普特基督徒加入领导层,是其温和包容特点的最大体现。[①]

---

① 卡塔尔半岛网百科:"自由与正义党",http://www.aljazeera.net/encyclopedia/movement-sandparties/2014/6/24/حزب الحرية والعدالة。

2. 光明党

"阿拉伯之春"后，萨拉菲派开始进入政治舞台崭露头角。萨拉菲派内部有股力量开始从传统的政治无为向政治行动派转变，政治萨拉菲相继成立政党，其中以光明党（All – Nour Party حزب النور）实力最强。光明党在 2012 年议会选举中成为议会第二大党，成为政治萨拉菲主义的代表。

光明党建立于埃及"1·25"革命后，属于原教旨主义萨拉菲派政党。光明党以捍卫伊斯兰教为理念，坚持伊斯兰教法原则成为国家立法源泉，认同埃及的阿拉伯属性，阿拉伯语是埃及人的母语。在革命后的第一次议会选举中，由光明党主导的萨拉菲联盟获得 156 个席位中的 33 个，成为仅次于穆兄会的第二大执政势力。①

（二）正义与自由党的上台

2011 年 1 月 25 日，埃及爆发大规模群众示威游行，要求总统穆巴拉克下台。穆兄会等伊斯兰组织在短暂的观望后很快加入到游行中，并发挥了积极的作用。穆巴拉克下台后，穆兄会成立正义与自由党，穆尔西任党主席，阿尔亚尼与基督徒思想家哈比比任党内副主席。萨拉菲派也相继成立了光明党、建设与发展党、美德党等一些政党。

2012 年 1 月 23 日，新成立的正义与自由党在首次立法大选中获得胜利，赢得了 40% 左右的席位，以光明党为主导的"萨拉菲派联盟"获得了 20% 的选票。2 月 25 日，协商会议（议会上院）选举得出最终结果，正义与自由党赢得 106 个席位，占全部 180 个参选席位的 59%，萨拉菲派的光明党获得 43 席，占参选议席的 24%。但在 6 月 14 日，最高宪法法院裁决议会部分席位非法，武装部队最高委员会下达命令解散议会。随后，军方又在举行第二轮总统选举之际颁布法令，削减新总统的权力并收回立

---

① 卡塔尔半岛网百科："光明党"，http：//www. aljazeera. net/encyclopedia/movementsandparties/2014/6/24/حزبالنور。

法权等。从这时起，穆兄会与世俗派军方的冲突与较量开始逐渐浮出水面。

2012 年 6 月 24 日，穆兄会代表穆尔西在总统决胜轮中赢得 51.7% 的选票最终获胜。30 日，军方向穆尔西移交权力，完成权力交接，穆尔西宣誓就职，埃及诞生首位民选总统。历经 80 多年坎坷磨难后，穆兄会终于掌握了国家的政权。

正义与自由党与光明党等伊斯兰政党赢得埃及大选，原因如下。

第一，社会基础强大。穆兄会与萨拉菲派等宗教团体，组织严密，运作有效。穆兄会在埃及拥有庞大的慈善网络，在底层穆斯林中具有良好的口碑。萨拉菲派通过宣教、慈善等手段，在偏远城镇、农村等保守地区中享有很高的支持率。

第二，世俗政府腐败。穆巴拉克时代，埃及政府腐败风气弥漫，效率低下，任人唯亲，各世俗派政党也屡屡爆出丑闻。普通民众已对一潭死水的埃及政坛深深失望，形象廉洁的伊斯兰政党自然成为希望的寄托。

第三，宗教感情。埃及穆斯林对伊斯兰教具有深厚的宗教感情。无论是温和伊斯兰还是萨拉菲派，其核心都根植于伊斯兰宗教传统与社会文化，民众对其有天然的认同感和亲近感。

第四，政治安排有利。埃及军方决定通过修宪而非重新制宪的方式完成政治过渡，宪法修正案已在全民公决中获得通过。大选将按照议会选举—制订宪法—举行总统选举的顺序进行。穆兄会和光明党趁自由民主派立足未稳，赢得埃及剧变后首次议会选举。[1]

（三）正义与自由党的执政与下台

2012 年 7 月 8 日，刚上台的穆尔西就对军方发起了挑战，要求被军方解散的议会复会。8 月 12 日，穆尔西解除了国防部长和总参谋长的职务，任命原军队情报首长塞西为武装部队总司令兼国防部长。当日，穆尔

---

[1]　丁隆：《后穆巴拉克时代的埃及穆斯林兄弟会》，《阿拉伯世界研究》2012 年第 1 期。

西还解除了海军司令、防空军司令和空军司令的职务。他还下令取消军方 6 月 17 日颁布的严格限制总统职权的补充宪法声明，同时颁布新的宪法声明，收回立法权。

2012 年 10 月 10 日，新宪法草案初稿公布，其中规定伊斯兰教法是立法的主要来源，总统有权任命最高宪法法院院长，在新宪法生效后，从去年动荡开始至今颁布的所有宪法声明将被废止，不能以任何方式对此提出异议。在涉及伊斯兰教法地位、科普特教徒权益和总统权力等条款方面，埃及宗教势力和世俗势力双方分歧严重。反对派认为，将"伊斯兰教法原则"作为立法的主要来源，世俗社会、妇女和科普特教徒的权利将因此受到威胁。① 尽管如此，11 月 30 日，伊斯兰势力占绝大多数的制宪委员会投票通过了宪法草案的最终版本。12 月，新宪法举行公投，草案以 63.8% 的高支持率获得通过，但实际只有 32.9% 的选民参与了投票。

2012 年 11 月 22 日，穆尔西颁布新宪法声明后发布总统令，免去原总检察长职务，并任命新任总检察长。穆尔西的宪法声明规定，总统有权任命总检察长，在新宪法颁布及新议会选出前，总统发布的所有总统令、宪法声明、法令和政令均为最终决定，任何方面无权更改。自此，穆尔西集立法、司法与行政大权于一身，其权限甚至超过了穆巴拉克。这引起了人们的担忧与不满，继而在多座城市爆发大规模游行示威。迫于压力，12 月 9 日，穆尔西宣布废除该宪法声明。这次事件，使穆兄会与反对派之间本已存在的裂痕进一步加深。

2012 年 12 月 26 日，穆尔西颁布总统令，宣布在全民公投中获得通过的宪法正式生效，这部带有伊斯兰教法色彩的宪法的出台再一次引发了强烈抗议。世俗派和反对派担心，埃及将从一个有着深厚世俗传统的现代国家变为实行"沙里亚"的伊斯兰神权国家。

---

① 背景资料："埃及新宪法草案的问与答"，http://news. xinhuanet. com/2012 – 12/15/c_ 114039931. htm。

2013 年，正义与自由党在内阁改组等问题上与反对派一直存在巨大分歧。反对派希望组建民族拯救政府，确定政府的世俗化属性，却被穆尔西和穆兄会一直拒绝，由此引发一波又一波的示威游行。6 月中旬，穆尔西突然任了 7 个有穆兄会背景的省长，大量的群众又一次走上街头。路透社引述军方的消息称，全国有多达 1400 万人参加示威，相当于埃及近 17% 的人口。

在经济方面，"1·25"革命后，埃及经济支柱——旅游业萎靡不振，经济增速由此前的 5.2% 下降至 2%，外汇储备大幅下降，曾一度不足 135 亿美元。埃镑对美元持续贬值，粮食、能源的进口成本进一步增加。

穆尔西政府在执政之初曾提出"百日计划""能源补贴改革""旅游业振兴计划"等目标。但由于埃及局势一直动荡不安、政府基层工作人员腐败依旧且效率低下，计划变成了"空话"。穆尔西政府转向外界寻求资金援助，意图通过吸引投资、举借外债的方式来摆脱经济困境，然而却是杯水车薪、收效甚微。穆尔西执政一年后，埃及的经济、民生数据竟比革命前还不如：本币较前一年贬值 10%；刚刚结束的财年头 11 个月，财政赤字占到 GDP 总量的 11.8%，比前一财年同期飙升 50%；今明两年 GDP 增速预计只有 2% 和 2.3%，不到 2011 年革命前（年均 6%）的一半。面对居高不下的财政赤字、通货膨胀率和失业率，穆尔西及正义与自由党束手无策，引起了人民的普遍失望与强烈的不满。

穆尔西和正义与自由党主政埃及一年，总体成绩并不令人满意。在政治方面，面对来自反对派和军方的压力，穆尔西意图在短时间内扩大权力以应对挑战。虽然宣称要建立宪政国家，却又要在宪法中加入伊斯兰教法为立法渊源，操之过急的执政方式使世俗派和科普特民众感到不安和害怕。此外，尽管穆尔西本人已辞去正义与自由党的主席职务，离开了穆兄会，但他实际仍然在为穆兄会争取更大的权力，造成更多的阶层对穆尔西及穆兄会的不满和反感；在经济领域，穆尔西和正义与自由党缺乏执政经验，面对埃及糟糕的经济困境，并没有拿出行之有效的应对手段，伊斯兰教法并未成为解决一切的道路，让普通民众感到失望与迷茫。

由于政治和经济危机迟迟得不到解决，埃及开始出现反对穆尔西和正义与自由党的游行。2013 年 6 月底，反对穆尔西的游行示威愈演愈烈，在全国多个地方爆发激烈冲突。7 月 4 日，在反政府动乱持续数日后，埃及军方解除了总统穆尔西的全部职务。国防部长塞西宣布废除临时宪法，提前举行总统大选，并委任最高宪法法院院长曼苏尔为过渡总统。此后，伊斯兰力量和埃及军方之间长期存在的敌意骤然激化，国内暴力冲突不断升级。军方以高压回应动乱，8 月 14 日对支持穆尔西的示威者营地进行清场，造成千余人死伤。2013 年 8 月 17 日，临时政府总理贝卜拉维要求解散穆兄会，并将其从法律上定为非法组织。10 月 9 日，埃及社会团结部部长宣布，将穆兄会从非政府组织名单里删除。2014 年 3 月，500 多名穆兄会成员被判处死刑，穆兄会被列为恐怖组织。8 月，埃及一法院正式宣布解散正义与自由党。

正义与自由党的解散与穆兄会被列入恐怖组织，是埃及政治伊斯兰的重大挫折。2013 年 12 月 3 日，埃及新宪法草案出炉，禁止以宗教为基础成立政党。塞西政府颁布法令，禁止一切宗教政党的存在。这意味着未来短时间内，埃及将很难出现新的伊斯兰政党，政治伊斯兰势力很难东山再起。

由于光明党等伊斯兰政党在 7 月罢免穆尔西行动中支持军方，作为与之合作的"奖励"，塞西政府默认了这些伊斯兰政党的存在。尽管有埃及律师向法院提交诉讼，以违反宪法为理由，请求裁决解散光明党，但遭到拒绝。尽管如此，光明党的活动仍受到政府的很大限制，萨拉菲派内部分裂严重，不同派别之间互相指责，光明党受到的责难尤甚，被指责与世俗政府合作，背叛萨拉菲主义，背离伊斯兰教原则。

综上所述，埃及政治伊斯兰短期内将不会对埃及政坛造成重大影响。穆兄会的势力再次转入地下，重新回到了蛰伏的状态。仅存的伊斯兰政党将主动或不得不做出调整，向着更加适应埃及社会状况、更加适应现实政治的方向转化。

二 突尼斯伊斯兰复兴运动党的崛起与下台

(一) 突尼斯伊斯兰复兴运动党概况

突尼斯伊斯兰复兴运动党（以下简称"复兴运动"）由拉希德·格努西、阿卜杜·法塔赫·穆鲁等人创立于 1972 年。该党最初为自发成立的半地下组织，名为"伊斯兰协会"，曾加入由布尔吉巴政府暗中支持的"保卫古兰经协会"联盟，以宗教宣传抵制"左派"思想传播。1974 年，该组织创办刊物，开始宣传组织思想。1979 年，受伊朗伊斯兰革命的影响，"复兴运动"开始转向政治，并愈发激进极端，与政府关系逐步恶化，一些成员先后因反政府活动被捕入狱。1981 年，为防止反对党与宗教组织的联合，布尔吉巴政府开放党禁，允许世俗反对党参加竞选活动。"复兴运动"从最初的"伊斯兰协会"改名为"伊斯兰倾向运动"，以公开身份向当局提出注册申请，但遭到拒绝。该组织的建党宣言中称要建立政教合一、全面实行伊斯兰教法的国家，造成了布尔吉巴政府的恐惧和不安，于是开始对"复兴运动"进行镇压与逮捕，格努西和穆鲁分别被判11 年和 10 年监禁，其他骨干分子也因加入非法组织罪被判刑。

随后，"复兴运动"与政府关系有所缓和，格努西和穆鲁等领导人相继被减刑释放，组织一度走向温和。然而，好景不长，1986 年，对"复兴运动"持同情态度的总理尼扎里被解职，激进派又在组织内占据了上风。1987 年，"复兴运动"鼓动学生和平民进行反政府示威游行，并从事一系列恐怖暴力行动，遭到政府严厉打击和镇压，从 3 ~ 8 月共逮捕了1270 多人，格努西被判无期徒刑，多人被判有期徒刑甚至死刑。[①]

1987 年，本·阿里发动政变上台，释放了大部分"复兴运动"成员。执政初期，本·阿里倡导伊斯兰宽容融合的精神，服务社会的发展。"复

---

① 杨鲁萍、林庆春编著《突尼斯》，社会科学文献出版社，2010，第 61 页。

兴运动"内部温和派倾向与政府和解，并以独立个人身份参加了 1989 年议会大选，但仅获得 8% 的选票，未能取得合法政党地位。同年，该组织由"伊斯兰倾向运动"改名"伊斯兰复兴运动"，提交建党申请却再次被当局拒绝。"复兴运动"与本·阿里政府的矛盾变得尖锐，内部也出现分裂，格努西等温和派宣布脱离组织，激进派重新开始恐怖暴力活动对抗政府。

1991 年海湾战争期间，"复兴运动"与本·阿里政府的冲突达到高潮。"复兴运动"计划暗杀总统及政府官员的阴谋败露，本·阿里政府随即对其进行了镇压与清洗，一度逮捕 3 万余人。1992 年，突尼斯军事法庭宣布取缔"复兴运动"，判处 256 名成员有期徒刑或终身监禁，众多组织领袖流亡海外。①

（二）"复兴运动"的重生与上台

2010 年底，突尼斯爆发茉莉花革命，人民纷纷走上街头，举行大规模示威游行活动，抗议政府的腐败与无能，要求总统本·阿里下台。一个多月后，本·阿里出逃沙特阿拉伯，突尼斯政坛呈现真空状态。在此形势下，2011 年 1 月 30 日，拉希德·格努西重返突尼斯，在机场受到上千群众的热烈欢迎。2011 年 3 月 1 日，"突尼斯伊斯兰复兴运动党"得到突尼斯临时政府的承认，成为影响最大、最有实力的伊斯兰政党。

2011 年 10 月 23 日，突尼斯举行制宪会议选举，"复兴运动"获得 89 个席位，占 217 个总席位的 41%，成为制宪会议中的第一大党，与"保卫共和大会"和"争取工作与自由民主论坛"两党组成"三驾马车"，联合执政。"复兴运动"总书记哈马迪·杰巴利为政府总理候选人，其他两党主席分别为制宪议会议长候选人与总统候选人。12 月 24 日，制宪议会会议通过杰巴利提交的新政府组成人员名单与施政纲领。在过渡政府的内阁 30 名部长中，有 16 名来自"复兴运动"，多为内政、司法、外交、国

---

① 参见杨鲁萍、林庆春编著《突尼斯》，社会科学文献出版社，2010。

际投资与合作等重要部门。"复兴运动"开始主导政府执政。

（三）"复兴运动"的执政与下台

虽然取得了议会选举的胜利，顺利主政临时政府，但"复兴运动"面临的任务却十分艰巨。首先，临时政府要在一年内制定新宪法，并举行总统大选。其次，要恢复突尼斯社会的安全和稳定，恢复经济增长，提高就业率，打击恐怖主义，等等。"复兴运动"的执政之路充满坎坷。

在制定新宪法方面，"复兴运动"等伊斯兰政党希望在新宪法中融入更多的伊斯兰价值观，遭到世俗派的强烈抵制和反对。2012 年，"复兴运动"曾希望在新宪法中引入关于男性和女性的"补充性"概念，遭到世俗党派及支持者的强烈反对，并引发舆论哗然，"复兴运动"不得不选择放弃。由于各方意见难以统一，党派纷争不断，制宪和大选筹备工作受到很大阻碍，进度缓慢。从 2012 年底开始，在野党和执政联盟矛盾激化，彼此指责，相互攻讦，两派的支持者们也针锋相对，不断举行游行示威。

2013 年，两名伊斯兰主义反对党派领导人的遇刺，对"复兴运动"的主政造成了重大冲击。2 月，左翼反对党"联合民主民族"领导人切克立·本拉德被暗杀，引发政治动荡，在各方压力下，杰巴利政府被迫改组，但以失败告终，杰巴利本人辞去总理职务。随后，"复兴运动"推荐资深成员，内政部长阿里·拉哈耶德接任总理，提出推进政治过渡进程、实现社会稳定、振兴经济及推进改革等施政目标，并确定了举行立法选举和总统选举的日期。然而，7 月 25 日左翼人民党党首穆罕穆德·布拉米遇刺，造成突尼斯制宪议会中 60 名反对党成员集体辞职，并要求成立由非党派人士领导的新政府。反对党派对"复兴运动"的执政能力提出严重质疑，认为是后者的纵容与包庇导致了愈演愈烈的政治暴力。制定新宪法、筹备大选等工作再次陷入停滞状态，突尼斯陷入严重的政治危机。

除了政治斗争外，在经济、安全等领域，"复兴运动"主导的政府也表现不佳。突尼斯经济持续低迷，平均失业率达 14%，通胀率高达

6.8%，普通民众生活愈加困难；恐怖活动加剧，多次发生的恐怖袭击造成几十名士兵和警察身亡。暗杀事件的调查迟迟没有结果，更让"复兴运动"的形象受损，民众的不满与失望的情绪与日俱增。2013 年 8 月，罢工、抗议游行不断爆发，反对者要求现政府集体辞职，政府的支持者则组织游行还以颜色，两派之间爆发激烈对抗导致流血冲突，突尼斯全国陷入瘫痪，一度面临分裂与内战。

2013 年底，得益于第三方力量的斡旋，"复兴运动"与各反对派在"全国对话大会"上达成一致，承诺如果制宪、筹备大选等工作能够严格按照各党派签署的危机解决路线图执行，现政府三周之内辞职。2014 年 1 月 9 日，阿里·拉哈耶德向总统马尔祖基递交辞呈，由不属于任何党派的工业部长朱马任新总理，并组建全部由独立人士所组成的技术内阁。自此，以"复兴运动"为主导的执政落下帷幕。

2014 年 10 月，突尼斯举行立法议会大选，"复兴运动"获 217 个席位中的 69 席，位列第二。由左派、世俗派和前政权官员组成的政党联盟"呼声运动"获得议会的 85 席，赢得议会大选。① 在接下来的总统大选中，"复兴运动"保持中立，既没有推荐本党候选人参加竞选，也未表态支持任何一方。2014 年 12 月 11 日，"呼声运动"党魁埃塞卜西以 55.68% 的得票率当选突尼斯总统。② 2015 年 2 月，"复兴运动"与"呼声运动"经过谈判达成一致，联合组建政府执政。在此届政府内阁中，只有就业部部长来自"复兴运动"，其余实权部门均由世俗政党把持。

（四）"复兴运动"上台与下台原因

在突尼斯销声匿迹近 20 载后，"复兴运动"能一举赢得议会选举，

---

① 《突尼斯：世俗派政党赢得议会选举》，人民网，http://world. people. com. cn/n/2014/1030/c1002 - 25938996. html。

② 《突尼斯：过渡期顺利结束新总统任重道远》，人民网，http://world. people. com. cn/n/2014/1226/c1002 - 26284178. html。

成为主要执政党上台执政，有如下三点原因。

第一，温和与包容的基本理念。

在 2011 年建党时，"复兴运动"将自身定位为温和伊斯兰政党，与前期的政治立场相比发生了巨大的变化。表 1 以该组织在 1981 年和 2011 年的宣言为例：

表1 "复兴运动"在 1981 年和 2011 年的政治立场的对比

领　域	1981 年[①]	2011 年[②]
政　治	政教合一，权力属于真主	以实现阿拉伯民族统一为主要目标，实现伊斯兰世界团结为最高理想
社　会	伊斯兰选择是突尼斯唯一出路；全面恢复伊斯兰教法，净化社会风尚	复兴突尼斯人民的伊斯兰精神，发展伊斯兰思想，使之适应现代社会
经　济	实行伊斯兰经济原则，改造社会生活，消灭剥削并摆脱对国际经济势力的依附	保障正义的经济发展
民　主	无	遵守民主制度，摒弃暴力
人　权	无	保障人权，保护个人自由，保障突尼斯妇女权利

时隔 30 年，"复兴运动"实现了从极端保守到温和包容的转变；奋斗目标从原教旨的"政教合一"变为世俗化倾向的"民族统一"；不再强调伊斯兰的唯一性，转为努力调和伊斯兰与世俗政权的关系；提出发展伊斯兰思想的主张，与时俱进，使之适应现代化；远离之前的暴力革命极端路线，重视民主；此外，宣言还增加人权、自由和妇女权利等内容。这些都体现了"复兴运动"务实、开放、包容的特点。因此，除了自身支持者外，还能吸引部分中间派和世俗主义者。

第二，理性与廉洁的领袖形象。

---

① 以上资料来自复兴运动党官方网站和卡塔尔半岛网，http：//www.ennahdha.tn，http：//www.aljazeera.net/encyclopedia/movementsandparties/2014/6/24/（حركة النهضة）。

② 杨鲁萍、林庆春编著《突尼斯》，社会科学文献出版社，2010，第 61 页。

作为伊斯兰政党，"复兴运动"的领导人并非清一色的宗教人士，而是以传统伊斯兰文化为认同基础的接受过良好西方教育的知识精英。以党主席拉希德·格努西为例，他拥有哲学博士学位，是现代伊斯兰思想的代表人物，著述了很多论证伊斯兰与现代性、伊斯兰与民主的作品。他认为，伊斯兰既是认同的源泉，又是变迁的力量；既是超越、永恒的理想，亦是不同历史文化背景的表述。① 而且，格努西接受了民主等现代政治理念，并试图融合伊斯兰教与现代性。他认为，民主、人权、国家职能、多党竞选和宪法规章都是新伊斯兰思想的一部分，这种新伊斯兰思想可以从对伊斯兰原典的新诠释和重新诠释中找到它的根基和合法性——建立民主制度是伊斯兰国家全面改革的开端。② 可以说，与保守的伊斯兰主义者相比，拉希德·格努西更具包容性，也更具有民主的精髓——妥协精神。

此外，相比腐败堕落的前政府，"复兴运动"的党内人士没有贪污腐败和官僚主义等不良形象，容易使选民产生信任感，成为人民希望的寄托。

第三，宗教感情的压抑与释放。

突尼斯的两任总统对外长期与西方亲近、对内高度推行世俗化，极力淡化伊斯兰对社会生活的影响，对伊斯兰主义者采取高压措施，强迫他们远离政权。但作用力越大，反作用力越大。政治伊斯兰在遭受压迫几十年后，终于迸发出了声势浩大的反弹。对伊斯兰主义者的镇压，连带压抑了突尼斯社会民众的伊斯兰宗教情感，他们往往希望伊斯兰精神能成为国家和社会的引导，拥有建立伊斯兰大同社会的美好理念。因此，在一些虔诚的普通民众看来，将选票投给"复兴运动"就等于投票给伊斯兰，释放压抑的宗教感情。

"复兴运动"于 2011 年 12 月 24 日上台主导执政，2014 年 1 月 9 日辞

---

① 胡雨：《拉希德·格努西与后伊斯兰主义话语》，《西亚非洲》2009 第 5 期。
② 丁隆：《后穆巴拉克时代的埃及穆斯林兄弟会》，《阿拉伯世界研究》2012 年第 1 期。

职下台，实际执政仅两年时间。"复兴运动"的下台，是三方面力量综合作用的结果。分别为：来自反对党派和民众的反对力量、来自第三方的斡旋力量和"复兴运动"本身的退让妥协。

首先，缺乏执政经验与政绩不佳是"复兴运动"遭到反对的主要原因。虽然"复兴运动"成立时间较早，与前政府拥有较多的斗争与合作经历。但在现代民主制度的党派政治中，"复兴运动"还是新手。在执政初期犯的一些错误，影响了"复兴运动"与世俗党派和反对党派的良性沟通与合作，分歧与误解逐渐加深，造成彼此之间的不信任。此外，"复兴运动"缺乏治理国家的经验，而且主政时间过短，所以在经济、教育、医疗等方面的政绩很不理想，特别是革命以来的严重社会问题未能有效解决，造成广大民众的失望和不满。最终，政治反对派与不满民众形成合力，在全国范围内进行"逼宫"。

其次，第三方的斡旋起到关键作用。由突尼斯劳工总联合会牵头，突尼斯工业、贸易和手工艺联合会，突尼斯人权联盟和突尼斯全国律师会参加发起成立"突尼斯全国对话大会四方机制"，制订了危机解决路线图，为"复兴运动"与反对派之间的妥协创造了条件，让处在两难境地的"复兴运动"体面地下台，推动了解决危机的政治进程，为政治危机的和平解决提供契机。

最后，"复兴运动"以大局为重，采取妥协退让的姿态，避免了重蹈埃及穆兄会的覆辙。突尼斯前总理、"复兴运动"总书记阿里·拉哈耶德接受半岛电视台采访时表示：为了突尼斯的稳定和发展，"复兴运动"主动选择退让与妥协，而不是固守权力。突尼斯的民主建设刚刚起步，需要发扬民主的精神，即在宪法与选举基础上进行对话与妥协。希望"复兴运动"的实际行动能够成为其他阿拉伯国家民主协商的榜样。① 之后，"复兴运动"宣布不推荐党内候选人参加新一届的总统大选，以使选票更

---

① 半岛电视台"阿拉伯当下形势"节目对阿里·拉哈耶德的专访，http：//www. aljazeera. net/pro-grams/arab - present - situation/2014/9/8/الرئاسيات-بشأن-ومبادرتها-النهضة-تنازلات-يفسر-العريض。

多集中在有能力带领突尼斯走出困境的候选人身上。总统大选后，"复兴运动"主动承认选举的有效性，并与"呼声运动"一起组成了联合政府。

"复兴运动"对世俗反对党派的妥协与退让，被一些伊斯兰主义者视为对伊斯兰精神的背叛和失败，但"复兴运动"的创始人之一，阿卜杜·法塔赫·穆鲁认为，"复兴运动"从来没有也绝不会放弃伊斯兰原则。"复兴运动"是伊斯兰政党，但也是突尼斯的一部分，党员既是伊斯兰主义者，也是突尼斯祖国的儿子。"复兴运动"的特点由突尼斯的现实情况所决定，也是突尼斯所特有的。① 因此，在政党利益与国家利益之间，"复兴运动"做出了符合温和伊斯兰政党身份的选择，在坚持伊斯兰价值观的基础上，对民主的精髓——妥协，也有着尊重和认同。

突尼斯前总理、"复兴运动"秘书总书记阿里·拉哈耶德承认，由于缺乏执政经验，对民主的认识不够深刻，在执政初期犯了一些错误，比如与世俗政党和反对党派之间频繁爆发冲突，在经济、教育、医疗等方面政绩欠佳，等等。认识到这些错误后，"复兴运动"开始进行改变与调整，以国家利益为重做出了一系列的妥协与退让，这表明，"复兴运动"在未来仍将秉持其温和的立场，在坚持伊斯兰原则的同时，秉持合作、妥协的民主精神和自由理念，尊重宪法，以突尼斯国家的利益为重，为国家的建设与稳定贡献力量。

三　摩洛哥正义与发展党

研究摩洛哥的政治伊斯兰，离不开对该国政体的把握与理解。摩洛哥与埃及、突尼斯的政体不同，属于君主立宪制。与世界上其他君主立宪制君主不同，摩洛哥国王依然拥有很大的权力，是国家的最高统帅和伊斯兰教最高领袖，掌握着对军队的控制权。在摩洛哥，议会和政府的影响力要

---

① 半岛电视台"时代见证"节目对阿卜杜拉法塔赫穆鲁的专访，http：//www. aljazeera. net/programs/centurywitness/2015/7/19/ج-الإسلامية-الورقة-عن-تتخل-لم-النهضة-مورو。

远远小于国王。

（一） 摩洛哥正义与发展党概况

摩洛哥正义与发展党（Justice and Development Party حزب العدالة والتنمية）的建党历程与埃及、突尼斯的伊斯兰政党有所不同，它并不是由单纯的伊斯兰政治组织演变过来的，而是伊斯兰政治组织（变革与革新运动、伊斯兰未来协会）与世俗政党（人民民主宪法运动）的组合。

1967 年，阿卜杜勒·哈塔比建立人民民主宪法运动党，抗议摩洛哥国王哈桑二世颁布紧急状态法令解散议会。1972 年，党主席阿卜杜勒曾建议摩洛哥国王回到古兰经和圣训中寻找解决摩洛哥政治困境的方法。20 世纪 80 年代初，以阿卜杜拉·本·基兰（AbdelilahBenkirane عبد الإله بنكيران）为代表的一批伊斯兰主义者，放弃暴力斗争的手段，脱离摩洛哥激进的宗教组织"伊斯兰青年运动"，组建了温和伊斯兰政治组织"变革与革新运动"，并开始与人民民主宪法运动党接触。经过思想与政治理念的交流与磨合，本·基兰等伊斯兰主义者开始接受民主宪法，接受国王为最高宗教权威的事实，开始了世俗政党与温和伊斯兰思想的融合。1996 年，"变革与革新运动"同另一个伊斯兰政治组织（伊斯兰未来协会）并入人民民主宪法运动党，从此成为合法政党并被政府接受。1998 年该党更名为"正义与发展党"。①

2002 年 9 月，摩洛哥正义与发展党在立法院选举中获得 42 席，一跃成为议会第 3 大党。该党提出改善民生、惩治腐败等社会主张，开始得到民众的认同。在 2007 年的议会选举中，正义与发展党赢得 46 个席位，仅次于议会第一大党"独立党"。2008 年本·基兰当选正义与发展党总书记。

对民主制度的认可、对宪法与对国王权威的接受，天然地存在于摩洛哥正义与发展党的理念中，这使得该党在上台后的执政过程中，避免了伊

---

① 卡塔尔半岛网百科："摩洛哥正义与发展党"，http：//www. aljazeera. net/encyclopedia/movementsandparties/2014/11/11/المغرب – والتنمية – العدالة – حزب。

斯兰主义者常犯的错误。

（二）摩洛哥正义与发展党的上台

2011 年 2 月 20 日，摩洛哥首都和重要城市出现大规模示威游行，群众提出修改宪法、更换政府以及改善民生等要求。组织游行示威的政党和组织组成"2·20 运动"，要求对政治体制进行根本性的变革。

参与游行的既有左派政党，也有民间伊斯兰组织——正义与慈善会，该组织在摩洛哥社会服务中的很多方面发挥着重要作用，得到不少民众的支持。但是，具有伊斯兰政党身份的正义与发展党并没有参加抗议游行，该党主席本·基兰接受沙特阿拉伯电视台采访时说："我们不反对'2 月 20 日运动'的诉求，这些运动的政治诉求跟我们是一样的，但为了保证摩洛哥的稳定与发展，避免重蹈利比亚或埃及的覆辙，正发党决定不参加'2 月 20 日运动'的抗议，我们是负责任的政党。"[1]

2011 年 3 月 9 日，摩洛哥国王穆罕默德六世发表电视讲话，宣布组成宪法修订委员会，扩大公民自由权、加强法治、增强人权，推动全面的宪法改革。6 月 17 日，国王再次发表讲话，公布修宪要点，包括：放弃任免首相等重要权力，首相由议会选举中得票最多的党派任命，扩大首相和议会的权力等。7 月 1 日摩洛哥就宪法修订案举行全民公决，以高票获得通过。11 月 25 日，摩洛哥举行立法选举。28 日，正义与发展党在选举中获得 107 个席位，占总数的 27%，成为议会第一大党。11 月 29 日，国王穆罕默德六世任命本·基兰为首相，责成其组建新政府。12 月底，正义与发展党与独立党、进步和社会主义党以及人民运动党三党就组建联合政府达成一致。2012 年 1 月 3 日，摩洛哥新一届内阁在首都拉巴特宣誓就职，正义与发展党在内阁中占据了国务大臣、外交大臣和司法大臣等 10 个重要职位。

摩洛哥正义与发展党赢得大选上台执政，主要有以下原因。

---

① 李彬：《浅析北非剧变与摩洛哥政治改革》，《西亚非洲》2013 年第 2 期。

第一，穆罕默德国王主动实行政治改革，放弃部分权力。首相不再由国王本人任命，而是从由议会选举占多数的政党中产生，解散议会、提名和罢免大臣等多项重要权力同时也赋予首相。

第二，摩洛哥正义与发展党相对清廉的形象为上台加分不少。摩洛哥贫富差距过大，腐败现象严重，民众对历届政府的执政党派不信任，不满意。正义与发展党没有取得过执政党的地位，不存在腐败浪费的问题。正义与发展党提出的改善民生等社会主张得到越来越多民众的认同，其政治地位不断提升。

第三，正义与发展党温和妥协的立场得到了王室的信任和支持。"2·20 运动"爆发后，正义与发展党明确表态不参加街头运动，呼吁通过对话和协商解决问题。这得到王室的信任与青睐，在一定程度上减少了上台执政的阻力。

（三）正义与发展党的执政：在经济领域取得一定成果

与埃及"正义与自由党"和突尼斯"伊斯兰复兴运动党"相比，摩洛哥正义与发展党的执政环境略有不同，虽然新宪法规定国王放弃了一些重要权力，但很多重要权力仍掌握在王室手中，议会中的执政党很多时候只能扮演王室决策执行人的角色。本·基兰在接受半岛电视台采访时表示，他本人权力有限，掌控摩洛哥的还是国王穆罕默德六世本人。[①]

2013 年 7 月 8 日，摩洛哥独立党宣布退出以正义与发展党为首的联合政府。属于独立党的经济与财政大臣、教育大臣、外交事务大臣级代表等重要官员集体辞职，内阁陷入危机。10 月 10 日，正义与发展党同世俗派自由主义政党国民独立联盟（الوطني للأحرار التجمع）组成联合政府，穆罕默德六世当天宣布组成新政府，新政府成员宣誓就职，正义与发展党在内阁中拥有十个部长席位，持续执政。

---

① 半岛电视台"无界限"节目对本·基兰的专访，http://www.aljazeera.net/programs/with-outbounds/2015/5/13/بنكيران-الملك-يحكم-المغرب-وصلاحياتي-محدودة。

本·基兰政府上台后，致力于提高经济增长率，加大对就业和教育的投资，不断降低中小企业税收比率以扩大其经营规模；调整经济结构，特别是改革农业和渔业的经营管理；发展教育，创造更多就业机会，解决失业等社会问题；集中力量采取一系列改善民生的措施，包括增加对富人的税收，减免低收入人群税负，提高最低工资额度和退休金等。正义与发展党的执政取得了良好的成果。

本·基兰在谈到正义与发展党执政成功的最大因素时表示，严厉的经济措施是执政取得成功的重要保证。2014 年，摩洛哥国民收入达到 2200 亿迪拉姆，政府赤字高达 64%。为此政府果断取消燃油补贴，当年便为政府节省了 800 亿迪拉姆的开支，大幅降低了赤字水平。[①]

对于资本逃离摩洛哥的状况，本·基兰政府采取一系列措施鼓励资金回流，取得了良好效果。截至 2015 年 5 月，回流资金总计 280 亿迪拉姆，为政府的经济改革提供了很大帮助；在民生方面，政府提高了退休金的最低标准，十多万穷人享受到了政府提供的特别补贴，政府还降低 1500 余种药品价格。

2013 年，摩洛哥经济显著改善，增速达 5%。政府下定决心努力削减开支：调低工资，改革养老金制度，调整食品和燃料补贴政策，财政赤字问题有所缓解。2014 年，受欧债危机影响，摩洛哥 GDP 增速略有下降，同比增长 2.4%。根据国际货币基金组织预测，2015～2017 年摩经济增长率分别为 4.4%、5% 和 5.3%。[②]

（四）摩洛哥正义与发展党执政成功的原因

迄今为止，摩洛哥正义与发展党是"阿拉伯之春"后"硕果仅存"的仍处于执政地位的伊斯兰政党，也是执政成果最为成功的伊斯兰政党。

---

① 半岛电视台"无界限"节目对本·基兰的专访，http：//www. aljazeera. net/programs/withoutbounds/2015/5/15/المعارضة هكذا تجنبنا أخطاء الإسلاميين.. ولن أعتذر.

② 《国际货币基金组织预计 2015 年摩经济增长 4.4%》，中华人民共和国驻摩洛哥王国大使馆经济商务参赞处，http：//ma. mofcom. gov. cn/article/jmxw/201502/20150200903917. shtml。

2015 年 5 月的民调显示，正义与发展党获得了 62% 的支持率。9 月 5 日，摩洛哥内政部公布市镇选举结果，正义与发展党在此次选举中共获得 150 万张选票，成为获得选票最多的政党，并且获得了全国几乎所有大城市市长的提名主导权。其执政成功的原因如下。

第一，将国家利益置于政党利益之上。调整生活用品的政府补贴，缩小补贴的品种范围至基本生活用品，取消汽油补贴，等等。虽然这些措施会对正义与发展党的民意支持造成不利影响，但却可以减少政府赤字，帮助摩洛哥摆脱经济困境，重新走上健康发展的道路。本·基兰说，最困难的决定是关于工资和养老金改革的政策，其后果是造成了几乎让整个摩洛哥瘫痪的大罢工。但是联合政府咬紧牙关，坚持政策的执行，在度过了一段艰难的日子后，财政与经济状态开始逐步好转，证明了这项措施的必要性和正确性。①

第二，不求专权专政，妥善处理与联合政府中世俗派的关系。本·基兰在接受半岛电视台采访时说，合作、妥协与克制、忍让，是他作为总理以来最大的体会。在独立党领导人攻击正义与发展党为摩洛哥衰退的根源，甚至指责他与伊斯兰国的恐怖分子为一丘之貉时，他本人仍然保持克制，团结其他政党，维持住了执政联盟与联合政府的稳定。②

第三，有利的外部因素。首先，摩洛哥正义与发展党有土耳其正义与发展党的成功执政经验作为参考，同时又有埃及和突尼斯伊斯兰政党失败的前车之鉴，成功与失败的经验教训避免了重蹈覆辙的悲剧。在经济方面，得益于油价的持续下降，进口压力大为缓解，更多的资金被用于改善民生与促进就业。此外，真主似乎也眷顾正义与发展党，摩洛哥近几年的降雨量相对充沛，缓解了之前的干旱，农业生产得到保障，对社会稳定也

---

① http：//www.aljazeera.net/programs/withoutbounds/2015/5/15/ أخطاء الإسلاميين.. ولن أعتذر للمعارضة هكذا تجنبنا.

② http：//www.aljazeera.net/programs/withoutbounds/2015/5/15/ أخطاء الإسلاميين.. ولن أعتذر للمعارضة هكذا تجنبنا.

有一定的贡献。①

综上所述，温和与合作仍将是摩洛哥正义与发展党在未来的主要立场。该党通过近 4 年的执政，已经明确了解执政的成功离不开王室理解、世俗政党合作与民众支持这三大力量。未来，正义与发展党将继续贯彻温和妥协与务实合作的政党方针，渐进的改良和执政经验的积累也将帮助正义与发展党继续主导联合政府，发挥伊斯兰政党的重要作用，在伊斯兰原则与现实政治之间寻求微妙的平衡。

四　中东北非伊斯兰政党对中国的影响

（一）中东北非伊斯兰政党发展趋势

自 2011 年初至 2015 年底，伊斯兰政党在中东北非地区的发展呈现三个阶段：上升期、挫折期、低潮期。

第一阶段，上升期。2011 年 2 月至 2012 年 6 月，在一年多的时间内，埃及、突尼斯等国政治伊斯兰组织相继组成政党，并赢得议会选举，以执政党的身份上台执政。第二阶段，挫折期。2012 年 6 月至 2013 年底，中东北非伊斯兰政党上台执政后不断遭遇挫折。埃及总统穆尔西政变下台，正义与自由党被法院裁定解散。突尼斯伊斯兰复兴运动党失去执政党地位。摩洛哥正义与发展党遭遇内阁危机，国内罢工游行不断。第三阶段，低潮期。从 2014 年至今，伊斯兰政党进入下行通道，政坛活动陷入低潮。埃及重回军人执政格局，宗教政党被严令禁止参与政治事务。突尼斯伊斯兰复兴运动党仅有一人进入新内阁担任部长，失去政权影响力。近年来发展势头良好的土耳其正义与发展党，在 2015 年 6 月的议会选举中未获得超过半数的席位，丧失独立执政资格。

虽然中东北非的政治伊斯兰陷入低潮，但在未来反转上升的可能性仍

---

① http：//www. aljazeera. net/programs/arab－present－situation/2015/8/27/ما لحزب العدالة والتنمية المغربي.هي وصفة النجاح.

然存在。在 2015 年 9 月摩洛哥进行的乡镇选举中，之前不被看好的正义与发展党，在一度落后于世俗亲王室政党的情况下，实现逆转获得胜利，赢得了最多的选票和席位。由此可见，政治伊斯兰的动能，在低位盘整积蓄力量后，未来仍可能实现突破。原因有以下三点。

第一，伊斯兰传统文化作为社会核心价值将长期存在。伊斯兰传统文化，是中东北非各国社会的基础与核心，也是穆斯林心中坚如磐石的价值认同。伊斯兰文化是集伦理、审美和规范于一体的文化。对古兰经和先知实践的认同与崇拜构成穆斯林永恒的审美，对早期政治实体（乌玛）的理想化，使穆斯林对传统秩序怀有特殊需求，深刻影响着穆斯林的心理和思维方式。伊斯兰政党执政以《古兰经》为立法渊源，使得穆斯林内在的道德修养找到寄托的模式，实现世俗生活与宗教精神的协同共鸣。

第二，阿拉伯国家总体仍将处于低谷。近年来，中东北非的各阿拉伯国家都面临着经济增长乏力、产业单一化、人口爆炸与失业率上升等经济社会问题。2011 年"阿拉伯之春"以来的动荡局势对经济发展和社会稳定造成了严重冲击，其影响至今仍未完全消退。埃及、突尼斯等国的经济还处于缓慢重建阶段，社会动荡与罢工游行时有发生。阿拉伯穆斯林的心灵大都沉浸于伟大的过去，但当理性困厄于现实的残酷时，伊斯兰成了最好的精神寄托。

第三，伊斯兰政党总体转向温和与妥协。可以肯定地说，温和、妥协和中间道路是未来中东北非地区伊斯兰政党的总体发展趋势。经历过多年的斗争与曲折，以及伊斯兰政党执政后的成败事实，多数伊斯兰主义者都已经承认，只有与"他者"合作，才有可能实现伊斯兰利益的最大化。因此，在对待基督徒、世俗派与少数族裔方面，伊斯兰政党采取包容与合作的态度，甚至对他们的加入敞开大门；对西方和非伊斯兰国家的态度趋向温和与务实，外交方面以国家利益而非宗教意识形态为重。因此，伊斯兰政党未来有可能获得更多民众的认同与支持，在国际上得到更多的理解和认可。

（二）未来中东北非地区伊斯兰政党对中国的影响

目前来看，埃及、突尼斯等国伊斯兰政党上台后均重视与中国发展友好关系，对华的总体外交政策趋向互利实用。但是，伊斯兰政党上台的隐性影响不容忽视，对中国民间伊斯兰团体政治化的标杆效应需要充分重视。

第一，对官方双边关系影响甚微。此次中东北非伊斯兰政党的上台可视为 20 世纪 70 年代伊斯兰复兴运动的延续，理性、务实、开放已成为全球化背景下伊斯兰复兴运动的发展趋势。参考前期历史案例，伊朗为典型的伊斯兰政府，与中国的关系长期保持友好，双方在各个领域都有良好合作。苏丹巴希尔政府奉行激进的宗教政策，但自从他担任总统后与中国的关系有了较大发展，在经济、贸易、科技合作和石油开发领域合作广泛。从历史经验上看，政治伊斯兰势力掌权后，所遵循的仍是实用主义原则，政权稳定、国家利益与民族发展是其主要诉求。

从现实情况看，此次埃及等国伊斯兰政党上台执政，都将与中国的关系置于重要位置。政府之间交往密切，高级别的友好访问频繁。2012 年 6 月，温家宝总理过境摩洛哥，受到摩洛哥总理本·基兰的热烈欢迎。本·基兰称将始终奉行对华友好政策，进一步加强两国高层交往，扩大经贸、人文等领域的交流合作，加强在国际、地区事务中的沟通与协调。2012 年 8 月，穆尔西上台后优先访华，表示非常关注中国的发展，希望借助中国的经验和力量实现埃及的全面发展。这说明穆兄会主导的正义与自由党对中国的国际地位、作用以及发展前景有着深刻认识。2014 年 9 月，突尼斯伊斯兰复兴运动党代表团访华，党主席加努西表示，非常钦佩中国取得的发展成就，愿加强党际交流，学习和借鉴中国的发展经验。因此，政治伊斯兰力量执政不会成为影响中东地区国家与中国关系的因素，对中国的"一带一路"战略也没有直接不利影响，对中国的边疆稳定短期内亦不会造成冲击。

第二，对中国民间伊斯兰团体有政治化示范作用。自二战后，中东北非一些国家的社会两极分化加剧，国内政府官僚主义和腐败现象严重，经济发展缓慢甚至停滞倒退，人民生活水平逐渐恶化，失业率居高不下。同时，外患严重：国际地位不断下降，没有独立自主的话语权，成为大国博弈的工具和牺牲品。内忧外患之下，民众对统治阶层的失望达到极点。在这样的环境下，有政治诉求的人开始通过组建政党来表达自身的利益和要求，伊斯兰政治组织应运而生。

这些组织不断向民众提供经济、社会服务，以慈善捐助、家庭互助等方式吸引人们加入，进而得到民众的支持与拥护，不断发展壮大。以埃及穆兄会为例，20世纪70年代，穆兄会在国内广泛建立经济、教育、医疗服务和社会福利网络，服务中下层民众。到80年代前期，埃及穆兄会已发展成为一个容纳宗教人士、工人、农民、商人、职员、军官等20多万成员，拥有1500多个支部的庞大政党组织。[①] 正是由于拥有深厚的社会基础，遇到"阿拉伯之春"这样的契机后，穆兄会可以借势而上，实现从非正式政治组织到国家执政党的飞越。

此次中东北非伊斯兰政党的上台，阐明了政治伊斯兰势力从宗教团体、政治组织、政治反对派到执政党的发展路线图。这有可能间接为国内某些民间伊斯兰组织提供政治化路线的参考模式。

（三）中国的应对策略和预防措施

未来，政治伊斯兰势力将长期存在，随着中东民主政治不断成熟与发展，伊斯兰政党，特别是温和伊斯兰政党将成为各国政坛的重要政治力量。面对这一趋势，中国在对外与对内两方面应采取稳中有变、行之有效的应对策略。

首先，在中东地区事务方面，继续坚持不干涉内政原则。尊重中东各国人民的自主选择，不干涉各国执政党制定的政策与采取的措施。在中东

---

① 刘中民、朱国英：《论伊斯兰教在当代中东伊斯兰国家的社会分化作用》，《宁夏社会科学》1997年第2期。

复杂的历史矛盾面前，坚持公正、公平、人道主义的原则，不偏不倚，依照国家法和国际公约准则行事，承担世界大国的责任与道义，为中东地区的和平与稳定做出贡献。

其次，加强党际交流。中国应加强与中东各国伊斯兰政党的党际交流，增进双方对彼此的了解，对政党特点与政策的理解。增强在各领域互利合作，在地区热点问题上相互支持，协调立场，拓宽针对国际诸多问题的合作渠道。在思想理念方面求同存异，在治国理政方面分享经验。加强相互理解，消除相互误解，减少影响双边关系的负面因素。通过党际交流，加大宣传解释力度，加强伊斯兰政党对中国民族宗教政策的理解，对中国国情的认识与认同。

最后，对内加强对民间宗教团体的管理与疏导。中东北非伊斯兰政党上台，为国内的伊斯兰激进势力提供了可供参考的"样本"，即民间宗教团体—政治化宗教团体—在野政治反对派—执政党。在我国边疆地区特别是穆斯林聚居地区，由于受到历史遗留问题和发展不平衡与信息建设不对称等综合因素影响，长期存在着诸多民间宗教团体，多为半地下或地下状态。未来，有可能某些激进极端的组织或个人，披上"温和"的外衣，以宣教、慈善、社会服务为方式，笼络民众，取得信任，进行分裂国家和民族的行为。因此，有必要针对性地采取如下几点措施。

第一，严厉打击利用宗教进行民族分裂的各种势力。

第二，做好爱国宗教人士的工作，引导信教群众，将情感与行动统一到国家的根本利益上。

第三，积极引导民间社团，强调个人精神与道德修为，提倡社会公益服务，避免政治化与极端化。

第四，发展经济，改善民生。此次中东北非伊斯兰政党在大选中赢得多数选票，很大程度上是因为前政府腐败堕落，社会失去公平正义，经济发展停滞，人民生活困苦看不到希望，因此才选择了在情感上亲近、形象上廉洁的伊斯兰政党。因此，惩治腐败，发展经济，持续改善穆斯林聚居地区的生活水平才是解决这一问题的根本之道。

The Develop of Islamic Parties of Middle – East and North Africa and the Influence on China

Wang Guangyuan

Abstract: The rise and development of the Islamic parties in the Middle – East have complicated historical causes and gone through different paths. Islam is not only a political ideology, but also a special social structure as well as a community power, which has made decisive impacts during the critical moments throughout the historical revolution. Nowadays, Islamic political power has largely affected its local countries, regions and the international community, especially the stability and development of the Middle – East dynamics. Even though the Islamic political activities in the Middle – East and North Africa has fallen into an ebb after the Arab Spring, considering the historical issues and the conditions inside and outside the regions, momentum of the Islamic politics can have an abrupt burst after this dormancy. Because of their realism policy and the moderate compromising ideology, the assumption of power of the Islamic political parties will not do harm to China in the protection of overseas interests, the construction of new Silk – Road economic belt, and the strategy of opening up to the West. However, it can have mapping effect in the Muslim communities in China in the future, which should be dealt with seriously.

Keywords: Middle – East, North Africa, Islamic politics, Islamic parties, China

非盟、非洲一体化与中国的建设性参与

罗建波◎

【内容提要】 20世纪以来非洲历史发展的一条主线，是非洲各国人民通过相互间的团结与合作争取实现政治独立，在完成这一历史任务后开始追求经济发展与全面复兴。当前，非盟的发展不仅显著推动了非洲的经济振兴与和平安全建设，也通过集体的力量和日益统一的姿态而显著提升了非洲的国际地位，成为21世纪非洲复兴的重要推动者和建设者。中国始终注重发展与非盟的伙伴关系，逐步增加了对非洲一体化的重视和投入，在当前非洲发展进程中扮演了难以替代的重要角色。通过参与非洲经济一体化以及非洲的和平与安全建设，中国不仅帮助了非洲，也通过推动非洲政治稳定和经济发展进程而展现了自身负责任的大国形象，由此提升了自身在国际和平与发展领域的话语权和影响力。

【关键词】 非盟 非洲 一体化

【作者简介】 罗建波 中央党校国际战略研究所中国外交研究室主任，副研究员。

21世纪以来，非洲发展的时代主题已由20世纪的"求独立、求解放"转变到"求和平、求发展"。为顺应这一时代要求，非盟积极致力于实现非洲大陆的政治稳定与经济振兴，成为推动当前非洲发展与变革的重要力量。虽然非盟的发展面临诸多挑战和问题，非洲一体化的理想与现实之间的差距仍很大，但深入推动非盟的地区合作进而实现非洲的和平与发

《国别和区域研究》（第1、2期），第78～92页。

展，是非洲复兴的必然选择，也是世人对非洲发展的普遍期待。当前中国与非盟关系的发展，具有推动非洲发展及亚非复兴进程的积极意义。

一 全球化时代非盟的角色、使命与成就

非盟于 2002 年正式成立并取代非统组织，是非洲国家旨在通过集体力量来寻求政治稳定、推动经济发展并提升非洲国际地位的重大举措。如果说非统组织的历史贡献在于推动非洲大陆实现了民族独立和解放，那么非盟的成立则是这些已经实现民族独立的非洲国家在全球化时代对非洲发展与复兴的追求。非盟的成立是非洲复兴的新起点，标志着非洲一体化进入新的历史发展阶段。

非盟是非洲经济发展的主要推动者。非盟积极倡导"自主发展"思想，着力推动实施"非洲发展新伙伴计划"，为非洲经济合作搭建了制度平台并规划了合作路径。"非洲发展新伙伴计划"提出了 21 世纪非洲发展的总体目标，旨在通过非洲国家的联合自强以消除贫困，实现经济可持续发展并减少对外部世界的依赖。其具体路径为，一方面实施重大的经济技术和能力建设项目以推动非洲经济社会发展，另一方面通过非洲各区域经济共同体内部和相互间的一体化来实现非洲大陆层面上的合作，最终建立起成熟的非洲经济共同体。目前，诸如东部非洲共同体、南部非洲发展共同体、西非国家经济共同体等区域组织正在推动建设关税同盟甚至货币联盟，为未来非洲大陆的经济合作搭建了必要的制度平台。当前，非盟致力于非洲经济合作的重要方面，积极推动非洲大陆的跨国跨区域基础设施建设。落后的基础设施直接影响了非洲的发展能力和国际竞争力，正如经合组织（OECD）的统计表明，全球进口商品的平均货物运输费用占到商品价格的 5.4%，而这一数字在非洲则高达 5 倍以上。[1] 为改变非洲基础

---

[1] Martyn Davies, "How China Is Influencing Africa's Development", *Background Paper for the Perspectives on Global Development* 2010: *Shifting Wealth*, OECD Development Centre, 2010.

设施的落后面貌，2012 年 1 月召开的非盟第十八届首脑会议重点讨论了"非洲基础设施发展计划"，承诺落实跨国跨区域重大基础设施项目，加快铁路联通和港口运力建设，以突破制约贸易发展的交通瓶颈。

非盟是非洲和平与安全的主要维护者。在安全理念上，非盟对非洲集体安全原则进行了重大创新，以"非漠视"原则（non – indifference）取代了非统时期长期坚持的"不干涉"原则（non – interference）。非盟呼吁对非洲战乱与冲突实行"零容忍"（*zero tolerance*），规定在成员国国内出现严重反人道罪行或出现不符合宪法程序的政府更迭，以及在成员国间出现侵略情势时有权实施强制干预，其中包括武装干预的使用。这使非盟在理论和实践层面有权对那些潜在危机或现实冲突进行主动干预，在很大程度上突破了集体干预与国家主权长期存在的内在紧张，这是非盟与非统组织在安全原则上的最大不同。在机制建设上，非盟创建了和平与安全理事会，正在积极建设非洲常备军和快速反应部队。非盟还推动建立了非洲国家间的相互监督和约束机制，即"非洲互查机制"，希望利用集体规则和相互监督来促使非洲国家实现良治，进而实现非洲大陆的政治稳定。在实践层面，非盟自成立以来，相继对科特迪瓦、多哥、科摩罗、马里、中非、南苏丹等国的政治危机进行了政治调解和斡旋，同时向布隆迪、索马里、苏丹达尔富尔派遣了维和部队。其中特别重要的是，非盟自 2007 年以来一直在索马里开展维和行动并在苏丹达尔富尔地区执行"非盟—联合国达尔富尔混合行动"，对于有效遏制索马里和苏丹达尔富尔地区动荡局势发挥了关键性作用。虽然非洲冲突管理离不开联合国和西方国家的介入，但非盟的集体安全机制无疑是非洲和平与安全建设的核心。

非盟是非洲国际地位提升的积极贡献者。非盟注重以集体姿态"抱团"参与重大国际事务，以统一声音表达非洲人的应有权益主张。一是争取实现非洲国家的"入常梦"。非盟于 2005 年 3 月和 7 月相继发表《埃祖尔韦尼共识》和《锡尔特宣言》，呼吁联合国基于普遍性、平等性和地区平衡原则进行全面改革，要求给予非洲不少于 2 个拥有否决权的常任理事国和 5 个非常任理事国的席位。非盟能够基本协调非洲国家的立场并提出统一的入常方案，显示了非洲国家的政治团结，这是世界其他地区所没有的。二是在"非洲发展新伙伴计划"框架下与外部世界建立更为平等的伙伴关系，争取国际社会对非洲发展的支持。三是鼓励非洲国家以集体姿态与外部世界创建合作机制，更为清楚地表达自身的利益关切，增强非洲融入全球体系的能力。目前，非洲大陆已分别与美国、欧盟、日本、印度、中国建立了美非经贸合作论坛、欧非首脑峰会、日本"东京非洲发展国际会议"、印非首脑峰会、中非合作论坛机制等重要的合作机制，2014 年美国还在华盛顿首次举办了美非首脑峰会。

非盟是泛非主义和非洲复兴思想的积极倡导者。非洲是世界各大洲中较早提出整个非洲大陆实现团结、统一与复兴的大陆。在 20 世纪非洲民族解放任务完成以前，泛非主义旨在复兴"非洲个性"和"非洲传统精神"，唤醒非洲人的民族自尊心和自豪感，从而推动非洲大陆实现完全独立和解放。21 世纪非盟取代非统组织之后，开始在新的时代背景下重新阐释非洲复兴思想，呼吁非洲国家在团结合作的基础上实现发展、稳定与良治。2013 年非盟在纪念非统组织成立 50 周年庆典时，再次强调"泛非主义和非洲复兴"的主题，呼吁非洲人团结一致共寻和平、发展、民主与良治的复兴之路。正如时任非盟轮值主席埃塞俄比亚总理海尔马里亚姆在会议致辞中说："今天和未来非洲人的使命是完成先驱们的梦想，创造一个免于贫穷和冲突的非洲，一个和平、繁荣和统一的非洲。"[①] 非盟对非洲复兴思想的倡导，有助于塑造非洲人的共同身份意识，激发非洲人独立自强的精神，从而为非洲国家的团结合作与一体化提供了宝贵的精神动力。

二 当前非盟面临的主要挑战与问题

非盟自成立以来，在理论创新和机制建设上取得了许多重大突破，在

---

① 苑基荣：《把握机遇、延续梦想——非盟庆祝其前身非统组织成立 50 周年》，《人民日报》2013 年 5 月 27 日，第 3 版。

推动非洲一体化方面采取了一系列新的举措，但其合作成效却并不明显。在政治与安全合作方面，非洲政治形势并未因为非洲集体安全机制的创建而得到彻底改善，非洲至今仍是世界上最为动荡的地区之一。面对近年来北非政治动荡和马里、中非、南苏丹局势的恶化，非盟应对乏力，非洲冲突的解决仍然主要依靠外部力量的介入而非地区集体安全机制。在经济合作方面，"非洲发展新伙伴计划"在推动非洲跨国跨区域基础设施及其他经济技术建设项目上进展缓慢，非洲经济一体化也未能有效推动非洲内部贸易和投资的显著增长。联合国贸发会议发布的《2013 非洲经济发展报告》指出，虽然非洲内部贸易额在总量上有所增长，但非洲内部贸易额占非洲贸易总额的比重却从 1997 年的 22.4% 降至 2011 年的 11.3%，而这一比重在亚洲和欧洲则分别达到 50% 和 70%。[①] 阻碍非盟发展的因素主要有以下几点。

非盟面临的内部制约因素：经费不足与能力建设滞后。首先，由于非洲国家大多是不发达的中小国家，非盟的经费因此主要依赖外部支持而非成员国缴纳的会费，这极大影响了非盟的一体化努力。比如，当前非盟和平与安全机制 90% 的经费开支需要依靠外来援助，其中绝大部分来自美国、欧盟及欧洲主要大国。非盟在苏丹达尔富尔的维和使命也主要由于人力、装备和财政拮据而不得不让位于"非盟—联合国达尔富尔混合行动"，非盟在索马里的维和行动也部分因为财力所限而一直无法达到联合国批准的维和人数。"非洲发展新伙伴计划"的目标在于推动非洲国家实现经济自立，但资金短缺使得许多发展倡议难以付诸实施而束之高阁。其次，非盟的能力建设不足是制约非盟发展的又一内在因素。非盟的机制建设不可谓不完备，它制定的各种有关非洲和平与发展的决议不可谓不多，但这些机制和决议常常由于执行能力的不足和行政效率的低下而流于形式。在很多观察家眼里，非盟还只是一个"清谈馆"。

---

① UNCTAD，"Economic Development in Africa Report 2013：Intra - African Trade：Unlocking Private Sector Dynamism"，p. 13.

非盟发展的条件不足：核心国家的缺失及非洲大陆的"分裂"。地区一体化的发展离不开地区"核心"国家提供公共产品及其扮演的领导角色。这是因为，地区内的核心国家能够带动地区市场的发展并协调各成员国的行动和利益，其中特别重要的是，它们能够利用其相对强大的政治经济影响力来推动地区一体化的制度创新与发展，创造条件以克服地区一体化发展面临的困难和障碍。欧洲一体化离不开法德轴心的携手并进，东盟合作的不断深化也离不开印度尼西亚、马来西亚和新加坡等的积极推动。非洲的南非、尼日利亚和埃及原本是非洲的地区大国，但这些国家的国内发展面临巨大问题因而限制了它们在地区事务中所能发挥的作用。南非经济相对发达但国内贫富分化严重且社会治理能力不足；尼日利亚资源丰富却未能摆脱"资源诅咒"，且国内族群、宗教矛盾突出，因而成为非洲"跛脚的巨人"；埃及在北非乃至整个非洲有着较大的政治影响力，但近年来未能走出世俗主义和宗教主义的政治冲突。如何推动这些国家本身的发展与稳定，激发其对地区发展的热忱和信心，是关乎非洲一体化未来的重大问题。非洲大陆还存在一种事实上的"分裂"状态。首先，来自欧洲的殖民统治把非洲从政治、经济、语言和地理上分割为"法属非洲""英属非洲""葡属非洲"等地缘政治板块。各国与殖民宗主国形成的片面的经济依附和垂直的产业分工尚未改变，非洲各国、各区域间的横向经济和社会联系未能建立起来，这直接造成非洲国家间的横向贸易和经济合作难以得到有效开展。其次，严重的地区安全问题直接影响了非盟的政治团结。比如，刚果（金）东部地区的战乱就一度导致周边国家直接卷入，几乎演化为一场地区性战争，也使大湖地区至今仍未摆脱战争的阴影。最后，非洲除了非盟这一涵盖几乎所有非洲国家的地区组织外，还有众多区域性的合作组织，其中非盟认可的就有 8 个。这些区域合作组织的一体化程度不一、政策各异且在地理区域上交叉重叠，不仅难以有效协调彼此间的一体化进程，也消耗了非洲国家本已严重短缺的人力和财力资源。

非盟面临的理论困境：民族国家构建与地区一体化的矛盾。泛非主义的政治理想是实现非洲国家的政治独立并在此基础上实现大陆的完全统一。然而，在非洲国家获得政治独立后，各国面临的首要任务是实现民族国家构建而非大陆层面的政治统一。这是因为，非洲各新生民族国家必须有效整合国内各族群、各地区间的差异和隔膜，在全新的民族国家政治框架下创建一个新的国族。同时，政治独立的来之不易使非洲国家格外珍视并注重维护国家主权的完整和独立，这使地区一体化在理论和实践层面面临国家主权的制约。虽然非盟创造性地提出了"非漠视原则"，并实施了非洲国家间相互监督的"互查机制"，但主权平等和不干涉内政仍是《非盟宪章》规定的基本原则。如何处理民族国家构建与泛非主义之间的关系，如何在民族国家倡导的"国家性""国民性"与泛非主义倡导的"泛非性""非洲性"之间寻求平衡，是当前非洲一体化尚未很好解决的重大理论与现实问题。

三　非盟与非洲一体化的发展前景

非洲一体化进程展现给世人的，是一幅理想与现实存在巨大落差的二元图景。能否全面评估非盟取得的发展成就，客观认识非洲一体化的理想与现实，关系到我们对非洲一体化的态度以及中国—非盟关系发展前景。

非洲一体化并非没有建树。在历史上很长时期里，非洲一体化主要是一种政治合作而非经济合作，其发展成就也主要体现在政治领域而非经济领域。非统组织在历史上曾长期致力于非洲大陆的民族解放事业，促成了非洲国家的政治独立，当前非盟又积极致力于推动非洲国家的政治进步和人权保护，有力推动着非洲国家的良治和政治民主化进程。尽管非洲集体安全合作未能给非洲带来长治久安，但不断完善的集体安全机制却在相当程度上有助于遏制现有冲突的升级以及潜在冲突的爆发，有助于使和平与发展的理念深入人心。在对外关系领域，非盟的国际参与显著提升了非洲在国际体系中的地位，使非洲国家在相当程度上以近代数百年来未曾有过的独立姿态在国际上发表自己的声音和看法。从更为广泛意义的文化精神层面看，非洲一体化还有助于塑造非洲人的共同身份和区域意识，强化非洲人的历史责任感和使命感，这些对于非洲国家的长远发展以及非洲大陆的复兴事业是有着积极作用的。

非洲一体化是非洲复兴的必然选择。非洲国家大多积贫积弱且治理能力不高，缺乏以一国之力实现经济发展并有效维护政治稳定的能力，更难以一国之力去应对全球化的挑战。因此，通过地区合作增进各民族国家的利益，通过集体力量来应对全球化的挑战并解决日益增多的跨国性问题，就成为非洲国家在全球化时代的战略选择。对多数非洲国家而言，当前非盟的奋斗目标并非是要建立"非洲合众国"，而是为各个非洲国家的发展提供外部条件，为那些弱小的非洲国家在国际社会争得一席之地，帮助那些弱小的非洲国家在国际舞台上发出自己的声音。正如埃塞俄比亚学者马莫·穆契（Mammo Muchie）所言："联合起来的非洲是非洲在世界其他民族面前和相互间获得尊严、自信和自尊的唯一途径。"① 这是非盟和非洲一体化对非洲落后国家的特殊意义所在。

国际社会重视非盟和非洲一体化。国际社会普遍把非洲一体化视为非洲复兴的必然选择，把非盟视为非洲一体化的核心。各大国也纷纷加强了同非盟的合作，希望以此推动非洲的发展，同时借助非盟的平台扩大自身在非洲事务中的影响力。欧盟和美国均向非盟派驻了常驻使团，并向非盟提供大量的经济援助和维和支持。欧盟早在 2004 年便出资 2.5 亿欧元在欧盟—非洲伙伴关系框架下设立"非洲和平基金"，2014 年欧非峰会进一步承诺未来三年内为"非洲和平基金"提供 7.5 亿欧元的财政支持。中国、印度等新兴大国也显著加大了对非洲一体化的重视，金砖国家组织 2013 年德班峰会决定筹建金砖国家开发银行并筹备建立金砖国家外汇储备库，其中的重要考虑便是支持非洲的跨国跨区域基础设施建设，以此撬动非洲国家的经济发展。非盟的当务之急是及时拟定统一的对外政策，充分利用外部世界对非洲一体化的重视来推动非洲地区合作。

---

① 〔埃塞〕马莫·穆契：《非洲联盟：希望之路》，张永蓬编译，《西亚非洲》2003 年第 2 期。

21 世纪以来，非洲经济发展显著提速，一大批非洲国家开始进入经济发展的快车道。2012 年世界经济增速前 20 名的国家中，有 11 个在非洲。自 2013 年开始，非盟着手拟定涉及未来 50 年发展规划的"2063 议程"，以有效动员非洲力量，实现大陆的发展与变革。使非洲从"绝望的大陆"转变为"希望的大陆"，是当前非盟的历史使命，也是世人对非盟的期待。非洲一体化充满艰辛，却大有希望。

四　中国—非盟关系与非洲复兴进程

基于对非盟发展前景及其历史角色的积极认识，基于对非洲发展事业的支持和帮助，中国积极重视发展与非盟的关系，不断增加对非洲一体化的投入，由此推动了当代中非新型战略伙伴关系的不断升级和发展。

中国与非盟的合作机制初步建立，双边关系的定位逐步清晰。事实上，中国自 1998 年起便开始派政府特使以观察员身份出席非统首脑会议，这一惯例在非盟成立后得到进一步加强。2002 年 7 月，中国外交部副部长杨文昌作为政府特使出席了在南非德班市举行的非盟首届首脑会议，此后中国均派出外交部级别较高的官员出席非盟首脑会议。2005 年 3 月，中国向非盟派驻兼驻代表，成为首批非洲以外国家向非盟派驻兼驻代表的国家之一。[①] 2006 年，中非合作论坛北京峰会宣布，中非双方致力于建立和发展"政治上平等互信、经济上合作共赢、文化上交流互鉴"的"中非新型战略伙伴关系"，中国与非盟关系自然是这一战略伙伴的重要组成部分。2011 年，非盟委员会正式加入中非合作论坛，非盟在中非合作论坛机制中的地位得到应有的确认。于 2008 年 11 月正式启动的中国—非盟

---

① 2005 年 3 月 8 日，非盟委员会主席接受 20 个国家和地区组织驻埃塞的使节成为首批非洲以外国家向非盟派驻的兼任代表团，这些国家及组织包括中国、丹麦、芬兰、荷兰、瑞典、西班牙、英国、法国、德国、葡萄牙、奥地利、意大利、挪威、捷克、日本、印度、加拿大、古巴、塞尔维亚和黑山共和国以及欧盟。参见《驻埃塞大使林琳向非盟委员会主席递交兼驻非盟代表委任书》，外交部官方网站，http：//www.fmprc.gov.cn/chn/pds/gjhdq/gj/fz/1206_1/1206x2/t195944.htm。

战略对话会议至 2015 年已举办了六次，为双方就中非关系发展和涉及双方利益的重大国际问题交换意见搭建了平台。中国与非盟关系的机制化和制度化已经起步，双方往来的总体框架已初步搭建起来。

中国与非盟还加强了高层互访，不断夯实双方政治互信与合作。2003年 11 月，温家宝总理在埃塞俄比亚出席中非合作论坛第二届部长级会议期间，会见时任非盟委员会主席科纳雷。2005 年 8 月，科纳雷访华。2009 年 9 月，时任非盟委员会主席让·平访华，声称非盟高度重视中国在国际事务中发挥的建设性作用，感谢中国为非洲和平与发展事业做出的积极贡献。2012 年 1 月，全国政协主席贾庆林应邀出席非盟第十八届国家元首和政府首脑会议开幕式，发表主题为"加强中非团结合作 携手共创美好未来"的演讲，这是中国国家领导人首次出席非盟首脑会议。2014 年 5 月，李克强总理访问埃塞俄比亚和非盟总部，并发表"开创中非合作更加美好的未来"的演讲，称赞"非洲是世界政治舞台上的重要一极""非洲是全球经济增长新的一极""非洲是人类文明的多彩一极"。①

伴随双边关系的显著改善，中国与非盟合作的内容得到显著拓展，由此前主要集中在政治互助发展到全方位、多领域、多层次的合作。中国基于非盟及"非洲发展新伙伴计划"的优先目标，与非盟在基础设施建设、和平与安全、人力资源合作与能力培训、全球气候变化谈判及其他国际事务中开展了广泛的合作。其中之一是中国推动并参与非盟的经济一体化与跨区域合作。经济合作、冲突管理与共同外交是非盟时代非洲一体化的三个核心领域，其中经济合作更是直接关系到非洲一体化的未来发展及世人对非洲一体化的信心。然而，非洲基础设施建设长期滞后，严重影响着非洲国家经济发展及相互间横向贸易的开展，也极大降低了非洲国家吸引外资的能力及参与世界经济的深度和广度。为表达对非洲区域合作的支持，

---

① 李克强：《开创中非合作更加美好的未来——在非盟会议中心的演讲》，《人民日报》2014年 5 月 6 日，第 2 版。

在 2012 年第五届中非合作论坛会议上，胡锦涛主席宣布"中国将同非方建立非洲跨国跨区域基础设施建设合作伙伴关系，为项目规划和可行性研究提供支持，鼓励有实力的中国企业和金融机构参与非洲跨国跨区域基础设施建设"。[①] 中方当时承诺在 2012 年后的 3 年里向非洲国家提供 200 亿美元贷款额度，重点支持非洲基础设施、农业、制造业和中小企业发展。中国已成为非洲经济一体化的重要推动者和参与者。

中国注重与非盟在解决非洲地区冲突和热点问题上的合作，以负责任的姿态建设性参与非洲和平与安全事务。其具体方式，一是明确支持非盟倡导"以非洲方式解决非洲问题"（African solutions to African problems）[②] 的原则，推动非盟在维护非洲和平进程中发挥重要作用。二是为非盟在非洲开展的自主维和行动和常备军建设提供资金和后勤支持，增加为非盟培训和平与安全事务官员和维和人员的数量。[③]《中国对非洲政策文件》明确声明："支持非洲联盟等地区组织及相关国家为解决地区冲突所做的积极努力，并提供力所能及的援助。"[④] 三是在诸如苏丹达尔富尔等地区热点问题上坚定支持非盟的主导作用。在苏丹达尔富尔问题上，中国明确推动苏丹政府、非盟、联合国"三方机制"和坚定支持以维和行动和政治

---

① 胡锦涛：《开创中非新型战略伙伴关系新局面》，《人民日报》2012 年 7 月 20 日，第 2 版。

② Kasaija Phillip Apuuli, "The Principle of 'African solutions to African Problems' under the Spotlight: The African Union (AU) and the Libya Crisis", *Africa Governance Monitoring & Advocacy Project*, September 6, 2011, pp. 1 – 10; Matthias Goldmann, "Sierra Leone: African Solutions to African Problems?", in A. von Bogdandy and R. Wolfrum (eds.), *Max Planck Yearbook of United Nations Law*, Volume 9, 2005, pp. 457 – 515.

③ 中国先后向非盟在刚果（金）、布隆迪、苏丹达尔富尔和索马里的维和部队提供了物质和资金支持，主要包括：2001 年向非统组织和平基金捐赠 20 万美元，用于其在刚果（金）的维和行动；2003 年 7 月向非盟派驻布隆迪的维和部队提供价值 250 万元人民币的军用后勤物资；2005 年向非盟提供 40 万美元现汇，支持非盟扩大在苏丹达尔富尔地区的维和行动；2006 年中国增加对非盟在达尔富尔地区的维和行动的援助，总共提供 140 万美元现汇支持；2007 年 6 月为支持非盟建设和非盟在索马里的维和行动，中国决定为非盟提供两笔各为 30 万美元的捐款；2009 年 8 月向非盟驻索马里特派团提供 40 万美元的资金援助；2011 年 12 月再次向非盟驻索马里特派团提供 3000 万元人民币的无偿军事援助。以上资料可部分参考《中国与非盟关系》，中国驻埃塞大使馆网站，http://et. china – embassy. org/chn/zfmgx/。

④《中国对非洲政策文件》，《人民日报》2006 年 1 月 13 日，第 3 版。

和解进程为主渠道的"双轨战略"，敦促苏丹方面与非盟开展务实合作。2007 年 2 月，胡锦涛主席在中非合作论坛北京峰会后的首次非洲之行中访问了苏丹，提出处理达尔富尔问题应遵循的四项原则，其中就包括"非盟、联合国等应该在达尔富尔维和问题上发挥建设性作用"。[①] 四是积极参与联合国在非洲开展的维和行动，以此帮助非盟及非洲国家实现冲突治理。当前，中国参与了联合国在全球的 9 项维和行动，其中 7 项在非洲。2013 年 4 月，中国向马里派遣了包括工兵、医疗和警卫在内的维和先遣队，这是中国首次派出具有安全警卫能力的安全部队参与维和。2014 年 12 月，中国首次向联合国派出成建制的维和步兵营，部署在南苏丹首都朱巴地区，主要承担维和任务区保护平民、联合国和人道主义工作人员，以及巡逻警戒、防卫护卫等任务。这表明中国参与联合国维和行动的广度和深度得到进一步提升，标志着中国在联合国维和行动中发挥的作用日益明显，也进一步体现了中国承担国际和平与安全的大国责任。在第五届中非合作论坛会议上，中国承诺将发起"中非和平安全合作伙伴倡议"，继续深化在上述领域同非盟的合作。[②]

中国还重视非盟的机构与能力建设，以此推动非洲一体化进程。非盟建立了泛非议会、和平与安全理事会、常驻代表委员会、非洲人权与民族权法院、经济社会与文化理事会，特别技术委员会等机构，初步搭建了一体化的组织框架和运行规则，但这些机构的完善尚需时日，且由于自身财政拮据及办事效率相对低下，非盟的决策与行动能力还亟待提高。为支持非盟建设，中国显著加大了对非盟的资金、物质援助。中国于 2006 年决定无偿援建非盟总部大楼和会议中心，这一继坦赞铁路以来的又一重大项目于 2012 年 1 月正式竣工并交付非盟，使非盟第一次拥有了真正属于自己的会议中心和办公楼。正如非盟轮值主席、赤道几内亚总统奥比昂所言："中方援建的会议中心，是中非友谊新的象征……这座宏伟的建筑代

---

① 《胡锦涛同苏丹总统巴希尔会谈》，《人民日报》2007 年 2 月 3 日，第 1 版。
② 胡锦涛：《开创中非新型战略伙伴关系新局面》，《人民日报》2012 年 7 月 20 日，第 2 版。

表了中国人民对非洲人民的深情厚谊。"中国还承诺，自 2012 年起的 3 年内向非盟提供 6 亿元人民币无偿援助，用于双方商定的项目。同时，中国还注重与非盟开展人力资源培训工作，中非人力资源开发合作也把非盟纳入合作范围，2011 年起商务部开始在多边项目下为非盟举办专门的能力研修班，其他的非洲人力资源研修班也加大吸收非盟的相关人员。

　　中国在更为广泛的国际政治领域，继续与非盟在维护发展中国家权益、推动国际秩序更为公正合理发展等方面开展合作。尽管当前国际格局较历史上已有很大变化，中非合作关系也已经超越了以反帝反殖反霸为基础的历史阶段，但中国与非盟及其成员国仍能在关系双方利益的重大问题上开展合作，在诸如人权、国家主权、联合国改革、应对气候变化、可持续发展、世贸组织多哈回合谈判及国际秩序变革等重大问题上，中非双方仍然视对方为可信赖的合作力量。比如，在全球气候变化问题上，中国始终站在发展中国家的立场，坚持"共同但有区别的责任"原则，敦促发达国家率先减排并对发展中国家提供资金和技术，同时对非洲国家应对气候变化提供力所能及的支持。在 2009 年中非合作论坛第四届部长级会议上，中国倡议建立"中非应对气候变化伙伴关系"，不定期举行高官磋商，在卫星气象监测、新能源开发利用、沙漠化防治、城市环境保护等领域加强合作，并承诺在 3 年内"为非洲援建太阳能、沼气、小水电等 100 个清洁能源项目"①。至 2012 年，中国在非洲实际援建了 105 个清洁能源和供水项目，陆续开工建设或交付使用。2012 年，中国还启动为有关非洲国家援建自动气象观测站、高空观测雷达站等设施的项目，提供森林保护设备，支持非洲加强生态环境保护，应对气候变化挑战。

　　非盟及非洲一体化已经成为中非关系的一个重要因素，发展同非盟的关系已经成为中国对非洲外交的一个重要方面。中国与非盟的全方位合作，拓展了中非新型战略伙伴关系的内容与形式，成为当代中非关系全面

---

　　① 参见《温家宝在中非合作论坛第四届部长级会议开幕式上的讲话》，《人民日报》2009 年 11 月 9 日，第 2 版。

提升的重要体现。在全球化时代，中国与非盟关系的不断发展就具有了全球化时代的特殊内涵，它是中国与非洲国家在追求现代化和经济复兴进程中的再度携手，是双方通过南南合作推动南北问题之解决并最终实现世界均衡发展的不懈努力。借助中国快速发展所带来的机遇和不断增长的国际影响力，非盟及非洲国家不仅获得了更多的资金、技术和发展经验，而且还能够借助中国的影响力来提升自己的国际地位，以更为有利的方式参与全球化。伴随中非关系的显著提升，非洲开始更为自主、更为主动、更为自信地发展与外部世界的关系。

推动与非盟的战略合作，对于 21 世纪的中国外交同样意义重大。非盟是非洲地区最具代表性、最有影响力的地区组织，它的理念与政策不仅规范着非洲国家间关系，也在一定程度上影响着非洲与外部世界的关系。无论是在理论上，还是在外交实践中，中国与非盟关系不仅只是中国与非洲国家双边关系的补充，而且具有独特价值。通过参与非洲经济一体化特别是跨国跨区域基础设施的规划和建设，中国不仅帮助了非洲，也为自身赢得更多经济机遇提供了可能。从政治和外交层面上讲，借助非盟这个地区组织平台，中国不仅可以通过推动非洲政治稳定和经济复兴进程而展现自身负责任的大国形象，从而更好地赢得非洲国家的信任，而且也能够通过非盟的政治影响力而获得非洲国家的战略支持，由此提升自身的国际话语权和国际影响力，这些对正在实现崛起的中国及其战略环境的改善是弥足珍贵的。如果说非洲是中国撬动与西方大国关系的"战略支点"，那么非盟就是这个支点的重要组成部分。

AU, African Integration and China's Constructive Engagement

Luo Jianbo

Abstract：At the beginning of the 20th century, Africa begun its main line of historical development——political independence through solidarity and mutual cooperation among African people. Upon the completion of this historic mission, Africa commenced its pursuit of economic development and overall rejuvenation. Currently, the AU's development has not only significantly promoted economic revitalization, peace – building and security in Africa, but also dramatically enhanced the international status of Africa through the collective strength and an increasingly unified stance, which makes the AU an important promoter and builder of a rejuvenation Africa in the 21st century. China has always been focused on partnership development with the AU, and gradually racketed up its appreciation of African integration as well as investments in Africa, thus playing an irreplaceable role in the current development process of Africa. Through constructive participation in the economic integration and peace and security building in Africa, China has not only helped Africa but also projected a positive image of a responsible big country by promoting the African process of political stability and economic development, which in turn has enhanced China's voice and influence in the fields of international peace and development.

Keywords：AU，Africa，Integration

"一带一路"背景下的
中国与阿拉伯世界

吴　磊　杨泽榆◎

【内容提要】　"一带一路"战略构想具有十分重要和深远的战略意义，赋予了21世纪的中国与欧亚国家关系新的生命力。阿拉伯世界在构建"一带一路"战略中具有不可或缺和独特的重要地位，必将发挥不可替代的桥梁和枢纽作用。21世纪以来，中国—阿拉伯世界关系发展迅速，在政治、经济、能源、金融和互联互通等领域，中阿双方具有巨大的合作空间，"一带一路"战略构想将进一步丰富中阿关系的战略内涵，预示着21世纪中阿关系的发展方向和发展趋势。同时，"一带一路"背景下中阿关系发展面临的问题也不少，阿拉伯世界的地缘政治结构性矛盾、大国博弈与角逐、阿拉伯世界的单一经济结构等，将是中阿关系发展面临的主要挑战。

【关键词】　"一带一路"　中国　阿拉伯世界　地位和作用　合作领域
　　　　　　　问题与前景

【作者简介】　吴　磊　云南大学国际关系研究院院长，教授，博士；
　　　　　　　杨泽榆　云南大学国际关系研究院讲师，博士。

2013年9月和10月，中国国家主席习近平在出访中亚和东南亚国家期间，先后提出了共建"丝绸之路经济带"和"21世纪海上丝绸之路"的战略构想（"一带一路"）。李克强总理在2014年"两会"《政府工作报告》中对"一带一路"建设做了重要部署。推进"一带一路"建设，

《国别和区域研究》（第1、2期），第93～109页。

是党中央、国务院在新的历史时期统揽国内国际两个大局的重大战略决策。是中国实行更加积极主动的开放战略，完善互利共赢、多元平衡、安全高效的开放型经济体系，促进中国与欧亚国家区域合作和命运共同体建设的一项重要战略，具有十分重要和深远的战略意义。作为古丝绸之路上的重要途经区域，阿拉伯世界在中国"一带一路"战略中凸显重要的战略意义和价值。

一 阿拉伯世界在中国"一带一路"战略中的重要地位

阿拉伯国家主要分布在西亚（中东）、北非地区，与中国的友谊渊源久远深厚，两千年前的古丝绸之路就把中国跟阿拉伯国家联系在一起。提到阿拉伯世界，必须要谈及阿拉伯国家所处中东地区的重要地缘战略价值。这里丰富的石油资源举世闻名，是目前世界上石油储量最大、生产输出石油最多的地区，对世界经济的发展具有重要影响。阿拉伯国家位于"五海三洲之地"，处欧、亚、非三大洲结合部，连接了地中海、红海、里海、黑海、阿拉伯海，以及苏伊士运河、霍尔木兹海峡、达达尼尔海峡、博斯普鲁斯海峡和曼德海峡等重要贸易通道，自古至今一直具有独特的地缘战略价值，不仅是全球地缘政治的重要交通枢纽，而且是陆、海连接欧亚大陆腹地的重要捷径。从地缘政治学角度看，阿拉伯国家是世界地缘政治的枢纽中心；从能源的政治属性来看，石油是阿拉伯世界塑造地区和国际权力政治的重要因素。[①]因此，阿拉伯地区至今仍然是大国战略棋盘上的重要棋子。

阿拉伯世界的重要地位，并不仅仅因为阿拉伯国家是目前全世界最大的石油天然气输出方，在国际能源市场上举足轻重，更因为阿拉伯世界坐落在全球最大制造业集中区东亚和全球数一数二消费市场欧洲之间，扼控

---

① Qystein Noreng, "Crude Power: Politics and the Oil Market", *Energy Policy*, *Book Reviews*, 2002, pp. 1036 – 1038.

世界航运要冲。①以享有"世界航道的十字路口"美誉、全球最著名的"黄金水道"之一的苏伊士运河为例，仅一条水道就通过了全球14%的海运贸易量，亚欧之间除石油之外的一般货物海运有80%经过此处。作为世界第一出口大国，且长期以欧洲为第一大出口市场，中国对苏伊士运河和整个阿拉伯贸易线路的依赖性更强，目前中国对欧出口的60%取道苏伊士运河。在2013年通过苏伊士运河的16596艘世界各地船只中，中国（包括香港特区）船只约占8%，当年世界各地通过船只载货净重约9.16亿吨，中国（包括香港特区）船只约占9%。②又如"中东地区油库总阀门""海湾咽喉"霍尔木兹海峡，从古至今一直是东西方贸易往来的重要枢纽，是世界上最繁忙、最重要的海峡之一。2011年平均每天有14艘满载石油的邮轮通过该海峡，目前从海湾出口石油的90%，即国际能源市场上2/5的石油贸易量要经过此地。由于较高的石油对外依存度，中国对霍尔木兹海峡的依存度也较高，经由该海峡运输的石油约占中国进口石油总量的40%。③

便捷的交通催生了巨额贸易量，以至于国外学者 Jennifer Malapitan - Anguinaldo 认为"中国在中东的战略迄今一直以经济为主而非政治"④。瑞生国际驻香港企业合伙人贝杨特·爱德华兹（Bryant Edwards）在提交美中经济与安全审查委员会的听证报告时指出，中东是中国与欧洲和非洲不断增长的贸易和商业联系的重要贸易、逻辑和金融中心。2011年，中国与欧洲的总贸易额达5672亿美元，超过了中国与美国4467亿美元的贸易额，使欧洲成为中国最大的贸易伙伴。同一年，中国与阿拉伯世界的贸易量达1959亿美元，比前一年增长了35%，且还会持续增

---

① 梅新育：《新丝绸之路的深意》，《人民论坛》2013年第34期。
② 根据苏伊士运河官网发布的统计数据计算，http：//www.suezcanal.gov.eg/Files/Publications/101.pdf。
③ 史春林、李秀英：《霍尔木兹海峡安全对中国进口石油供应和运输影响》，《中国软科学》2013年第7期。
④ Jennifer Malapitan - Anguinaldo, "China and Middle East's Interdependency Grows", *MEED*, Analysis（Features），Issue32，August 2011, pp. 12 – 18.

长。而近些年中国与非洲的贸易额也在不断增长，目前贸易额已达
1200 亿美元。"中东刚好处在中国与欧洲之间我们称之为'新丝绸之
路'的位置上"，①通过阿拉伯世界联通欧亚，巨大的贸易利益和价值就
在眼前。对于不断崛起的中国来说，阿拉伯国家独特的战略重要性和价值
显而易见。

　　近年来，中国加大了对阿拉伯国家战略力度，新时期的阿拉伯国家战
略进一步清晰，而"一带一路"战略则进一步丰富了 21 世纪中国与阿拉
伯世界关系的内涵。认识阿拉伯世界在中国构建"新丝绸之路"战略中
具有的不可或缺的重要地位，可以通过习近平主席和部分中央高层领导的
讲话进行解读。习主席在哈萨克斯坦纳扎尔巴耶夫大学发表演讲，在加强
"五通"讲话中强调将打通从太平洋到波罗的海的运输大通道。在此基础
上，我们愿同各方积极探讨完善跨境交通基础设施，逐步形成连接东亚、
西亚、南亚的交通运输网络，为各国经济发展和人员往来提供便利。由此
可见，包含了大部分阿拉伯国家在内的中东地区不仅涵盖在中国"丝绸
之路经济带"的战略构想中，而且起着不可替代的枢纽和桥梁作用。
2014 年 3 月 13 日，习近平主席在会见沙特王储兼副首相、国防大臣萨勒
曼时表示，中方欢迎沙特参与"丝绸之路经济带"和"21 世纪海上丝绸
之路"建设，推进交通基础设施互联互通，促进文明对话和人文交流，
加快推进中国—海合会自由贸易区谈判。② 2014 年 6 月 5 日，习近平主席
在中阿合作论坛第六届部长级会议开幕式上表示，中国同阿拉伯国家因为
丝绸之路相知相交，是共建"一带一路"的天然合作伙伴，应弘扬丝路
精神，深化中阿合作。③ 2013 年 12 月 17 ~ 26 日，中国外交部部长王毅访

---

① Bryant Edwards, "China's Energy and Other Economic Interests in the Middle East", *China and the Middle East*, Testimony before the U. S. – China Economic and Security Review Commission, June 6, 2013. Available via www. uscc. gov, http: //origin. www. uscc. gov/sites/default/files/transcripts/USCC% 20Hearing% 20Transcript% 20 – % 20June% 206% 202013. pdf, pp. 64 – 66.

② 赵明昊：《习近平会见沙特王储兼副首相、国防大臣萨勒曼》，《人民日报》2014 年 3 月 4 日，第 1 版。

③ 习近平：《弘扬丝路精神，深化中阿合作》，《人民日报》2014 年 6 月 6 日，第 2 版。

问了巴勒斯坦、以色列、阿尔及利亚、摩洛哥、沙特阿拉伯五国，是中国深化、发展与中东地区国家关系的一次重要访问。王毅外长就此行接受卡塔尔半岛电视台专访时表示，中国已经提出了构建横跨欧亚大陆的"丝绸之路经济带"以及联系太平洋、印度洋和大西洋的"21世纪海上丝绸之路"，这两条丝绸之路将交会于中东地区。① 2014年1月17日，中国——海合会第三轮战略对话在北京举行，双方提出，共同推进"丝绸之路经济带"和"21世纪海上丝绸之路"建设，全面提升中国——海合会关系水平，打造中海友好合作"升级版"，实现互利共赢。②

中国对阿拉伯国家战略深化和丰富，离不开中国与阿拉伯国家两千多年以来交流合作的璀璨历史。丝绸之路是中国最早实行对外开放的标志，从某种意义上来说，就是中国与阿拉伯国家、与世界各国物质与文化相互传播、碰撞、接纳、融合和不断创新的历史，开启了中国与西方文明的交流通道，彰显了中华民族的开放精神，具有深刻的历史文化底蕴。古丝绸之路奠定了中国与中东国家的传统历史和友好关系，中华文明通过西亚和北非传播到欧洲，伊斯兰文明在公元前7世纪传入中国并逐渐成为中华文明的一部分，增进了欧亚地区的沟通和交往，加深了相互间的理解，③ 曾经是世界经济共赢、文明互鉴的合作范本。现实世界里的"丝绸之路经济带"，一头牵着亚太经济圈，另一头连接着发达的欧洲经济圈和发展中的非洲，阿拉伯国家正好处于中间，显然是联通亚欧非三大洲之间广大地区经贸往来、人文交流大动脉上的重要桥梁。新形势下，构建"一带一路"战略构想，将赋予中国与阿拉伯世界关系发展的新内涵。

---

① 参见2014年1月9日王毅接受卡塔尔半岛电视台专访，中华人民共和国外交部网站，http：//www. fmprc. gov. cn/ mfa _ chn/zyxw_ 602251/t1116490. shtml。

② 《中国—海湾合作委员会第三轮战略对话在北京举行》，新华网，http：//news. xinhuanet. com/world/2014 - 01/17/c_ 126023598. htm。

③ Liu Jun and Wu Lei, "Key issues in China - Iran relations", *Journal of Middle Eastern and Islamic Studies*, Vol. 4, No. 1, March 2010, pp. 40 - 41.

二　当前中国与阿拉伯世界在落实"一带一路"战略中可能的合作领域

21 世纪以来，中国与阿拉伯国家关系发展迅速，双边和多边的政治、经济、文化和军事关系不断深化发展，为构建中阿新丝绸之路奠定了坚实基础和基本条件，也使中国在落实"一带一路"战略中与阿拉伯世界可能合作的领域更加广泛。

（一）政治领域合作方面

中阿关系处于历史上的最好时期，双方高层互访不断，政策沟通和政治互信不断增强，合作机制不断完善，为中阿在中国"一带一路"战略中的合作奠定了良好政治基础。

（1）过去 20 年以来，中阿国家高层保持密切互访。1990～2002 年，中国国家领导人江泽民、朱镕基和李鹏出访了 7 个阿拉伯国家，其中，到访埃及和摩洛哥各 3 次，阿尔及利亚 2 次，巴勒斯坦、沙特阿拉伯、突尼斯和利比亚各 1 次；2003～2012 年，阿拉伯国家的外交重要性继续被中国高层重视，中国国家领导人胡锦涛、温家宝先后出访了 5 个阿拉伯国家，其中，埃及和沙特阿拉伯各 3 次，阿联酋和摩洛哥各 2 次，卡塔尔 1 次。与此同时，中国与阿拉伯国家关系得到进一步提升，中国与埃及（1999 年）、沙特阿拉伯（1999 年）、阿尔及利亚（2004 年）和阿联酋（2012 年）先后建立了战略伙伴关系，双边经济、政治、文化和军事等领域的合作得到增强，长期关系得到保障。[①]

（2）中阿各方合作机制逐渐健全、不断推进。中非合作论坛（Forum

---

①　Dr. Dawn Murphy, "China's Perspectives and Policy in the Middle East", *China and the Middle East Statement*, Testimony before the U. S. - China Economic and Security Review Commission, June 6, 2013. Available via www. uscc. gov, http: //origin. www. uscc. gov/sites/default/files/transcripts/USCC% 20Hearing% 20Transcript% 20 - % 20June% 206% 202013. pdf, p. 18.

on China – Africa Cooperation，FOCAC）和中阿合作论坛（China – Arabs Cooperation Forum，CASCF）分别于 2000 年和 2004 年建立，是中国与阿拉伯世界国家加强政治、经济、文化交流的多边合作机制安排。中非合作论坛至今举办了 5 次部长级会议，2006 年的中非合作论坛首脑峰会取得了丰硕成果，中国在会上提出了推动中非新型战略伙伴关系发展的 8 项政策措施；2014 年 6 月，中阿合作论坛第 6 届部长级会议在北京举办。除政治领域外，这些多边合作机制也涉及贸易、投资、基础设施和经济安全等广泛的经济合作领域。中国还通过中东特使、联合国安理会机制、自贸区谈判、联合国维和行动、索马里护航以及孔子学院等外交政策工具，在能源安全、地区稳定以及经济社会发展等领域，增进了与阿拉伯国家的合作，促进了中阿关系的发展。

（3）在良好的政治和民意基础上，绝大多数阿拉伯国家政府对中国持积极态度。近年来，美国民调机构皮尤研究中心（Pew Research Center）全球民调结果显示，从 2008～2012 年，阿拉伯国家民众对中国持正面和积极态度的比例呈现不断上升趋势。民调显示阿拉伯国家民众对中国的喜爱胜于对美国，69% 的突尼斯人、59% 的黎巴嫩人、52% 的埃及人、47% 的约旦人、62% 的巴勒斯坦人和 49% 的土耳其人，对中国持积极和正面的评价，与此相对，上述国家民众对美国持积极态度评价的比例分别是 45%、48%、19%、12%、18% 和 72%。此外，阿拉伯国家民众在 2012 年把中国视为主要经济强国的比例，埃及是 39%，约旦和黎巴嫩分别是 44%，突尼斯是 29%。大多数阿拉伯国家认为中国不仅是其"令人生畏"的经济伙伴，而且还是相对平衡的政治力量，特别是在阿以冲突和支持阿拉伯事业问题上。[①]

（4）阿拉伯国家"向东看"潮流已逐步形成。在世界经济增长乏力、

---

① Dr. Yitzhak Shichor, "China's Perspectives and Policy in the Middle East", *China and the Middle East Statement*, Testimony before the U. S. – China Economic and Security Review Commission, June 6, 2013. Available via www. uscc. gov, http：//origin. www. uscc. gov/sites/default/files/transcripts/USCC% 20Hearing% 20Transcript% 20 – % 20June% 206% 202013. pdf, p. 37.

国家内部社会经济发展问题突出的背景下，阿拉伯国家将目光投向了包括中国在内的亚洲新兴经济体。"向东看"是阿拉伯国家在美国国际影响力开始下降，发展中国家整体崛起，中国国际地位明显上升，阿拉伯国家正在寻找适合本国国情的发展道路的背景下，出现的一种重要势头，符合阿拉伯国家的现实需求。伴随着中国与阿拉伯国家之间关系日渐紧密，领导人互访增多，阿拉伯世界"向东看"态度越来越鲜明。

（二）经济领域合作方面

中国与阿拉伯世界之间的经济依赖关系逐渐加强，除了继续以能源为主的经贸合作之外，阿拉伯国家日益成为中国商品和服务的重要出口市场，并且双方不断努力构建良好的经贸合作机制。

（1）能源合作仍然是中国与阿拉伯世界关系发展的亮点和主线。以阿拉伯国家为主的西亚北非地区是全球油气能源的宝库，绝大多数阿拉伯国家（沙特、伊拉克、科威特、阿联酋、卡塔尔、阿曼、也门、叙利亚、利比亚、阿尔及利亚、埃及、苏丹、突尼斯、巴林 14 国）是世界重要的油气资源国家，2012 年的石油和天然气分别约占世界总储量的 43% 和 28%，其中，沙特、伊拉克、科威特、阿联酋、卡塔尔、阿曼等海湾阿拉伯国家在全球油气蕴藏、生产和出口总量中的比重，占有不可替代的重要地位。[①] 同时，油气工业是大多数阿拉伯国家国民经济的命脉和主要财政支柱，以及社会经济运行的基本保障，是国家 GDP 和出口收入的主要来源。过去 20 年来，在中国的能源供求平衡中，来自阿拉伯世界的能源进口增长迅速，中国从中东进口的石油和天然气，从 1999 年的 380 亿美元，增长到 2012 年的 1600 亿美元，2013 年从阿拉伯国家进口原油达 1.33 亿吨，占中国总进口量的 47.2%。中国通过强大的国际能源购买力，有力支撑了国际石油产品价格，"为维护阿拉伯国家对外贸易条件发挥了关键

---

① BP, *BP Statistical Review of World Energy*, June 2013.

作用"。^① 因此，无论是绝对数量和相对规模，还是贸易价值，中国与阿拉伯国家的能源关系更具有全局性和战略性。

（2）阿拉伯国家日益成为中国商品和服务的重要出口市场。随着中阿战略合作伙伴关系的建立，中阿经济贸易额出现了质的增长。2013 年中国与阿拉伯国家贸易总额为 2388.6 亿美元，其中与海合会成员国之间的贸易额达到 1653 亿美元，约占总额七成，海合会已经成为中国第八大贸易伙伴。^② 中国企业对阿拉伯国家的出口主要是轻工业产品、食品、纺织、服装、机器和汽车，中国在阿拉伯国家的前几大出口市场分别是阿联酋（300 亿美元）、沙特（180 亿美元）、埃及（80 亿美元）。此外，阿拉伯国家也是建筑、金融和电信等服务业的巨大市场，中国在阿拉伯国家的建筑服务合同尤其突出，2011 年建筑服务金额高达 210 亿美元，沙特、阿尔及利亚、阿联酋和伊拉克是中国在阿拉伯国家最大的几个建筑服务市场。

（3）中国与阿拉伯国家在加强区域经贸合作的制度构建方面进行了有益尝试，从开展自由贸易协定谈判，到建立境外经贸合作区，成效初现。2004 年 7 月，中国与海合会国家签署了《经济、贸易、投资与技术合作的框架协议》，开启了包括商品、服务和投资在内的中国—海合会自贸区谈判进程。2004~2012 年，中国与海合会国家就自贸区协议举行了 6 论磋商谈判，尽管谈判总体进展缓慢，至今仍在继续，但"双方就最终达成协议都持乐观态度"。^③ 除此之外，2007 年，为贯彻落实中非合作论坛在 2006 年北京峰会上宣布的中非务实合作 8 项举措精神，中国、埃及两国政府在埃及联合创办了苏伊士经贸合作区，作为中国政府批准的第二批国家级境外经贸合作区之一。合作区紧邻苏伊士运河，地处欧、亚、非三洲交会之地，是世界贸易市场的中枢，产品可以直接面对欧亚非 15 亿

---

① 曹守同：《中阿合作油气当头》，《环球市场信息导报》2014 年第 25 期。
② 曹轶等：《经济观察：阿拉伯国家"向东看"，次区域合作增加"新内涵"》，新华网，http://news.xinhuanet.com/world/2014-05/29/c_1110926113.htm.
③ Dr. Dawn Murphy, "China's Perspectives and Policy in the Middle East", *China and the Middle East Statement*, Testimony before the U.S. - China Economic and Security Review Commission, June 6, 2013, p. 19.

消费客户。苏伊士经贸合作区的发展受到了中埃两国政府和领导人的高度重视，2009 年 11 月中埃两国总理亲自为合作区揭牌。合作区的主导产业为纺织服装、石油装备、高低压电器、新型建材及精细化工，将成为中国企业走出去开拓中东和北非市场的重要平台，同时为埃及的产业升级、出口创汇和就业发挥重要作用，成为中埃合作的典范。截至 2014 年 5 月底，入区企业有 32 家。①

（三）金融领域合作方面

从中国四大国有银行进驻阿拉伯国家，到人民币在东道国受欢迎和重视的程度越来越深，预示着中阿金融合作向着合作深化的趋势良性发展，前景美好。中国工商银行在迪拜和卡塔尔设立分行，这是中国在阿拉伯国家设立的第一家中资银行。2010 年 3 月，中国银行和阿曼马斯喀特银行签署合作协议，中国银行将在马斯喀特设立"中国柜台"；同年 10 月，中国工商银行在阿布扎比开设分行；同一年，卡塔尔投资局认购中国农业银行股份 28 亿美元，科威特投资局认购中国农业银行股份 19.5 亿美元。2012 年 1 月，中国温家宝总理访问中东期间，中国人民银行与阿联酋中央银行签署了 350 亿元人民币交换 200 亿迪拉姆的双边本币互换协议，以促进双边贸易与投资的发展。2013 年 3 月，中国农业银行在迪拜开业；同年 5 月，中国建设银行迪拜分行开业，成为建行在阿拉伯国家设立的首家机构；2014 年 9 月，中国农业银行在迪拜发行人民币债券，成为中东地区首个人民币债券的发行主体。迄今为止，中国银行、中国农业银行、中国工商银行和中国建设银行四大国有银行全部进驻迪拜国际金融中心，提供包括人民币兑换和交易在内的金融服务。同时，阿联酋本国银行及一些在阿联酋运营的国际银行，都已经通过在本地运营的中国四大国有银行为本地用户开设了人民币账户业务。迪拜的人民币交易量不断增长，可以

---

① 参见中华人民共和国商务部网站，http：//www. mofcom. gov. cn/article/zt_ jwjjmyhzq/sub-jecto/201010/20101007197358. shtml.

看到，中阿金融合作对双方均大有利可图：对中国而言，中国对外资产需要寻求价值保值增值，与中东阿拉伯国家金融合作，符合中国现实和长远利益；对阿拉伯国家而言，可利用中国产业发展优势助推中东阿拉伯地区经济多元化发展，以避免其过度依赖石油产业，提高经济发展的可持续性，同时也可实现阿拉伯国家主权基金和金融储备资产的保值增值。[①]

（四）互联互通建设合作方面

当前，中国正在积极推动与中东国家间的铁路、公路、港口、电信、电网、能源管道的互联互通建设，在基础设施和运输领域获得的市场份额不断扩大。在沙特阿拉伯，中国铁路建设总公司参与了沙特哈拉曼（Har-amain）高速铁路和南北铁路的建设工程，分别获得了 18 亿美元和 7.2 亿美元的建设合同。哈拉曼高速铁路将麦加和麦地那两座圣城与国际机场及阿卜杜拉国王经济城（King Abdullah Economic City）连接起来，主要承担沿途各地穆斯林到圣城朝觐礼拜的旅运工作。[②] 2400 公里长的南北铁路是沙特的标志性工程项目，是海湾地区铁路网的重要组成部分，经土耳其连接欧洲，这条铁路的建成将对国际贸易和投资起到巨大的促进作用。它将沙特北部矿床带与首都利雅德和朱拜耳工业城连接起来，是沙特矿产资源运输的主要通道，并且作为海合会国家铁路网建设的组成部分，最终将与周边国家的铁路网连接，意义重大。在埃及，2012 年 8 月，埃及运输部建议中国投资兴建一条连接开罗、亚历山大、卢克索和阿斯旺的高速铁路。此外，港口建设也是中国积极参与的重要领域，迄今为止，中国相关企业参与了沙特、卡塔尔、科威特等国家的多项新港口建设工程。卡塔尔多哈新港口项目耗资 80 亿美元，建成后年吞吐量将达 200 万标准箱，将是世界上最大的绿色港口之一，中国港口工程公司参与了建设。总的来看，中国大型国有公司和中小规模的私营公司正在积极进军阿拉伯市场，

---

① 王乃水、于瑶：《中阿加强金融合作推动人民币双边合作中使用》，中国金融信息网，ht-tp：//rmb. xinhua08. com/a/20130917/1249590. shtml。

② 李锁平：《沙特哈拉曼高速铁路路基设计介绍》，《高速铁路技术》2011 年第 6 期。

集中于阿拉伯国家的公路、铁路和港口等基础设施领域。虽然中国是阿拉伯世界基础设施和交通运输领域的后来者，但中国的积极参与和市场份额的不断扩大，将为中阿"新丝绸之路"构建，奠定互联互通的前期基础和基本条件。[①] 习近平主席在"加强互联互通伙伴关系"东道主伙伴对话会上对互联互通提出了具体要求："要建设的互联互通，不仅是修路架桥，不光是平面化和单线条的联通，而更应该是基础设施、制度规章、人员交流三位一体，应该是政策沟通、设施联通、贸易畅通、资金融通、民心相通五大领域齐头并进。这是全方位、立体化、网络状的大联通，是生机勃勃、群策群力的开放系统。"[②] 可以预见，"一带一路"战略下中国与阿拉伯世界国家在互联互通领域的合作将更加丰富和多元。

三 双方构建"一带一路"战略面临的主要挑战

地区动荡频仍，阿拉伯世界国家政治、经济与社会发展的不稳定增加了"一带一路"战略实施的地缘政治风险。阿拉伯世界自然资源丰富，但由于历史和现实原因，各种矛盾在此交错密集，领土、民族和教派矛盾尖锐，各国面临着国内社会转型、地区格局转型和国际体系转型三重挑战，各种危机频发，矛盾与冲突不断。自二战结束以来，数次中东战争、海湾战争、阿富汗战争、伊拉克战争，阿拉伯国家不断受战事纷扰，几乎没有和平与安宁。长期的战乱不仅使该地区国家难以跟上经济全球化步伐，而且整个地区在加速转型的国际体系中逐渐被整体边缘化，这在很大程度上加深了长期致力于追求阿拉伯民族复兴的社会精英和广大民众强烈的屈辱感和失落感。2011 年初以来，几乎席卷整个阿拉伯世界的"阿拉伯之春"在很大程度上凸显了该地区人民对社会经济包容性增长的强烈要求，这场政治风暴为世界各国所瞩目，对阿拉伯地区乃至世界政治形势

---

① 吴磊：《构建"新丝绸之路"：中国与中东关系发展的新内涵》，《西亚非洲》2014 年第 3 期。

② 习近平：《联通引领发展，伙伴聚焦合作——在"加强互联互通伙伴关系"东道主伙伴对话会上的讲话》，新华网，http://news.xinhuanet.com/2014 – 11/08/c_ 127192119.htm。

的发展产生了深远影响。从根本上看，这场动荡由这些国家长期以来政治、经济和社会发展过程中体制僵硬、改革缓慢，严重滞后于当今全球化迅猛发展以及广大民众革新求变与谋求民族复兴的愿望所引发，是长期累积的综合矛盾的总爆发。① 持续动荡的地区乱势，以及阿拉伯国家社会经济发展过程中各种问题的累加，势必使该地区形势更不稳定，将使中国"一带一路"战略的推进面临地缘政治挑战。

大国利益交会，西方国家竭力介入动荡的地区热点问题，加大了"一带一路"战略实施过程中驾驭与西方大国关系的难度。由于阿拉伯国家极具战略价值的地理位置和丰富的能源资源，许多大国将此作为国家战略利益的出发点，企图施以控制。冷战结束以来，美、欧、俄等与阿拉伯国家开展了不同形式和不同特征的斡旋外交，出于各自利益考虑不断插手地区乱势，使阿拉伯世界动荡的形势更为复杂。最为典型的是美国，其长期在阿拉伯国家推行"价值观外交"和"人道主义干涉"，采用的具体方法不断推陈出新，披着合法外衣频频干涉和插手该地区事务，目的是确保地区格局演变朝着有利于美国的方向发展，以继续保持对阿拉伯国家的控制，扫除战略障碍。然而，随着中国海外利益的不断拓展和国际地位的持续提高，阿拉伯地区日益成为中国的"大周边"，参与阿拉伯世界热点问题的解决成为中国维护国家利益、履行国际责任的重要手段，因此阿拉伯世界成为中国运筹与其他大国关系的支点，② 这是阿拉伯世界对中国更高一层的战略意义所在。然而，在大国利益交会的阿拉伯世界，中国能否驾驭好各种大国关系以促进"一带一路"战略的更好实施？有观点认为，中国"一带一路"战略的结果将是欧亚大陆通道和海上通道的整合，这与美国依靠强大的海上实力掌控世界范围内的海上通道和资源的战略意图肯定有所冲突，而这又恰恰是美国不希望看到的结果，因为团结一体的欧亚大陆整体实力超过美国，并且中国的"海上丝绸之路"战略将明显影

---

① 姚匡乙：《中东形势巨变与中国中东政策》，《阿拉伯世界研究》2011年第4期。
② 孙德刚：《中国在中东开展斡旋外交的动因分析》，《国际展望》2012年第6期。

响美国的海洋实力和海洋霸权。① 由此可见，如何驾驭好利益汇集于阿拉伯世界的大国关系，是中国"一带一路"战略实施过程中的一大现实挑战。

单一能源工业经济困难重重，社会转型压力显现，中国在阿拉伯世界的能源利益更趋多元。长期以来，石油和天然气在阿拉伯国家经济社会发展中具有举足轻重的地位和作用，油气产业一支独大的局面长期存在。在22 个阿拉伯国家联盟中，有 16 个阿拉伯国家生产石油，油气资源几乎是国家经济增长和社会繁荣的唯一重要基础和投入要素，从而形成了阿拉伯世界独特的产业、经济结构。可以说油气资源建构了自然资源富裕的阿拉伯国家的社会经济发展模式，石油财富造就了该地区国家的经济奇迹和社会繁荣。然而，由于油气资源在该地区分布不均和失衡，一些阿拉伯国家并没有直接从石油财富中受益，石油财富也未能从根本上改变阿拉伯世界的现代化和经济一体化进程，从而影响到了阿拉伯国家的发展选择和社会经济发展模式。由此，以能源导向为主的单一经济结构和有限的经济多元化在阿拉伯世界具有严重和长期的政策和现实挑战。面对巨大的社会改革压力，阿拉伯国家开始注重在经济多元化发展过程中提高能源效率、积极寻求开发新能源，以减少对能源资源的依赖、促进社会经济全面发展。阿拉伯世界的这种政策导向，使得中国在阿拉伯国家的能源利益更加多元，一方面要积极确保在动荡蔓延形势之下阿拉伯国家能源的安全供应和通道安全，另一方面是将能源合作的重点逐渐转移到节能和发展替代能源上。而无论是哪方面，对中国新战略的积极推进都将是严峻挑战。

中国与阿拉伯国家在金融领域的合作发展势头良好，但仍然存在一些问题。近年来，人民币业务在阿拉伯国家发展迅速，受到了东道国欢迎，一些阿拉伯国家金融中心也希望在中国央行的人民币境外清算、离岸人民币中心建设等方面有所作为。但是，中阿的金融领域合作仍存在一些障碍。首先，由于金融体系差异较大，双方有效融合对接存在一定困难。阿

---

① 刘仰：《"一带一路"战略规划需要考虑美国的角色》，《环球财经》2014 年第 7 期。

拉伯国家的伊斯兰金融体系具有自身独特的一些特点，如阿拉伯银行不允许收利息税，这在与中国传统金融对接时难免会产生一些冲突。其次，金融监管门槛不同，资本跨境流动受到一定限制。由于各国经济发展水平的不均衡以及国际金融危机冲击，很多国家在金融监管方面都采取谨慎态度，中阿之间资本跨境流动受到多方面限制。最后，熟悉中阿双方金融运作规律的专业人才较为匮乏，制约了中阿金融合作水平的进一步提升。近年来，伴随着双方经贸金融合作的不断密切，双方对人力资源建设日益重视，但优秀人才的培养需要一个循序渐进的过程，当前尚不能满足双方经贸金融的发展要求。① 除此之外，货币清算、互换机制建设等方面的推进工作也还需继续努力。

四 前景评估

"一带一路"从倡议到落实，承载着新的使命，孕育着新的生机，激扬着新的活力，必将是今后一段时期中国外交战略的主线之一。这一战略构想最佳实现路径可以首先通过与有深厚情感基础的国家开展有效合作，助力其经济社会发展，使得目标国民众得到切实的实惠，进而树立友好合作的地区典范，实现以点带面、以线带面，推动大区域交流与合作，最终实现"利益共同体""命运共同体"的外交理念。② "一带一路"战略的开放性和包容性，可以带动中国对外交往的经济效益，也可以催生安全、政治等领域的合作效益，生成复合效益，有助于进一步拓展与阿拉伯世界全方位的关系。因此，"一带一路"战略构想为中国和阿拉伯世界的全面合作、发展提供了新前景，创造了互利共赢的新机遇，堪称新时期提升中国和阿拉伯国家关系的新引擎。

金融危机爆发至今，尽管欧美等国已经出现阶段性复苏迹象，但总体

① 王乃水、于瑶：《中阿加强金融合作推动人民币双边合作中使用》，中国金融信息网，http://rmb.xinhua08.com/a/20130917/1249590.shtml。
② 黄日涵、丛培影：《"一带一路"开拓中国外交新丝路》，《时事报告》2014年第11期。

上仍未摆脱发展困境，想要完成金融整治、经济结构调整，重拾增长之路，还需要一段较长的时间。与此同时，世界范围内新兴经济体群体性崛起，推动世界经济格局发生了深刻变化，全球经济中心开始由发达国家逐渐向发展中国家转移。新兴经济体和发展中经济体是目前世界经济最活跃的力量，占世界 GDP 的比重已经超过 50%，2013 年新兴经济体的经济增长率为 6.3%。[①] 作为新兴经济体的重要代表国家之一，中国的经济发展备受世界瞩目。与阿拉伯世界在"一带一路"战略下的广泛合作，"合作共建"将成为新形势下中阿合作的主线，通过与有关各国共商、共建、共享，以实现共同的可持续发展和繁荣，实现互利共赢。这将有力促进中国和阿拉伯世界在经贸、能源、基建、高新科技等领域的合作，并将带动中阿内部的体制创新，有助于双方充分挖掘内需潜力，增强内生动力，创造新的经济发展增长点，共筑"利益共同体"和"命运共同体"。

丝绸之路曾让中国与阿拉伯世界两大文明体紧密相连，双方对丝绸之路均有特殊的情怀。然而，现代版的"一带一路"并非古丝绸之路的简单复制，它具有更宽广的领域和更丰富的内涵，是面向未来中国与阿拉伯世界的宏大战略构思。对双方而言，"一带一路"正是中国"向西开放"和阿拉伯国家"向东看"政策的有机结合。[②] 一些阿拉伯国家对中国的"一带一路"战略给予了高度评价，认为这一战略是中国经济和外交的一大亮点，不仅对中国非常重要，对阿拉伯国家也具有特殊意义，广阔的合作前景会让中国与阿拉伯国家共同受益。[③] 可以预见，阿拉伯世界对中国的"一带一路"战略将逐渐取得认同和回应，中阿双方共同打造新战略下的"共同体"不仅具备情感基础，还有现实需求。因此，"丝绸之路经济带"和"21 世纪海上丝绸之路"的战略构想赋予了 21 世纪的中国与阿拉伯世界

---

① 霍建国：《"一带一路"战略构想意义深远》，《人民论坛》2014 年第 15 期。

② 吴思科：《"一带一路"，中国外交新思路》，《光明日报》2014 年 6 月 7 日。

③ 《"一带一路"是中国外交的亮点——访巴勒斯坦前驻华大使穆斯塔法·萨法日尼》，《光明日报》2014 年 11 月 9 日，第 8 版；《阿拉伯国家高度评价习主席讲话和"一带一路"倡议》，新华网，http：//www.chinanews.com/gn/2014/06 - 07/6254492.shtml。

关系新的生命力，进一步丰富了中阿关系的战略内涵，构建中国与阿拉伯世界新丝绸之路将成为今后相当一段时期内中阿战略和政策的出发点和归属点，也预示着 21 世纪中国—阿拉伯世界关系的发展方向和发展趋势。①

China and the Arab World Under the Background of "The Belt and Road"

Wu Lei & Yang Zeyu

Abstract：The strategic conception of "The Belt and Road" is very important and has far – reaching strategic significance. It will give new vitality to the 21st century relations between China and Eurasian countries. The Arab world has an indispensable and unique position in the construction of "The Belt and Road", and plays an irreplaceable role of a bridge and a hub. The 21st century has witnessed a rapid development of China's relationship with the Arab world in the aspect of politics, economics, energy, finance and interconnection. A giant cooperation space is left for China and Arab countries, and the strategic conception of "The Belt and Road" will further enrich the strategic content as well as indicate the direction and trends of China – Arab relations in the 21st century. In the meantime, the development of China – Arab relations under the background of "The Belt and Road" also faces many challenges, with the geopolitical structural contradictions in the Arab world, the great power game and competition, and the Arab world's unitary economic structure being the major ones.

Keywords：The Belt and Road, China, Arab world, Status and role, Fields of cooperation, Problems and prospects

---

① 吴磊：《构建"新丝绸之路"：中国与中东关系发展的新内涵》，《西亚非洲》2014 年第 3 期。

"一带一路"合作倡议在中东的主要风险及政策选择

◎罗　林

【内容提要】　世界政治是多极的，文化也是多样的。我国实施"一带一路"战略，是以周边国家为基础加快实施自由贸易区战略，实现商品、资本和劳动力的自由流动，但要看到中东不仅是各种文化交融的地方，也是各方势力交织的区域，复杂程度超过了其他地区。"一带一路"在中东建设的过程中不得不面对诸如地缘政治风险、经济风险等传统风险，甚至还有非传统风险，在应对的过程当中，需要最大限度减少"摩擦系数"聚焦经济，"只做生意，少谈政治"。在"合作共赢"的理念下，实现"共商、共建、共享"。

【关键词】　一带一路　风险　共商　共建　共享

【作者简介】　罗　林　北京语言大学教授、博士生导师，北京语言大学中东学院院长、国别和区域研究所所长、教育部国别和区域研究培育基地北京语言大学阿拉伯研究中心执行主任。

中国的"一带一路"战略的提出，顺应了世界区域经济一体化发展

《国别和区域研究》（第 1、2 期），第 110~117 页。

趋势，以周边国家为基础加快实施自由贸易区战略，实现商品、资本和劳动力的自由流动。"一带一路"横贯亚欧大陆，覆盖区域人口总量大，沿线各国之间在政治制度、经济发展水平以及文化传统等方面存在诸多差异，尤其是"一带一路"在中东建设的过程中不得不面对诸如地缘政治风险、经济风险等传统风险，甚至还有非传统风险，因此需要谨慎应对。

一 "一带一路"战略在中东的主要风险

与中亚、东南亚等预定合作区域比，在中东推进"一带一路"风险和困难明显更大。

权力转型"尘埃未定"，政治风险明显。中东政权大多隐患明显。2011 年中东剧变后，部分国家"政治塌方"，至今"尘埃未定"。埃及三年两换总统，教俗、安全矛盾突出；突尼斯转型艰难，2014 年新选总统埃塞卜西已 88 岁高龄，任期恐难完成；利比亚面临"两个议会、两个政府"，国内混战在所难免；叙利亚内战犹酣，巴沙尔前途未卜；也门胡塞武装挟持政府，南北分裂态势已然明朗；伊拉克"一分为三"态势明显。那些暂时躲过"政权更替潮"的国家存在着不同程度的低增长、高失业、政体脆弱等问题，继承危机凸显。沙特阿拉伯国王阿卜杜拉 2015 年 1 月以 90 岁高龄谢世，继任者萨勒曼也已 79 岁；阿曼苏丹卡布斯 73 岁且无子嗣；阿尔及利亚总统布特弗利卡 77 岁，重病缠身；苏丹总统巴希尔 70 岁；伊朗最高领袖哈梅内伊 75 岁。这些国家领导人新旧更替迫在眉睫，并隐含政策变动风险。而"一带一路"战略的重点领域（能源、基建等）大多投资大、周期长、收益慢，政局变动可能引发政经格局变动，并由此影响中国的海外利益。

地区秩序日益失范，地缘政治和安全风险增大。中东地区秩序是第一次世界大战后英法殖民者人为安排，先天不足。当前中东乱局使地区秩序出现"系统崩溃"征兆，尤其"伊斯兰国"兴起意味着极端组织成为地缘新玩家，其频频释放"负能量"，进行"颠覆性破坏"，致使中东出现恐怖主义蔓延、分离主义升温、教派矛盾激化三大新"动荡源"。近期，该组织还出资 7000 万美元，在中亚开辟"第二战场"。中东缺乏强有力的地区安全机制，无法有效管控地区危机。从中长期看，中东动荡仍将持续。有分析认为，当前中东乱局类似奥斯曼帝国崩溃或欧洲"三十年战争"时期，很有可能成为一场长期的、代价沉重的、你死我活的斗争的初级阶段。

大国在中东争夺日趋激烈。中东是大国争夺最激烈的"中间地带"。美国多年主导和经营中东，树大根深。海湾战争后，阿曼、卡塔尔、巴林、阿联酋、科威特等先后与美国签署《防务合作协定》，基本将安全"外包"给美国。近年伊朗崛起令海湾国家更加倚重美国和西方，购买美军火、部署反导系统、配合"中东版小北约"计划。目前，美在阿曼有锡卜空军基地，中央司令部前沿总部设在卡塔尔；第五舰队总部设在巴林。欧盟国家也高度重视中东。欧盟早在 1995 年就启动"巴塞罗那进程"，与地中海 12 国建立"全面伙伴关系"；2010 年建立"欧盟—地中海自由贸易区"，借深化区域合作抢占中东油气市场。法国还于 2009 年在阿联酋建立军事基地，英国 2014 年在巴林建立永久军事基地，"重返中东"迹象明显。俄则借助能源、军售、核合作等，在中东扩大影响，并在叙利亚拥有军港。可以说，中东是各大国力量碰撞、治理模式比拼的主要竞技场。美多家智库认为，"中国全球找石油"威胁国际能源市场，不愿看到中国与中东扩大能源合作。加之与中国能源合作关系密切的国家，往往与美不睦（如伊朗、苏丹等），美既担心中国与这些国家合作打乱其所谓遏制"无赖国家"的战略，又眼红中国经济利益，不断加大阻挠力度。当前，美国认为中国"一带一路"战略意在重塑欧亚地缘板块和全球秩序，如果欧亚大陆建设好，将市场连成一片，美国就会成为一个"孤岛"。实际上，美国人已经感到了焦虑，欧亚大陆如此大的市场规模，美国两面靠海，而欧亚大陆一旦通过高铁网络联通起来，使市场形成整体，那么海洋与陆地的地缘格局就会发生改变，由海洋抑制大陆的格局将转换为大陆优先于海洋。2011 年 7 月，时任美国国务卿的希拉里·克林顿在印度金奈提出"大中亚"思想和"新丝绸之路"构想，主张建设一个连接南亚、中亚和西亚的交通运输与经济发展网络①。同年9月，希拉里在联大会议期间向国际社会进一步描述了"新丝绸之路"计划：以阿富汗为中心，希望阿富汗邻国投资出力，维护美国在欧亚大陆腹地发展过程中的主导地位②。并试图通过这一计划，削弱中国在该地区的影响力，影响中亚国家与中国之间的经济合作，降低上合组织的凝聚力。美国还持续推进亚太"再平衡"战略，积极打造"印—太"（Indo – Pacific）概念。③

二 "一带一路"战略在中东的政策选择

需要看到的是，"一带一路"战略将带来地区秩序的重构。因为不只中国一个国家在中东有大国理想，能否协调好与大国乃至地区大国的关系，将直接决定"一带一路"战略的成败得失。

中东是构建"一带一路"战略的必进之地。构建"一带一路"战略应"由近及远"，应有"下围棋"意识，既要重点突破，也要全面布局，理由有三：其一，区位优势突出。中东地处"一带一路"战略交会点和必经地，能源储量丰富，经贸与中国互补，对中国解决过剩产能市场、能源供应、战略纵深、区域经济主导权等意义重大。其二，深化合作基础较好。中国与中东所有国家关系友好，并与埃及、沙特、阿尔及利亚、土耳其、阿联酋、卡塔尔等先后建立"战略伙伴关系"。近年来，沙特、埃及、以色列、伊朗、土耳其等领导人相继访华。当地民众对中国多数持正面评价。美皮尤公司民调显示，69％的突尼斯人、59％的黎巴嫩人、52％

---

① U. S. department of state, "Remarks on India and the Unite States: A Vision for the 21st Century", http：//www. state. gov/secretary/20092013clinton/rm/2011/07/168840. htm.

② U. S. department of state, "Remarks at the New Silk Road Ministerial Meeting", http：//www. state. gov/secretary/20092013clinton/rm/2011/09/173807. htm.

③ Hillary Clinton, "America's Engagement in the Asia – Pacific", http：//www. state. gov/secretary/20092013clinton/rm/2010/10/150141. htm.

的埃及人、47%的约旦人、62%的巴勒斯坦人、49%的土耳其人对中国有好感，明显高于美国。尤其当前西式民主在中东试验失败，阿拉伯民众开始质疑西方价值观。其三，中东乱局总体无碍经贸合作。中东动荡局势从未平息，但中东已经成为中国增长最快的商品和服务出口市场之一，2013年双方贸易总额3035亿美元，远超与中亚、非洲、拉美地区的贸易额。当前中东乱局尚不至于失控。中国能源进口主要来自沙特、伊朗、阿曼、伊拉克、科威特和阿联酋，这些国家油气生产均未受影响，政局最乱的伊拉克2014年日均出口达294万桶，为1980年来最高水平。其四，美国因素下降。当前美在中东战略投入和影响力相对在下降，传统盟友开始"多头下注"，中国在中东的重要性开始显现。有学者认为，中国与中东的关系可能取代美国与中东的关系，成为影响世界能源问题前景的决定因素。[①] 同时，美中东战略收缩使伊核、叙利亚危机等热点降温，中国在中东深化合作的风险与阻力减弱。

聚焦经济，"只做生意，少谈政治"。理由是：其一，中东商机更为突出。中东长期动荡，各国均渴望重振经济，并纷纷出台优惠措施。埃及拟于2015年3月举办120个国家和地区参加的经济峰会，以吸引各国投资；伊拉克重建费用据估达7000亿美元；伊朗基建、农业、油气、工业、房地产等领域每年需600亿～800亿美元投资。据估计，阿拉伯国家2015～2019年能源领域投资将达6850亿美元。另有估计称，到2035年，中东能源基础设施建设累计需37万亿美元。阿拉伯国家拥有4亿人口，30岁以下人口占60%，2020年前需创造5000多万就业岗位，亟需劳动密集型工业。尤其在能源领域，页岩气革命使能源市场日渐由卖方转向买方，中东产油国市场份额竞争加剧，战略主动性渐失，对亚洲特别是中国市场依赖加大。有观点认为，中国与美国在伊朗、苏丹、津巴布韦等问题上的分歧和争论均源于能源竞争，中国为了扩大石油进口来源高调挺进苏

---

① 〔日〕中村玲子：《美国攻打伊拉克背后隐藏着石油地缘政治学》，日本《经济学人》周刊2002年第10期。

丹、安哥拉和伊朗，因而引起了西方竞争者，特别是美国的严重不安。①
由于2014年油价持续暴跌，中东与中亚产油国损失超过3000亿美元，伊
朗、伊拉克、阿尔及利亚等承压能力较弱的国家，其对外能源合作条件出
现放宽迹象。如伊朗于2015年2月公布的"伊朗石油合同"，更接近
"产品分成合同"模式，我国拓展中东能源上游开发面临新机遇。其二，
中东国家更看重"一带一路"的经贸成分。中东素有"贸易立国"传统，
历史上曾是古丝绸之路积极参与者和重要受益方，近代中东衰落也与东西
方贸易通道中断相关。当前中国倡导复兴"丝绸之路"，"拨动了阿拉伯
人的心弦"，中东国家普遍反响积极。埃及总统塞西2014年6月上台后，
专门成立由总理领导、多名部长参加的中国工作小组，与中国开展多领域
合作。卡塔尔于2015年12月在多哈举行"中国制造"专场采购会。其
三，最大限度减少"摩擦系数"。中东矛盾复杂，暗礁险滩多，专注经济
合作，投入产出比高。过多卷入地区矛盾，反易弄巧成拙导致"边际效
应递减"。小布什时期在中东越反越恐导致"伊斯兰国"报复，乃前车之
鉴。目前，美在中东以安全、金融、军售等利益为主，能源利益有限。中
国聚焦经贸尤其是能源合作，可最大限度减少相互干扰。此外，聚焦经济
也有相当基础：2004年建立了旨在全面合作的"中阿合作论坛"，要利用
"中阿合作论坛"框架下的人文领域交流计划，增加中阿民间互访，搭建
平台，开展形式多样的交流活动；中国四大国有银行全部进驻迪拜国际金
融中心，提供包括人民币兑换和交易在内的金融服务；中国与中东国家在
铁路、公路、港口、电信、电网、能源管道建设等领域合作，为互联互通
提供相当基础。

　　避免"用力过猛"和单骑独进，尽可能调动相关国家主动性。中东
是中国力量投送极限，即使深化经贸合作也能力有限，在中东推进"一
带一路"战略应量力而行，"能做多少做多少"，尽可能"共商、共建、

---

　　① Moises Naim, "Rogue Aid", *Foreign Policy*, March／April 2007. 参见〔德〕白小川《能源安
全：欧美中三角关系中的大难题》，《现代国际关系》2007年第10期。

共享"。一是平衡交往，充分调动地区国家，尤其是经济辐射力强的伊朗、土耳其、沙特、埃及、阿联酋等国经济合作积极性。二是选择适合项目，西方运用"中国责任论"来牵制中国，以他们的标准来评价中国与中东经贸合作的发展，指责中国在中东、非洲、拉美等地区搞"新殖民主义"，特别攻击中国不遵守人权、劳工、环保、知识产权等方面的规范。从长远看，这对中国与中东的经贸合作稳步发展将形成一定的制约。中国需要与金砖国家携手挺进中东，避免给人"新殖民主义"印象。三是与美保持协商沟通，尽力化解美敌意和干扰。中国推进"一带一路"战略的重要目标之一是拓宽战略缓冲带，更好应对东部海上威胁，因此合作应以"和合"为主，避免与其他大国（包括美国）正面相抗，避免其战略误判。一战前，德皇威廉二世盲目介入巴尔干事务，并高调修建"巴格达铁路"（柏林—中东），令英国猜忌日深，最终导致战争。

重点经营两大"抓手"。一是推进与海合会自贸区合作。自贸区合作是推进"一带一路"战略的重要举措。目前，中国已签署自贸协定 12 个，唯有中东未建立自贸区。海合会国家在中东经济实力最强，2013 年中海贸易额 1653 亿美元（一说 1730 亿美元），占中国与中东贸易总额半数以上。2014 年海合会决定重启自贸区谈判，中国应重视并顺势推进，力争借海合会平台，抢滩中东大市场。二是考虑构建"中巴伊土经济带"可行性。"中巴经济走廊"是中国推进"一带一路"战略的优先重点，但巴基斯坦经济总量、合作潜力有限，而与巴毗邻的伊朗、土耳其均是地区大国，经济体量大，地区辐射强，外交有自主性。构建"中巴伊土经济带"既可充分挖掘"中巴经济走廊"潜力，盘活新亚欧大陆桥经济走廊，也可顺势将"一带一路"战略延至中东。

Main Risks and Policy Options for the Construction of "The Belt and Road" in the Middle East

Luo Lin

Abstract: The world is multipolar in politics and diverse in culture. China's strategy of "The Belt and Road" aims to accelerate the implementation of FTA strategies and achieve free movement of goods, capital and labor. However, the Middle East is where different cultures blend and different forces interweave, which renders it ever more complicated than other regions. The construction process of "The Belt and Road" in the Middle East has to face traditional risks, such as geopolitical and economic risks, and even non – traditional risks. In response, it is desirable to minimize "friction coefficient" by focusing on economy and upholding the principle "business only, no politics". Guided by the "win – win" concept, we should endeavor to reach "joint negotiation, joint construction and joint sharing".

Keywords: The Belt and Road, Risks, Joint negotiation, Joint construction, Joint sharing

阿拉伯世界动荡期的走势及表现

田文林◎

【内容提要】 经过中东剧变数年发酵，动荡已成为中东"新常态"。一是民主转型未能拯救中东，治理模式探索任重道远；二是地区博弈呈现"地缘争夺＋教派冲突"的"新冷战"态势；三是"伊斯兰国"异军突起，中东地区体系根基动摇；四是美国既定战略部署被打乱，中东战略进退失据。阿拉伯世界已进入新一轮动荡期，这种状况短期难以改变。

【关键词】 阿拉伯世界 治理模式 地区博弈 美国战略 动荡期

【作者简介】 田文林 中国现代国际关系研究院副研究员。

中东剧变数年来，地区旧格局被彻底打破，并出现系统性崩溃迹象。目前，民主转型基本失败，国家治理模式探索前景黯淡；地区博弈宗教化色彩加重，"地缘争夺＋教派冲突"特征明显；"伊斯兰国"异军突起，导致地区秩序根基动摇；美国既定战略部署被打乱，中东政策进退失据。在可见未来，中东难以建立起新秩序，动荡持续将成为阿拉伯世界"新常态"。

一 民主转型未能拯救阿拉伯国家，治理模式探索任重道远

中东剧变以来，阿拉伯世界国内政治变化剧烈。如果说 2011 年是"政权更替年"，2012 年是"民主转型年"，2013 年是"转型异化年"，

《国别和区域研究》（第 1、2 期），第 118～133 页。

那么2014年就是"动荡加剧年"。中东剧变前,阿拉伯国家主要靠强人政治维护稳定与发展,但内部矛盾长期积累,加上西方渗透和推动,最终使突尼斯、埃及等国威权政体相继垮台,并相继启动"民主化"进程。然而,民主转型未能拯救阿拉伯世界。

从政治角度看,政治制度究竟需要"集权"还是"分权",主要取决于国家发展阶段和面临的主要任务。发展中国家因面临任务众多,一般以集权政体居多。阿拉伯国家面临的问题比其他国家更复杂艰巨,因此更需要确保集权和强政府。由此不难理解,为何中东强人政治和集权政体长期盛行。2011年中东强人政权纷纷倒台,真正弊端并非"集权"本身,而是当权者背离人民,使公权力变成权贵捞取好处的方便工具。因此,解决该问题,应该是在夺取政权后,用"革命者的专政"代替"反革命者的专政",而不是从"集权"转向"分权"。

由此导致的必然结果,就是政局动荡和安全形势恶化。中东剧变前,阿拉伯国家当权者牢牢掌控军队、警察等强力部门,有能力为民众提供安全稳定等"公共产品"。但随着威权政权垮台以及民主化启动,相关国家不同程度出现中央政党内耗、权力空转、安全形势恶化等种种新问题。埃及短短四年已经历两轮政府更替,尤其2013年7月军方将穆尔西政府赶下台并强力镇压穆兄会,导致该国教俗矛盾空前激化,极端分子以西奈半岛为基地,频繁针对军警发动袭击。利比亚在卡扎菲倒台后涌现出1700多支民兵武装,这些力量相互掣肘和征战,导致政治过渡曲折艰难,当前该国出现"两个议会、两个总理",制宪、总统选举等议程再次搁置。也门在2012年哈迪政府上台后,始终未摆脱恐怖蔓延、经济崩溃、分离主义等问题。2014年9月,北部胡塞武装占领首都萨那,并在2015年1月占领总统府,使该国政府运行陷入瘫痪。叙利亚动荡演变为全面内战,并持续至今,造成10万多人丧生,仅2014年就造成7.6万人丧生,为数年来最高纪录。突尼斯相对较好,但也深陷各种政治势力博弈的复杂局面,其间两位反对党领袖被暗杀,临时政府3次更迭。

从经济角度看,当初阿拉伯民众起身造反,谋求改善经济状况是重要动因。但导致"阿拉伯综合征"的根源，是若干结构性问题，因此这些国家要想摆脱困境，需要对现行阶级结构和政治经济路线进行全面变革。但民主转型与生产关系变革实际是"鱼与熊掌不可兼得"：如果要真正改善民生，实现经济和社会地位平等，就需要强行打破现行阶级特权，变革不合理的社会生产关系，而完成这些任务又需要强人统治和高度集权；而要实行宪政民主，前提就是默认现行政治经济秩序的合理性和合法性，不对现行经济和阶级结构进行根本性变革。换言之，民主转型非但无法解决阿拉伯国家面临的结构性问题，反而妨碍了真正变革的发生，由此决定了中东民主转型注定"只开花，不结果"。

从实践情况看，缺乏治本之举，加上政局不稳，使相关国家经济状况非但未好转，反而雪上加霜。埃及外汇储备从剧变前的 360 亿美元降至 160 亿 ~ 170 亿美元，债务总额达 2400 亿美元，仅年息就达 282 亿美元，国际信用等级 5 次下调，埃及社会至少倒退 15 ~ 20 年。[1] 利比亚由非洲最富裕国家变成半失败国家。截至 2014 年 9 月，武装冲突导致 25 万利比亚人逃离家园，10 万余人逃离本国。[2] 2013 年石油出口量降至不足产能 10% ，2014 年石油生产几乎完全停止。[3] 突尼斯原本是"非洲经济优等生"，但政治剧变后经济持续下滑。GDP 增长率从 2010 年 3.6% 降至 2014 年 2.3% ~ 2.5% ；失业率从 2010 年的 13% 增至 2014 年的 15% 。叙利亚经济更是元气大伤。据估算，经济恢复到 2010 年水平至少需要 30 年时间。[4] 总之，民主转型并未给阿拉伯国家带来繁荣稳定，反而引发严重政治衰朽和经济恶化，出现更多的失败或半失败国家。阿拉伯世界治理模式探索陷入迷茫。

迄今为止，阿拉伯世界已经试验了不同的发展道路（资本主义、社

---

① David P. Goldman, "Egypt's Looming Economic Ruin", *The Middle East Forum*, http://www.meforum.org/3527/egypt - economic - ruin.

② Timothy Alexander Guzman, Libya, "A Nation in Despair", *Global Research*, October 31, 2014.

③ Garikai Chengu, "Libya: From Africa's Richest State Under Gaddafi, to Failed State After NATO Intervention", *Global Research*, October 19, 2014.

④ Ramy Srour, "30 - year war for the Syrian economy", *Asia Times Online*, November 8, 2013.

会主义和伊斯兰主义），尝试过各种政治制度（威权政体、君主政体、议会民主制），但至今尚未找到适合的发展模式。2011年中东剧变和随后启动的民主转型，意味着阿拉伯国家已将"民主化"视为实现民族复兴的最大希望。然而，随着"阿拉伯之春"变成"阿拉伯之冬"，阿拉伯世界治理模式探索再次熄灭"希望之灯"。在此背景下，阿拉伯国家被迫重新探索治理模式。

目前，阿拉伯转型国家出现了两种新趋势：第一种是重回"强人政治"。在最早爆发"阿拉伯之春"的突尼斯，民众开始怀念本·阿里时代，2014年10月23日制宪会议选举中，曾在本·阿里时代担任外长及议长的埃塞卜西尽管年届88岁，但在12月22日大选中当选总统。埃及在2014年6月举行第二次总统选举，前国防部长塞西高票当选，埃及加紧回归军人政治。埃及经济逐渐回升，2014年第四季度GDP增速达到3.7%。国际信用评级机构惠誉2014年12月将埃及主权信用评级由B－上调为B，展望为稳定。第二种是政治极端化模式。这种模式以利比亚、叙利亚等为代表，这些国家威权政体垮台或削弱后，国家陷入一盘散沙或全面内战之中。各种极端宗教势力应运而生，"伊斯兰国"异军突起，更是试图颠覆现行秩序，建立"哈里发国"。《纽约时报》专栏作家弗里德曼将当前阿拉伯世界政治走势概括为"ISIS模式"和"SISI模式"，前者试图重建神权政治，后者则是重返军人统治。

此外，在那些暂时躲过中东"政权更替潮"的国家，也不同程度面临低增长、高失业、政体脆弱等问题，尤其是继承问题日趋凸显。沙特国王阿卜杜拉2015年1月以90岁高龄谢世，继任者萨勒曼也已79岁；阿曼苏丹卡布斯现年73岁且无任何子嗣；四度蝉联总统的阿尔及利亚总统布特弗利卡已77岁；苏丹总统巴希尔也已70岁。这些国家均面临继承危机，未来政局走向充满变数。这些年来，阿拉伯国家始终没有处理好三大问题：一是秩序与发展的问题；二是少数与多数的问题；三是世俗与宗教的问题。这些国家要想找到一种能够有效解决上述问题的国家治理模式，显然任重而道远。

二 地区博弈呈现"地缘争夺＋教派 冲突"的"新冷战"态势

中东剧变前，中东地区群雄并立，并大体分为温和与激进两大阵营（实际是亲美与反美阵营）。2011 年中东剧变后，中东权力格局重新洗牌，温和阵营中的突尼斯、埃及、也门等相继迎来政权更替并陷入困顿，短期无暇顾及地区事务。相较而言，沙特阿拉伯等海湾国家凭借"钞票换平安"，成功躲过"政权更替潮"，取代埃及成为阿拉伯世界"领头羊"。激进阵营中，由于内外势力联合干预，利比亚卡扎菲政权被推翻，并陷入一盘散沙状态中；叙利亚爆发全面内战，巴沙尔不可能重新恢复对全国的统治。相较而言，只有伊朗政体稳固，综合国力较强，加上伊朗在地区热点问题中敢于使用武力，与美国等西方关系也趋于缓解，伊朗地区影响力日趋提升。中东地区博弈日渐成为沙特与伊朗间的较量。有学者认为："理解中东地区政治的最好框架，就是伊朗和沙特发挥主导作用的冷战态势。"[①]

这种"新冷战"表现在各个领域：一是地缘政治争夺。沙特与伊朗将实力相对弱小的地区国家作为博弈战场和战略棋子，在巴林、伊拉克、黎巴嫩、叙利亚、也门等国展开代理人战争。二是油价战。沙特凭借拥有 7500 亿美元外汇，以及第一大产油国地位，2014 年 6 月以来主动发起价格战，国际油价狂跌一半。沙特发动价格战的主要目的是保持市场份额，但削弱伊朗也是动因之一。伊朗此前遭西方严厉制裁，石油收入从 2011 年 1150 亿美元降至 2013 年 620 亿美元，经济在 2012 和 2013 年连续负增长，现在油价"跌跌不休"，使伊朗经济雪上加霜。三是安全领域。2014 年 12 月 9 日，以沙特为首的海湾国家宣布将成立共同的海军部队，就是应对"伊斯兰国"和伊朗的威胁。四是媒体战。伊朗媒体频频指责

---

① F. Gregory Gause, "Beyond Sectarianism: The New Middle East Cold War", THE BROOKINGS INSTITUTION, 2014, p. 1.

沙特。2014 年 9 月 6 日，伊朗报纸 Kayhan 发文，谴责沙特家族借伊斯兰之名获得统治合法性，称沙特王室是穆斯林的敌人，并已到垮台之时。哈梅内伊在革命卫队的代表阿里·萨义德指责沙特资助"伊斯兰国"，在伊斯兰世界制造冲突，目的是毁灭伊斯兰世界。沙特也频频指责伊朗。2014 年 10 月 20 日，沙特外交大臣费萨尔公开称，在中东地区，"伊朗是问题的一部分，而不是解决问题的一部分"。① 此外，据维基解密称，沙特高官曾向美国建议军事打击伊朗，并曾派特使与俄罗斯谈判，以采购俄石油换取俄中止对巴沙尔政权和伊朗的支持。

需要指出的是，沙特与伊朗内政外交均有较重宗教色彩：沙特长期与瓦哈比教派结盟，沙特国王也以"两大圣地监护者"和伊斯兰世界领袖自居；伊朗是最大什叶派国家，1979 年革命后实行"教法学家统治"，并对外"输出伊斯兰革命"。由此，双方博弈兼有"地缘政治 + 教派冲突"双重性质。

总体来看，伊朗与沙特间的"新冷战"导致地区形势更趋动荡。一方面，地区国家教派矛盾升温。中东多数国家都是逊尼派与什叶派混居，但教派矛盾并不突出，至少不是主要矛盾。随着中东形势日趋失控，中东各国部族、教派等原生性矛盾普遍升温。尤其是沙特与伊朗的地区争夺，使上述矛盾火上浇油。在伊拉克，掌权的什叶派领导人大多与伊朗关系密切；沙特则竭力扶植伊拉克的逊尼派势力。"伊斯兰国"兴起后，伊朗主动派遣精锐部队入境助阵伊拉克政府军，黎巴嫩真主党也宣称将在伊拉克对"伊斯兰国"发动 5 倍于在叙利亚的军事打击。"伊斯兰国"反过来也公开对真主党宣战。叙利亚自 2011 年陷入动荡后，已成为两大教派矛盾激化的"交会点"和"辐射源"：巴沙尔政权得到伊朗等什叶派力量力挺；叙反对派则得到沙特、土耳其等逊尼派国家支持。即使面临"伊斯兰国"威胁，沙特和土耳其等国仍将使"巴沙尔下台"作为优先目标。在黎巴嫩，围绕"支持还是反对巴沙尔"，黎巴嫩国内教派矛盾激化。真

---

① "Saudi obfuscation: Who is the Problem and Who is the Solution?" *Tehran Times*, Volume. 12110.

主党派兵帮助巴沙尔政权，其他教派将其视为伊朗代理人。北部城市的黎波里支持和反对叙利亚政府的派别频频发生冲突，造成大量人员伤亡和财产损失。在也门，伊朗支持北部什叶派背景的胡塞武装，沙特则支持南部逊尼派势力，该国形成胡塞武装对阵逊尼派部落武装及"基地"组织的局面。这种以教派冲突为底色的地区矛盾，比单纯的国家利益争夺更难化解。

另一方面，以色列成为"鹬蚌相争"的最大受益者。以色列长期生活在阿拉伯世界敌对包围中，因此最希望伊斯兰世界陷入内讧，无暇或无力对其进行围堵。中东剧变数年来，中东温和与激进阵营内斗加剧，使相关国家地缘版图碎片化趋势明显。相形之下，以色列地缘环境日趋改善。正是在这种新背景下，以色列因掣肘减少，在阿拉伯世界行事方式日趋肆无忌惮。2014 年 7 月 8 日，以色列借口几名以色列少年被害，对加沙发动为期 50 天的"护刃行动"，造成巴方 2145 人死亡，6 万座民宅被毁，超 10 万人无家可归，经济损失超过 44 亿美元，加沙重建费用 4 倍于加沙的 GDP 总值。[①] 以色列还关闭阿克萨清真寺、拆毁被认为参与恐袭嫌疑人住所、数次批准新建犹太人定居点、枪杀巴勒斯坦政府部长。2011 年以来，以色列还数度对叙利亚境内的军事和民用设施发动空袭，完全无视叙国家主权。欧盟外交高级代表莫格里尼就表示，以军过度使用武力"令人担忧"。

三 "伊斯兰国"异军突起，中东地区体系根基动摇

中东剧变以来，阿拉伯世界出现政治保守化和极端化趋势：2011 年中东剧变导致穆巴拉克、卡扎菲、巴沙尔等世俗民族主义政权垮台或力量被削弱；在接连的民主转型中，"穆斯林兄弟会""光明党""复兴党"

---

① Richard Becker, "Terror carried out by a Terrorist State", "Why Israel Wanted a Ceasefire Now?" *Global Research*, August 6, 2014.

等温和伊斯兰运动风光一时；随着中东乱局进入深水区，温和伊斯兰势力黯淡退场，主张恐怖暴力的极端宗教势力后来居上，其中代表性力量就是 2014 年 6 月迅速崛起的"伊斯兰国"。

与其他极端恐怖组织相比，"伊斯兰国"具有四个新特征：一是政治野心更大。"伊斯兰国"早在 2006 年成立"伊拉克伊斯兰国"（IS 前身）时，就定下在伊拉克和叙利亚建立跨境逊尼派国家的设想。目前，该组织控制了近 20 万平方公里土地，并公开宣布建国。二是政策更极端。该组织主张严格恪守伊斯兰法，禁酒，禁止音乐，禁止看世界杯。在占领区严禁酒吧、音乐等娱乐活动，下令对数百万适龄女性割礼，对通奸罪施以石刑，并屡屡用绑架勒索、斩首、杀戮、活埋等血腥方式对付"异教徒"和俘虏。该组织的极端做法，甚至连"基地"组织都无法容忍，"基地"组织领导人扎瓦赫里竟指责"伊斯兰国"是"极端恐怖主义组织"。三是财源更充足。"伊斯兰国"通过收取保护费、走私、绑架、抢银行、海湾捐助等方式，总资产近 20 亿美元[1]，成为"世界上最有钱的恐怖组织"。据估计，该组织每月有 5000 万美元石油收入。[2] 还有报道称，"伊斯兰国"每月总收入为 1 亿美元。[3] 四是战斗力更强。"伊斯兰国"创立初期，只会安放路边炸弹，无力与美军或伊军正面相抗。但经过叙利亚内战"熏陶"，该组织总人数已达 2 万 ~ 3.1 万，并能够娴熟运用各种轻重武器，实施地面群组协同作战；加之深受极端宗教影响，作战意志坚决，是"最难缠的恐怖分子"。该组织虽不能彻底改变中东秩序，但也不会被轻易剿灭。在相当长时期内，"伊斯兰国"将成为影响阿拉伯政治走势的重要组成部分。该组织搅局将使本就脆弱动荡的中东秩序根基动摇，日趋陷入功能紊乱。

（1）主权国家体系面临重大挑战。中东地区秩序基础十分脆弱。第

---

[1] "Islamic State Battles for Syria's Oil Wealth", *Iranian Diplomacy*, July 30, 2014.

[2] Yochi Dreazen, "ISIS Uses Mafia Tactics to Fund Its Own Operations Without Help From Persian Gulf Donors", *Foreign Policy*, June 16, 2014.

[3] "Islamic State Battles for Syria's Oil Wealth", *Iranian Diplomacy*, July 30, 2014.

一次世界大战后，英法依据 1916 年两国秘密达成的《赛克斯－皮科特协定》，将阿拉伯世界分成若干"委任统治国"。这种由外部大国强加的主权国家秩序先天不足，试图颠覆和重组地区秩序的诉求始终不绝。2011 年中东剧变后，叙利亚、利比亚等国相继陷入乱局，加上此前伊拉克政局动荡，中东维护主权国家体系的力量明显削弱，教派、民族势力则日趋抬头。2014 年 6 月崛起的"伊斯兰国"，对中东现行秩序形成前所未有的巨大冲击。该组织宣称，它们目标之一就是摧毁《赛克斯－皮科特协定》划定的边境和国家，并扬言在 5 年内占领整个中东，非洲东部、中部和北部，欧洲的伊比利亚半岛、黑海东部、南部和西部，亚洲中部和西部（包括印度大部甚至是中国西部地区），建立一个"哈里发帝国"。这一政治野心得到巴基斯坦、阿富汗、印度、马尔代夫、新加坡、印尼、菲律宾、马来西亚等国不少极端组织的支持。这种狂妄想法不可能实现，但"伊斯兰国"打破叙伊两国边境自行建国，并力主重划中东版图，使已维系近百年的主权国家体系根基动摇。

首先是伊拉克"一分为三"可能性增大。伊拉克是当年英国殖民者制造的"人造国家"，是由奥斯曼帝国三个行省（巴士拉、巴格达、摩苏尔）拼凑组成，人口相应由阿拉伯什叶派、阿拉伯逊尼派和库尔德逊尼派构成。2003 年萨达姆政权被推翻后，三大教派矛盾日趋由隐性转向显性。马利基自 2006 年上台执政 8 年，推行宗派主义政策，进一步加大教派分歧。当前兴起的"伊斯兰国"，与什叶派和库尔德人势不两立，其为了彻底搅乱伊拉克，刻意煽动伊拉克教派仇恨，在占领区内摧毁"异教徒"清真寺和圣迹，使伊拉克教派矛盾更趋恶化。目前，什叶派、基督徒和其他少数教派纷纷从"伊斯兰国"占领区逃离，其他地区的逊尼派居民也遭什叶派驱逐，伊拉克出现了类似种族清洗的迹象。[①] 目前，北部库尔德地区使用库尔德斯坦旗帜，南部城市巴士拉也设计出自己的旗帜。

---

① Abigail Hauslohner, "With the Rise of Islamic State, Iraq is Splintering along Religious and Ethnic Lines", *The Washington Post*, September 30, 2014.

由于伊拉克政府短期内无力消灭"伊斯兰国",伊拉克无望恢复统一,很可能因循自然和历史界限形成三足鼎立的分裂局面。

其次是叙利亚同样面临分裂前景。叙利亚种族和教派林立,结构比伊拉克还要复杂:从种族构成看,包括阿拉伯人、库尔德人、亚美尼亚人、土库曼人和吉尔吉斯人;从宗教信仰看,87%的居民信奉伊斯兰教(逊尼派占60%,阿拉维派占12%,逊尼派库尔德人占10%,德鲁兹派占5%),还有13%信奉基督教。叙利亚陷入全面内战后,巴沙尔政府日趋失去对全国的掌控,占据大马士革和拉塔基亚等什叶派聚居区,东北部库尔德人早已高度自治,各种逊尼派反政府武装(包括"伊斯兰国")占领其他地方。当前"伊斯兰国"将叙利亚作为扩张重点,不仅打通叙伊两国边境,并仍在不断扩张领土,再加上西方和部分地区国家仍将推翻巴沙尔政权视为己任,因此巴沙尔政府无力恢复过去的统治,叙利亚地缘版图碎片化已成定局。

最后是其他国家的分离势力也蠢蠢欲动。如也门南部重新出现南北分离呼声,利比亚的黎波里塔尼亚、昔兰尼加和费赞三部分旧怨复燃,分离倾向增强。其中最值得关注的,就是库尔德人问题日渐凸显。库尔德人是中东人口最多的四大民族之一(其他三个民族是阿拉伯人、波斯人、土耳其人),但至今没有建立自己的国家。因此,库尔德人谋求独立运动一直延绵不绝。2011年中东剧变,特别是当前"伊斯兰国"兴起,为库尔德独立提供难得契机。伊拉克库尔德地方势力政府早已高度自治,并向38个国家派驻各种层级的"外交代表"。当地出售的"库尔德斯坦"地图,版图涵盖伊拉克、土耳其、伊朗、叙利亚多个国家。2014年6月"伊斯兰国"兴起后,库尔德地方势力乘乱占领石油重镇基尔库克,地盘一夜间扩大40%。同时,为应对伊朗和部分西方国家遏制"伊斯兰国"扩张势头,向库尔德地方武装提供武器,土耳其也开始培训库尔德"自由战士",这些举措客观上增强了伊拉克库尔德武装的实力。在叙利亚,随着"伊斯兰国"兴起,尤其是其围困科巴尼,促使叙利亚库尔德人与伊拉克库尔德人联手反击,武装力量日趋壮大。土耳其也悄然转变政策态度。"正义与发展党"发言人切利克称，对土耳其来说，以前独立的库尔德国家是引发战争的原因，但现在没人有权再说这样的话了。

（2）地区恐怖主义势力连点成片，反恐成为中东新难题。中东地区恐怖活动一直十分猖獗。中东剧变后，阿拉伯国家转型不畅，地区安全真空增大，为恐怖活动滋生蔓延提供丰厚土壤。"基地"等恐怖组织乘机扩大活动范围，并着重在"三不管地带"（如利比亚东部、马里北部、埃及西奈半岛及叙利亚部分地区）建立活动据点，使此前一度收敛的恐怖主义重新壮大。当前兴起的"伊斯兰国"以叙利亚和伊拉克为主要活动基地，由此将整个西亚北非的极端势力连点成面：自东向西，出现了阿富汗塔利班、巴基斯坦塔利班、也门"基地组织阿拉伯半岛分支"、黎凡特地区的"伊斯兰国"、北非"马格里布基地组织"、利比亚"利比亚伊斯兰战斗团"、尼日利亚"博科圣地"和索马里"伊斯兰青年党"等恐怖极端组织。据英国广播公司调查，2014 年 11 月，全球有 5000 多人死于"圣战者"之手，其中"伊斯兰国"就造成 2000 多人死亡。"伊斯兰国"肆虐的重灾区伊拉克 2014 年共有 15538 人丧生，比 2013 年的 6522 人增加一倍多。另据联合国驻伊特派团统计，2014 年伊拉克有 12282 人死于暴力，其中约 8500 人死于 6 月"伊斯兰国"占领摩苏尔之后。

"伊斯兰国"野心大，实力强，已取代"基地"组织，成为中东极端恐怖组织的"领头羊"和"策源地"。目前，埃及、突尼斯、利比亚、也门、沙特等国均有"伊斯兰国"支持者。埃及"埃及土地上的哈里发战士"和"耶路撒冷支持者"先后宣布效忠"伊斯兰国"。"伊斯兰国"还得到"阿尔及利亚哈里发战士"、车臣反叛武装"迁徙者支持军"、尼日利亚"博科圣地"、巴基斯坦塔利班等效忠，印度尼西亚"伊斯兰祈祷团"、菲律宾阿布萨亚夫武装、乌兹别克斯坦伊斯兰运动等暴恐组织也表示支持。据 CNN 报道，2014 年 6 月以来，"伊斯兰国"已争取到从阿尔及利亚到巴基斯坦的几十个组织的支持。受此影响，法国、加拿大、澳大利亚等西方国家频频出现"独狼式"恐怖袭击事件。

"伊斯兰国"等极端组织兴起后，恐怖与反恐的矛盾又成为中东的新难题。"伊斯兰国"现阶段目标是巩固在伊叙统治，但下阶段目标就是征服相邻伊斯兰国家，其目标顺序首先是沙特，然后是伊朗，最后是罗马。① 这意味着沙特等海湾国家面临直接威胁。在此背景下，沙特等海湾国家被迫调整政策，将反恐列为优先任务，并采取措施（如停止经济资助、颁布反恐法律等）。沙特、卡塔尔、阿联酋、巴林、约旦5个君主国直接参与美国打击"伊斯兰国"的空袭行动。土耳其也改变低调政策，强调要加大对"伊斯兰国"打击力度。

四 美国既定战略部署被打乱，中东战略进退失据

美国是影响中东政治的最大域外力量。美国外交政策走向变化，直接影响中东格局发展态势。奥巴马上台以来，美国外交政策呈现两大彼此相关的方向性调整。一是，加紧在中东战略收缩。美国在中东十年反恐，结果陷入战争泥潭，软硬实力严重受损，迫使奥巴马政府反思中东政策，减少在中东战略投入。五年前，美国在海湾地区的总兵力为2.3万人，现在只剩不到5000人。② 二是，加大战略东移和遏制中国力度。近十年来，中国等新兴大国加速崛起，美国日趋将中国视为最大竞争对手。正是基于这种考虑，美国转而对中国处处设防，未来60%的军力将部署在亚太地区。

然而，美国在中东战略收缩是在中东局势仍是"夹生饭"的背景下进行的。美国在中东减少投入，使中东权力失衡加剧，地区热点不断激化升温。2014年6月兴起的"伊斯兰国"，屡屡斩首西方记者，显示其对西方怀有强烈敌意。9月22日，"伊斯兰国"呼吁其成员和支持者，可用任

---

① Y. Carmon, Y. Yehoshua, and A. Leone, "Understanding Abu Bakr Al - Baghdadi and The Phenomenon of The Islamic Caliphate State", The Middle East Media Research Institute, Inquiry & Analysis Series Report No. 1117, September 14, 2014.

② Joshua Rovner and Caitlin Talmadge, "Less is More: The Future of the U. S. Military in the Persian Gulf", *The Washington Quarterly*, November 1, 2014.

何方式或手段杀死美国人、欧洲人和支持美国反"伊斯兰国"联盟的国家公民。美国联邦调查局局长科米 9 月 26 日表示，"伊斯兰国"肯定会设法袭击美国。民调显示，76% 的美国民众支持空袭"伊斯兰国"，45%的民众支持出动地面部队，如美国使馆遭袭，支持派地面部队的比例达 72%。①

在巨大内外压力下，奥巴马政府不得不改弦易辙，加大在中东的反恐投入。2014 年 8 月以来，美国先后对伊拉克、叙利亚境内的"伊斯兰国"目标持续空袭。奥巴马在 9 月 24 日联大演讲中，坦承低估了"伊斯兰国"的实力和威胁，并明确将"伊斯兰国"界定为"最危险的敌人"。②美时任国务卿克里、国防部长哈格尔、白宫事务主管丹尼尔等美国高官相继表示，美国的目标是使"伊斯兰国"丧失发动恐怖袭击的能力，不再对美国和中东构成威胁。目前驻伊军事人员已达到 3100 人。美国还组建了 60 多个国家参与的反恐联盟。2014 年 8 月 8 日以来，美国和西方盟国对"伊斯兰国"进行了 2000 次空袭，但并没有阻止"伊斯兰国"扩张步伐。2014 年 2 月"伊斯兰国"只有约 2 万人，如今则超过 3 万人。③

当前，美国在中东政策进退失据，面临若干结构性矛盾。首先，硬实力不足与四面出击的困境。奥巴马政府矢志"战略东移"，表明其已将中国视为最大竞争对手；2014 年美俄因乌克兰危机矛盾激化，美国又将俄罗斯列为主要打压对手；"伊斯兰国"在中东异军突起后，美国被迫加大中东反恐力度。奥巴马在 9 月的联大发言中，将埃博拉、俄罗斯和"伊斯兰国"并列为"当今世界三大威胁"。美国面临对手越来越多，但美国应对挑战的实力和手段却日趋捉襟见肘。目前，美国陆军人数已从此前57 万减少到 50.5 万，2015 年底则减少到 49 万。当时有人认为，如果国

① Brian M Downing, "Obama, Iraq, and the Gulf region", *Asia Times Online*, Nov. 19, 2014.

② "Obama pledges to dismantle Islamic State in U. N. speech", http：//www. sfgate. com/world/article/Obama － pledges － to － dismantle － Islamic － State － in － U － N － 5778516. php.

③ Jim Sciutto, Jamie Crawford and Chelsea J. Carter, "ISIS can 'muster' between 20, 000 and 31, 500 fighters, CIA says", http：//edition. cnn. com/2014/09/11/world/meast/isis － syria － iraq.

会不取消计划 2016 年进行的自动预算缩减，美陆军人数有可能减少到 42 万。[①] 在目标与能力严重不对称背景下，美国不可能四面出击，同时应对多个战略对手。这使美国战略抉择难度加大。

其次，不愿在中东加大反恐投入，但又试图掌控中东局势的矛盾。数年来，奥巴马一直谋求从中东脱身。"重返中东反恐"与奥巴马此前的外交政策方向背道而驰，由此决定了奥巴马对打击"伊斯兰国"始终心存抵触。2014 年 6 月"伊斯兰国"极端势力凸显后的两个多月内，奥巴马面对马利基政府的求援迟迟未施援手，即便 8 月 8 日开始空袭"伊斯兰国"后，仍一再强调军事行动"有限"，并一再拒绝派遣地面部队参战。[②] 美国要想击败"伊斯兰国"，需要包括外交、情报、经济、政治乃至意识形态在内的综合战略，并需要费时很多年才能见效。美国"战争研究所"学者认为，如果对"伊斯兰国"使用"摧毁"一词，意味着美国是在谋求综合性胜利，但目前美国的军事行动远远不足。[③] 目前美国半心半意的反恐战略，很难击败"伊斯兰国"。

再次，清剿"伊斯兰国"与遏制激进阵营何者优先的矛盾。美国在中东反恐主要依靠西方和地区盟友，但这些反恐盟友各怀心思，"出工不出力"。伊拉克安全部队饱受教派矛盾、贪污腐败、装备给养等困扰，战斗力很弱。约旦和沙特等海湾国家国小力薄，根本没能力与"伊斯兰国"正面对抗。埃及国内问题成堆，拒绝派兵参战。土耳其承诺派遣地面部队，但绝不肯深入叙伊腹地反恐。叙利亚"温和反对派"、库尔德"自由战士"及什叶派民兵等地方武装各有盘算，都想利用美国空袭实现自己的政治目标。[④] 数据显示，2014 年 12 月美国进行了 62 次空袭，而美国盟友只在叙利亚实施了 2 次空袭。地区反恐力量难以形成合力，无法对

---

① 凯特·布兰宁：《空中—沙漠战》，《外交政策》2014 年第 11 期。

② John Johnson, "Obama: I Repeat, No 'Ground War in Iraq'", http://www.newser.com/story/196035/obama – i – repeat – no – ground – war – in – iraq.html.

③ Shane Harris, "Obama's Mission Impossible", *ForeignPolicy*, September 9, 2014.

④ Frederic Wehrey, "Five Hidden Risks of U. S. Action Against the Islamic State", *Carnegie Endowment for International Peace*, September 11, 2014.

"伊斯兰国"构成实质威胁。叙利亚和伊朗反"伊斯兰国"意愿最强、军力也相对强大，但美国却将其排除在反恐联盟之外。美国 2014 年 9 月还通过新法案，拨款 5 亿美元武装和训练叙"温和反对派"。这种夹带私货的反恐战略，难以有效清剿"伊斯兰国"。

最后，陷入"反恐投入越多、留下烂摊子越大"困局。当年美国倾其国力在中东反恐，但效果适得其反，极端恐怖势力反而更趋壮大。这充分表明，在反恐问题上，"高投入不等于高效益"，甚至可能"越反越恐"。因此美国决策者十分担心，如果美国在反"伊斯兰国"行动中投入过大，"用力过猛"，会再次陷入中东泥潭。有美国学者认为，当年"基地"发动"9·11"袭击，目的就是刺激美国过度反应，深陷伊斯兰世界。但是，仅靠当前的"轻脚印"反恐战略（包括无人机反恐，动用特种部队进行精确打击等），很难对"伊斯兰国"这种"升级版"的极端组织构成致命打击。目前，美国反恐战略唯一内容就是军事打击，这即便削弱了"伊斯兰国"，也会增强"基地"组织、"支持阵线"（Al – Nusra Front）和"呼罗珊"等极端组织的实力。到底何种反恐策略有效，美国该如何把握火候，恐怕至今仍心中无数。

结　语

阿拉伯世界面临的挑战将是全方位的。从政治结构看，国家和地区治理模式均仍处在"旧秩序已经打破，新秩序尚未建立"的转型期。当前中东乱局很像奥斯曼帝国崩溃时期的情景，当前动荡只是中东地区系统性转型的前奏。有分析称，当前中东类似欧洲 1618～1648 年的"新三十年战争"，当前"极有可能只是一场长期的、代价沉重的、你死我活的斗争的初级阶段；事件极有可能朝着更加糟糕的方向发展"。① 从经济结构看，

---

① Richard N. Haass, "The New Thirty Years' War", http：//www. project – syndicate. org/commentary/richard – n – – haass – argues – that – the – middle – east – is – less – a – problem – to – be – solved – than – a – condition – to – be – managed.

几乎所有中东国家（以色列等少数国家除外）都处在全球产业链下游位置，很容易在全球性经济危机中受伤，2011 年中东剧变已经证明了这点。即使那些高枕无忧的阿拉伯产油国，在页岩气革命的持续冲击下，也不得不靠"价格战"维系市场份额，但这些产油国绝大部分收入依靠石油出口，这种"杀敌一万，自损三千"的做法，使产油国财政收入锐减，维系"高油价、高福利"模式难度加大，"石油诅咒"和"荷兰病"症状显现。大而言之，这也是欧佩克全球影响力式微的前兆。阿拉伯产油国仅靠出口资源过好日子的时代逐渐过去，探索可持续发展模式势在必行。总之，中东地区和平与发展两大问题一个也没解决，相关国家未来面临挑战，任重道远。动荡将成为阿拉伯世界的"新常态"。

Trends and Manifestations of Turmoils in the Arab World

Tian Wenlin

Abstract：After several years' ferment of the upheavals in the Middle East, turbulence has become the "new normal" of the region. First, the democratic transition has failed to save the Middle East; there is a long way to go to explore the governance model. Second, the regional game shows the "New Cold War" features of geopolitical rivalry plus sectarian conflict. Third, the meteoric rise of the so – called "Islamic State" has shaken the foundation of the Middle Eastern system. Forth, the established strategic plan of the United States has been disrupted, leaving the Middle East in a strategic dilemma. The Arab world has entered a new round of turbulence, and in the foreseeable future the situation is unlikely to improve.

Keywords：Arab world, Governance model, Regional game, US strategy, Turbulent period

"丝绸之路"构想的历史的演变

侯艾君◎

【内容提要】 "丝绸之路"概念在 1877 年提出后，就成为东西方经济、文化交流的象征，成为文化符号。但是，俄罗斯帝国和苏联存在的时期，"丝绸之路"是一块禁脔，他国不得染指，而持续数十年的"冷战"更是隔绝了欧亚大陆内部各民族的交流往来，直到苏联解体前后才开始了复兴新"丝绸之路"的进程，新独立国家都希望新建交通设施尽量避开俄罗斯，避免再入俄罗斯窠臼，对其形成倚赖。各国都纷纷与伊斯兰世界各国、欧洲和美国，以及中国、日本等国建交并发展合作。同时，各大国进入中亚、高加索，开始了对这些地区的争夺，填补地缘政治真空。2011年，美国设计"新丝绸之路"战略，努力吸收中亚国家参与能源和交通项目，将中、俄排斥在外，孤立伊朗，减少中、俄对中亚的影响。而我国提出的"新丝路经济合作带"构想，淡化了地缘政治色彩，可以避免一些消极干扰，又可以破解俄罗斯、中亚等国一度流行的所谓"中国威胁"论，有利于我国在中亚利益的稳步推进。用地缘经济因素将中国和中亚、中近东、欧洲连接起来，推动经济快速发展和西北边陲长治久安。

【关键词】 丝绸之路 新丝路经济合作带 历史

【作者简介】 侯艾君 博士，中国社会科学院世界历史研究所副研究员。

2013 年 9 月，习近平主席访问中亚时提出"丝绸之路经济带"构想。此后一年多，欧亚大陆地缘政治格局发生重大变化：美国准备撤离阿富

《国别和区域研究》（第 1、2 期），第 134～153 页。

汗；中东变局；俄、美对中亚政策日益积极；乌克兰危机导致俄罗斯—西方关系恶化；等等。对于"丝绸之路"及其相关的地缘政治局势和前景，国内外研究者已经做出不少探索。本文试图重新梳理与"丝绸之路"相关的构想的形成和演变；相关国家的利益及其对我国"丝绸之路经济带"构想的态度；对我国战略构想的性质及其前景重新审视、评析。

一 "丝绸之路"构想的提出及其历史

"丝绸之路"概念最早由德国地理学家卡尔·冯·李希特霍芬于1877年在《中国》一书中提出，现在早已深入人心，被政治家和学者称道。"丝绸之路"构想是亚洲—欧洲、东方—西方经济、文化交流的象征，成为文化符号，更是一种丰厚的历史资源。但是，俄罗斯帝国和苏联存在时期，"丝绸之路"是一块禁脔，他国不得染指，而持续几十年的"冷战"更是隔绝了欧亚大陆内部各民族的交流往来，直到苏联解体前后才开始了复兴新"丝绸之路"的进程。1988年，联合国教科文组织制订了跨学科国际合作项目"综合研究丝绸之路——对话之路"，意在全面研究地区的文明和历史，密切东西方联系，改善欧亚大陆各族关系，除了出版学术成果，还成立了许多研究所（如在撒马尔罕建立国际中亚研究所）。苏联末期，1990年9月，苏联外交部部长谢瓦尔德纳泽在符拉迪沃斯托克召开的名为"亚太地区：对话、安全与合作"的国际学术会议上发表讲话，提出复兴"丝绸之路"的思想。苏联解体之后，欧洲和中亚、高加索新独立国家立即将"丝绸之路"构想付诸实施（谢瓦尔德纳泽在一次访谈时说，早在1989年访日时就已谈及复兴"丝绸之路"）。

"新丝绸之路"是连通欧亚大陆的交通方案。实际上，中亚和高加索国家成为独立的国际政治主体并加强内部联系，本身就意味着古老"丝绸之路"的恢复。以"丝绸之路"为号召可以避开许多政治阻力，该构想的复活可在千万人的心灵中得到回应。客观上说，直到苏联解体、高加索和中亚出现新独立国家后，复兴丝绸之路才具有现实可能性。在1991

年之前，只有一条西伯利亚大铁路（1916 年 10 月 5 日开通）贯通欧亚大陆，运转了近 80 年，承担了 70% 的货物运输。"新丝绸之路"在构想和现实中的复兴，既是自然进程，也具有人为推动的性质。在苏联时期，所有铁路、公路等交通网络都是以俄罗斯联邦为中心对外辐射、延伸，以此确保苏联中央对各地的控制能力，以及各加盟共和国与俄罗斯联邦的经济、政治、文化联系。1991 年前后，俄罗斯精英视中亚和高加索为政治包袱，急于甩掉（随着西方对俄战略压力加大，俄罗斯的现实主义军政人士开始扭转认识、调整政策）。这样，原有交通设施已经完全不能满足经济发展需求，而且相对于俄罗斯主导的"再一体化"进程必然是一种逆进程（去一体化）。90 年代的俄罗斯国内问题成堆，经济不景气，社会、政治形势动荡，甚至爆发了车臣战争，中亚新独立国家都希望新建交通设施尽量避开俄罗斯，纷纷与伊斯兰世界各国（沙特阿拉伯、土耳其、伊朗、巴基斯坦等）、欧洲和美国，以及中国、日本等国建交并发展合作。同时，各大国进入中亚、高加索，开始了对这些地区的争夺（往往被称为新"大牌局"），填补地缘政治真空。但是新生国家无力独立地推进交通建设项目，往往只重视经贸利益，而对地缘政治方面考虑很少，客观上配合了西方的战略步骤。此外，由于内外因素的干扰，中亚和高加索内部的各国间互不信任，或互相敌视，建铁路时有意绕开邻国。

"新丝绸之路"构想得到西方支持和推动。1993 年，欧盟在布鲁塞尔与中亚、高加索八国签署协议，由欧盟提供资金，对欧洲—高加索—中亚交通走廊（TRACECA，往往被称为"新丝绸之路"）建设提供支持。1993 年 5 月，在欧盟总部布鲁塞尔召开了有高加索和中亚八国商贸和交通部长参加的会议，会后发表宣言，要将跨欧亚交通走廊的建设项目付诸实施，这是合作建设欧亚交通走廊方面的重要计划。此后，许多相关国家在地区基础上展开合作。例如，1996 年，在土库曼斯坦的谢拉赫斯市召开会议，签署了整合相关各国过境运输和铁路交通活动的协议，在协议上签字的国家包括：乌兹别克斯坦、土库曼斯坦、格鲁吉亚和阿塞拜疆四国，后来又有其他国家加入协定。高加索和中亚新独立国家（阿塞拜疆、格鲁吉亚、吉尔吉斯斯坦等国）对复兴丝绸之路的构想最为积极。该方案主导者是西方，而配合最积极的是西方盟友土耳其。经土耳其积极协调，各国决定寻求替代俄罗斯交通路线的方案。

日本积极支持欧洲主导下的复兴"新丝绸之路"计划。1997 年巴库会议上，日本代表发言称，日本欢迎恢复丝绸之路作为连接东西方道路的第三方案。日本自视为"新丝绸之路"的起点国家，1997 年制订了"大丝路外交"战略，加强在中亚的存在。日本在中亚有其利益：获取能源和原料、销售市场，拓展外交空间，争取中亚国家的政治支持。同时，也积极配合美国的战略，在阿富汗重建等方面承担功能。

新独立国家积极支持、倡导复兴丝绸之路。阿塞拜疆总统阿利耶夫和格鲁吉亚总统谢瓦尔德纳泽、吉尔吉斯斯坦总统阿卡耶夫等人都是复兴丝绸之路的主要倡导者。1997 年 9 月，在阿塞拜疆首都巴库举行"恢复丝绸之路"国际学术会议，参加巴库会议的有来自 32 个国家和 13 个国际组织的代表。在该学术会议上，谢瓦尔德纳泽数次运用"新丝绸之路"概念，主张实现东西方关系现代化，认为"新丝绸之路不是一个华丽辞藻，而是多边利益和对其互相顾及和平等尊重的和谐结合"，恢复古"丝绸之路"是对格鲁吉亚安全和福祉的补充。阿利耶夫总统指出：巴库峰会在每个国家和整个欧亚大陆空间内发展合作，保障和平、顺利和繁荣方面发挥了自己的历史作用；并将复兴大丝绸之路的目标具体表述为：发展地区各国的经贸关系；发展交通联系、国际货物和人员运输；为交通运输创造良好条件；加快货物运输周期和货物保护；交通政策和谐一致；运输过境费和税收优惠；协调交通部门间关系；在国际和国内客货运输方面协同政策；等等。1998 年，赫尔辛基召开了第三次泛欧交通会议，确认 TRACE-CA 项目是欧洲交通体系的优先方向；同时，格鲁吉亚还提出了泛欧交通区（环黑海交通区）的概念，得到欧盟支持。1998 年夏，高加索、黑海和中亚 12 国签署协议，建立铁路、海路和公路交通走廊，绕过俄罗斯，经中国和蒙古到欧洲。

1998 年，吉尔吉斯斯坦总统阿卡耶夫撰写《"大丝绸之路"外交学说》，并进行集中阐释。1999 年 2 月，阿卡耶夫表示：丝绸之路不仅仅是一条交通线路，而首先是一种沟通东西方的思想理念；东西方成为密不可分的一体并相互补充的理念，能够成为和平解决国际关系中任何问题的工具。[①] 1999 年 5 月 20 日，吉尔吉斯"国家毒品监控委员会"与卡内基基金会以阿卡耶夫提出的"大丝绸之路"外交学说为框架，召开国际研讨会，提出"大丝绸之路：与中亚毒品做斗争"学说。该学说得到了国际认可，甚至成为联合国正式文件，并在"达沃斯论坛"等平台深入讨论。该学说的侧重点，是呼吁丝绸之路沿线各国加强合作，与毒品、洗钱、有组织犯罪等做斗争。阿卡耶夫在对大学生讲话时甚至说，最早的"丝绸之路"是在吉尔吉斯人和中国人之间建立的，因而"丝绸之路"曾被称为"吉尔吉斯人之路"。

1999 年，格鲁吉亚总统谢瓦尔德纳泽撰写《大丝绸之路》一书，提出，应该在欧亚大陆建立统一的、可共同接受的政治、经济、科技、人文和文化空间。"大丝绸之路"是格鲁吉亚政治、经济纲领，同时也是一种地缘政治思想。

对交通枢纽的控制、对油气产地和走向的争夺，成为重要内容。西方从一开始就着眼于遏制和对抗，这些交通和管线方案动摇了俄罗斯对欧亚贸易的垄断地位，导致俄与中亚、高加索联系弱化，对抗其推动的"再一体化"进程。俄罗斯和伊朗都警惕和疑虑地看待"新丝绸之路"构想。1995 年，伊朗的许多交通项目开始运行，引起西方不安。西方对乌兹别克斯坦提供技术和资金援助，拉拢其参与其他交通项目，避开俄罗斯和伊朗。1996 年 5 月 13 日经济合作组织峰会上，卡里莫夫总统表示支持对伊朗贸易禁运，强调跨里海干线对乌国的优先性，称捷詹—谢拉赫斯—梅什赫特干线不能完全满足乌国需求，打算开发新线路。这样，运棉线路改变使俄罗斯每年减少 200 亿美元收入。1997 年 2 月，在塔什干讨论了欧

---

① 〔吉尔吉斯斯坦〕阿斯卡尔·阿卡耶夫：《难忘的十年》，武柳、雅思、远方译，世界知识出版社，2002，第 239 页。

洲—高加索—中亚项目，随后又在吉尔吉斯斯坦的奥什市讨论安集延—奥什—喀什铁路的建设项目，这些项目都被认为会损害俄罗斯利益。

90年代后，一些国家开展了以"丝绸之路"为主题的考察活动，扩大了宣传。例如，俄罗斯连续组织了"沿着丝绸之路的足迹：2002~2004"的人文考察活动。1996年，美国、日本、韩国、土耳其和欧盟国家发起了"丝绸之路2000"行动，由100多辆汽车从意大利的威尼斯穿过高加索、中亚各国，到达撒马尔罕，作为欧亚大陆各国复兴商贸活动的象征。"新丝绸之路"理念因此而深入人心。

近年来，沿线各国都一直宣称要复兴"丝绸之路"。例如，2012年6月26日，阿塞拜疆总统伊尔汗·阿利耶夫称："年底完成巴库—第比利斯—卡尔斯铁路并交付使用，这样，我们将复兴古老丝绸之路。"哈萨克斯坦、乌兹别克斯坦、土库曼斯坦、塔吉克斯坦等国也在基础设施建设方面付出努力。

二 相关国家与"新丝绸之路"

对于"丝绸之路经济带"构想，沿线各国的利益有交叉也有不同。如前所述，几乎所有高加索、中亚国家都希望复兴丝绸之路，该方案令所有国家受益。因此，中国的"丝绸之路经济带"构想具有很好的社会政治基础。但是，由于各种内外因素，所有沿线国家——尤其是事关我国重大利益的中亚国家——都有不同的立场和外交倾向，需要梳理和分析。

（一）中亚国家与"新丝绸之路"

吉尔吉斯是我国进入中亚的第一个邻国，该国对我国发展与中亚国家的关系、推进西向战略非常关键。吉尔吉斯是一个山国，小国寡民，经济不景气，国民贫困化、贫富分化程度严重，失业率高，发展对外关系成为其立国基础。从阿卡耶夫时期开始，该国以发展与俄罗斯的特殊关系为外交基础，推行平衡外交。2005年3月和2010年4月爆发"革命"，一次族际仇杀，社会被撕裂，社会政治局势不稳定。阿坦巴耶夫政府再次回复到以亲俄为基础的平衡外交。由于内部脆弱，因此极端依赖外援，外部因素在该国起重要作用。该国各种非政府组织活跃，大量非政府组织和中东伊斯兰组织在境内活动，亲俄和亲美势力都有相当能量，难以独立推行外交政策，且周期性地产生"中国威胁"论。该国在经济上与中、俄联系紧密。1997 年 4 月，中、吉、乌三国同意建设中吉乌铁路（安集延—奥什—喀什），但是推进缓慢。原因是吉尔吉斯财政资源匮乏，需要大量借贷；甚至宣称只有中国最需要该铁路，因此中国应该出资修建该国铁路区段；技术方面，采用俄罗斯宽轨还是中国—欧洲标准，也成为障碍，如果采用中国标准，被认为铁路将极大地损害俄罗斯的利益。2005 年以后多次发生政权更迭，政策缺乏连续性，且与邻国乌兹别克斯坦不睦；吉尔吉斯甚至抱有希望，由中国先帮助其建设南北铁路（比什凯克—奥什），解决其国内经济、政治问题（连通南北，加强对南部的控制能力），然后考虑建中吉乌铁路，该国甚至有意以项目本身为道具，争取中国对其持续的经济支持（在十多年时间里，该国得到中国大量经济财政援助）。此外，受到的外部影响（在规划之初，就有俄、哈反对，或不乐见其成；甚至西方也加以干扰），致使该国不愿推进中吉乌铁路建设。中吉乌铁路对吉国有巨大利益，但该国看起来是以地缘政治利益（且往往是他国的地缘政治利益）牺牲了经济利益。该立场还有制衡乌兹别克斯坦的成分，是外部因素的直观体现。该国媒体常常就此大做文章，称修通铁路后，中国就会更便利地侵吞该国。2014 年，美军撤离该国基地，该国在战略和外交方面向俄靠拢，但俄、美争夺仍未结束。

乌兹别克斯坦是古老"丝绸之路"上的另一个重要国家。乌国深处中亚腹地，地理位置独特，到达任何出海口都需要经过两个以上国家，同时也是其地理优势——几乎任何交通网络都需要过境该国。在苏联时期，整个中亚交通网络是以塔什干为核心四通八达，因此其交通枢纽地位非常重要。由于种种原因，乌国与几乎所有邻国的关系都较为复杂或存在问题（特别是与吉、塔等国）。该国政治稳定，积极谋求发展，外交政策较为独立,欢迎一切对其有利的地缘经济方案,但也较为多变(与美、俄关系都经历多次反复),其根本目标是追求该国的国家利益和外交独立性。乌国在发展对外交往方面非常积极。由于中乌经济关系密切,与我国堪称不接壤的邻国。中乌经贸合作非常紧密,增长很快,在包括修建中吉乌铁路等项目方面与中国立场一致,伊朗、土耳其等地区外国家都对此项目非常感兴趣并表示期待。以每年过货2500万吨估算,14年内可收回建设成本。但是,中吉乌铁路的修建并不顺利,由于吉尔吉斯的立场,中乌之间无法用铁路直接贯通并继续向西延伸。多年来,乌国与塔国纷争不断,关系不能正常化,因此,乌国着意修建铁路与土库曼斯坦连通,或绕开塔吉克斯坦,试图从地理和交通方面制约(或被称为封锁)塔国,使其陷于不利地位。乌塔矛盾得不到妥善解决,成为中亚乃至丝路相关国家合作的困扰因素。经由中亚与西亚、欧洲连通的铁路比经由西伯利亚铁路往欧洲的距离节省1/4。中吉乌铁路不能开通,严重阻碍了中国与乌兹别克斯坦、土库曼斯坦以及西亚国家的合作往来,而在客观上有利于哈国和俄罗斯,中国将被迫倚赖中哈铁路或西伯利亚铁路。

哈萨克斯坦是"丝绸之路"上另一个重要国家。该国幅员辽阔,在后苏联国家中仅次于俄罗斯,在全世界排第九位。该国能源储量巨大,经济发展迅速。在经济上与中、俄关系紧密,与中国在能源方面合作良好,有油气管道与中国贯通。哈国有着非常好的资源和幅员的禀赋,且积极谋求发展,提出许多务实可行的战略规划。同时,该国向来觊觎中亚领导地位,与乌国存在竞争。该国领导人积极支持丝路方案。纳扎尔巴耶夫判断,哈萨克斯坦的前途既在东方,也在西方,因而强调经济的优先地位(外交的经济化),并判断"21世纪地缘政治将逐步让位于地缘经济"[①]。前外长托卡列夫进一步阐发,称经济不仅是一种管理方法,也是政治本

---

① 〔哈萨克斯坦〕努·纳扎尔巴耶夫:《在历史的长河中》,徐葵、李永庆、冯育民、许文鸿、张中华、许华译,民族出版社,2005,第206页。

身，甚至是一种意识形态①，可见该国谋求经济发展意愿之强烈。但是，对于中吉乌铁路，哈萨克斯坦并不乐见其成，因为这样就会降低该国作为"第二欧亚大陆桥"的地位，减少收入，相应地就会提高吉尔吉斯斯坦的地位，为吉尔吉斯斯坦增加收入。还在中苏友好时期，兰新线（1962 年建成）即与哈萨克斯坦铁路（友谊—阿拉山口）连接，1992 年开始常态化运营，至今已经 20 多年。中哈通道具有重大经济和战略意义。2012 年 6 月，纳扎尔巴耶夫总统就曾对外国投资者们提出共建"新丝绸之路"，称哈萨克斯坦应该复兴自己的历史作用，成为中亚最大的中转站和连接欧亚的独特桥梁；并提出新丝路建设要遵循 5C 原则：速度、服务、价值、保护、稳定（скорость сервис стоимость сохранность стабильность）。到 2020 年，预计经由哈萨克斯坦的过货量达到 5000 万吨，2010 年已达到 1500 万吨，2011 年为 1650 万吨，并最终达到至少 5000 万吨的过货量。纳扎尔巴耶夫总统甚至提议，将"新丝绸之路"计划的总部从上海迁到阿拉木图。

塔吉克斯坦共和国的独立发展条件并不优越。93% 的国土都地处高山，难以通行。1991 年后，该国很快就爆发了持续 5 年的内战，导致大量人员伤亡和难民问题，民族和国家大伤元气；经济凋敝，国民贫困化严重。在中亚各国中，塔吉克斯坦的铁路干线最短，而且主要是与乌兹别克斯坦连通，容易受制于人，在交通方面处于极为不利的地位。到 1991 年独立之后，该国铁路里程只有 547 公里。由于施工艰难，成本高昂，该国脆弱的财力不允许大规模发展铁路，而以发展公路交通网络较为现实。塔、吉两国都是中亚两条大河（阿姆河和锡尔河）的发源地，都希望建设水电站满足国内生产和生活需要，并将水电出口印度、巴基斯坦等南亚国家和中国、阿富汗，换取外汇收入。近几年来，塔国坚持修建罗贡水电站引发与乌国的冲突。乌国借口中断与塔国的铁路交通，导致塔国一些地区陷于困顿，暴露出该国在交通方面的极度脆弱地位。与乌国关系不能改

---

① 〔哈萨克斯坦〕卡·托卡耶夫：《中亚之鹰的外交战略》，赛力克·纳雷索夫译，新华出版社，2002，第 23 页。

善，塔乌交通网络就没有价值，摆脱交通困局是塔国的首要战略目标，而只有中国和阿富汗方向才可能突破。塔国学者论证，今日塔吉克斯坦境内是古代丝绸之路的重要过境地，有三条线路（还有学者认为有四条）经过塔国。塔国还制订计划，建设从忽毡到杜尚别的铁路（有人认为修建该铁路主要是为了保持政府威望，本身的经济价值并不大），并希望修建铁路经由阿富汗与巴基斯坦和伊朗连通。2010 年，阿富汗、塔吉克斯坦和伊朗宣布要共建铁路，复兴"丝绸之路"，加强三个波斯语国家之间的政治、经济联系。2010 年底，中国宣布建设喀什—赫拉特铁路（经过吉尔吉斯、塔吉克斯坦到阿富汗），这样，中国就与中亚国家和伊朗（班德尔阿巴斯港、布什尔港）连通。塔吉克斯坦也积极参与 TRACEKA 项目，并在国际组织的支持下开建塔吉克斯坦—阿富汗—土库曼斯坦铁路。该国与中国经济联系紧密，但也流露"中国威胁论"（与吉国类似，主要内容包括中塔划界、中国对塔国经济和人口"扩张"；中企不招募当地员工等）。但考虑到塔国财政–经济能力脆弱、地理状况不利、与邻国关系恶化（贫穷、动荡的阿富汗战乱多年，未能建立起统一政权；与乌国关系极度恶化，短期内难以改善；与吉国的划界并未彻底解决；等等），与经济快速发展的中国保持良好关系尤为重要——尤其"新丝路经济带"战略对于塔国来说是重要机遇。

土库曼斯坦毗邻西亚。1995 年，土库曼斯坦获得了永久中立国地位，其外交政策较为独立；拥有很大合作空间，不与任何国家交恶，坚持不允许外国的军事存在。土库曼斯坦的地理位置特殊，对于想要获得波斯湾港口的中亚邻国非常重要。该国适于修建庞大的铁路网络，但是现有数千公里铁路中，大部分需要大修。该国凭借天然气出口赚取了大量的能源财富，有实力实施许多建设计划。该国紧邻伊朗，与伊朗和土耳其都建立了良好关系——尤其是土耳其在该国拥有很大影响。2001 年"9.11"事件后，美军进驻中亚，土库曼斯坦顾及伊朗利益，坚持不允许美军进驻，也不依照美国的条件建跨里海天然气管道。2013 年 5 月 12 日，土库曼斯坦—哈萨克斯坦铁路开通，2014 年 12 月 3 日，伊朗—土库曼斯坦—哈萨克斯坦铁路建成通车（全长 925 公里）。2013 年 6 月，土库曼斯坦开建土库曼斯坦—阿富汗—塔吉克斯坦铁路在本国的区段。中国是土库曼斯坦天然气的重要买家，两国有非常紧密的能源合作。天然气管线的贯通使土库曼斯坦—乌兹别克斯坦—哈萨克斯坦—中国紧密地联系在一起，现在，土库曼斯坦经塔吉克斯坦—吉尔吉斯通往中国的天然气管道 D 线还在建设之中。该国也追求能源市场多元化，克服对中国市场的过分倚赖。从该国利益出发，通往印度的铁路和管道方案很有吸引力，因此该国也是西方"大中亚"战略的重要环节。

（二）高加索三国

外高加索三国（亚美尼亚、格鲁吉亚和阿塞拜疆）都是"丝绸之路"的直接相关国家，在 20 世纪 90 年代就对复兴丝绸之路持积极态度，都希望加强与中国等东亚国家的联系，或在欧亚货物过境方面获益。但是，三国在欧亚大陆复杂多变的地缘政治博弈中发挥不同作用。例如，由于里海水域及海底资源的划分问题以及阿塞拜疆、亚美尼亚之间的纳—卡冲突，伊朗—亚美尼亚（以及俄罗斯）与土耳其—阿塞拜疆（美国、以色列与阿塞拜疆的军事 – 政治合作非常紧密，对伊朗构成威胁）存在对抗；独立后，格鲁吉亚向西方靠拢，与俄罗斯持续冲突（2008 年甚至爆发了俄—格"五日战争"）。这些困扰因素就使得相关国家的经贸利益让位于地缘政治考量。

（三）西亚、中东大国

在与中亚相邻地区，与"新丝绸之路"战略有重大关系的还有伊朗、土耳其等国。

伊朗是丝绸之路上的重要古国。1979 年之后伊朗与西方关系恶化，遭到各种制裁，有被封锁的焦虑，因此其多年来的目标是打破被孤立地位，建设铁路干线和油气管道，贯通与中国、中亚的联系，并使中亚的油气经由伊朗输出。伊朗从 1995 年开始修筑铁路，使亚美尼亚南部向伊朗及波斯湾通往中亚诸港口连接，石油管道经由亚美尼亚通往格鲁吉亚的黑海港口。1996年3月，伊朗与格鲁吉亚签署了运输货物协议，从格鲁吉亚的波蒂港经海路输往欧洲和北非。1996年5月13日，捷詹—谢拉赫斯—梅什赫特铁路开通，伊朗与哈萨克斯坦、土库曼斯坦签署备忘录，接入俄罗斯的铁路交通体系，成为一条欧亚大陆南—北铁路干线，总长度1万公里。恢复了向欧洲的货物运输（包括过境运输），打破了西方对俄交通孤立。俄罗斯、伊朗、哈萨克斯坦、土库曼斯坦的外贸货物以优惠条件过境各国。伊朗还在里海沿岸开建港口，保障海上交通路线。2003年，伊朗与阿富汗、乌兹别克斯坦签署协议，修建泰尔梅兹—马扎里—沙里夫—赫拉特公路线，但是因阿富汗局势受到制约。2006年巴福克—班达拉—阿巴斯铁路开通，大大缩短了塔什干与阿巴斯港之间的距离。伊朗还修建阿什哈巴德—谋夫—高丹—巴基吉朗公路，以及埃里温—德黑兰—阿什哈巴德—梅什赫特—比什凯克公路。伊朗借此打破了交通封锁。在中亚，伊朗与塔吉克斯坦有特殊关系，努力打造"雅利安人共同体"（或波斯语国家共同体）。2014年12月3日，伊朗—土库曼斯坦—哈萨克斯坦铁路建成通车（全长925公里），伊朗与中亚联系更加紧密。同时在建的有伊朗—阿塞拜疆铁路、中国—吉尔吉斯斯坦—塔吉克斯坦—阿富汗铁路（全长1600公里，该铁路可与伊朗对接）、赫拉特（阿富汗）—哈夫（伊朗）铁路。这样，从中国上海出发，经阿拉山口—德鲁日巴—阿拉木图—塔什干—阿什哈巴德—捷詹—谢拉赫斯—梅什赫特—德黑兰—伊斯坦布尔到巴黎（全线1万公里），将是一条非常便捷的陆上通道。因此，加强与丝绸之路国家的合作将为伊朗带来更多机遇和更大的战略空间。

土耳其多年来的主要目标是加入欧盟，为此成为西方在中亚、高加索政策的支持者，甚至是代理人，在西方对俄战略中承担功能。1991年后，土耳其利用历史、语言、文化等方面的优势，加强了在高加索、中亚的存在。随着大国对中亚争夺的加剧，美国和欧洲对土耳其较为倚重，土耳其的地位上升，认为这是实现"从哈萨克斯坦到摩洛哥的大突厥斯坦"政治蓝图的良机。1990年，土耳其封锁通道（摩尔曼斯克—列宁格勒—莫斯科—哈尔科夫—罗斯托夫—图阿普谢—苏呼米—第比利斯—纳希切万)，禁止货物过境土耳其输往叙利亚和伊拉克，将俄罗斯同外高加索的交通切断。1994 年 7 月 1 日，土耳其以保护生态为由，禁止大型油轮过境达达尼尔海峡和博斯普鲁斯海峡，致使俄罗斯石油和中转石油无法输往西欧。土耳其还曾减少巴库—新罗西斯克输油管道的过油量，要求绕过俄罗斯，敷设新管道。土耳其积极支持西方主导的巴库—第比利斯—杰伊汉油气管道建设（绕过俄罗斯）。1994 年爆发的车臣战争（土耳其支持车臣分裂派）使中亚和高加索各国意识到，必须重建交通线路。但在多次申请入盟受挫后，土耳其改变国策，更加重视亚洲方向，入盟不再是头等目标。土耳其与中亚国家在经济方面有很强互补性。实际上，在 20 多年时间里，土耳其依靠与中亚、高加索的经济合作实现了经济腾飞，而复兴"丝绸之路"可以为土耳其带来巨大利益，也使其对欧洲拥有更多筹码，东西逢源。土耳其认识到其与西方的利益并不总是一致，甚至美国的中东政策可能损害其利益。2014 年俄罗斯与西方关系恶化之后，俄罗斯提议天热气管道走南线与土耳其连通，土耳其的战略地位提高，俄土合作必将改变欧亚大陆的地缘政治格局。

三 美国版的"新丝绸之路"构想

20 世纪 90 年代，在以色列院外集团推动下，美国酝酿"大近东"计划，欲将近东与以色列敌对的国家融入对以色列友好的新独立国家，以色列可作为中亚和西方的桥梁而在经济上受益，俄罗斯对中亚的影响自然减少。但因存在很多问题，该战略一度被废弃。2003 年，美国提出升级版"大近东"战略：从"印度到土耳其的现代化"改造计划。2005 年 3 月，霍普金斯大学发布报告《"大中亚伙伴关系"对阿富汗及其邻国》，指出"大中亚"的任务：协助阿富汗及地区转型为有安全保障的主权国家区域，认同有生命力的市场经济原则，尊重公民权利，保持与美国的正面关系，这样的区域就是"大中亚"，能够对抗激进主义，加强陆上安全。阿富汗是"大中亚"战略的核心,而此前阿富汗被归入南亚,不利于美国推行"大中亚"战略,在分析阿富汗局势时不很方便。2006 年 1 月,美国国务卿赖斯将美国国务院南亚司改组,整合中亚与南亚事务,被认为是美国实施"大中亚"战略的开端。"大中亚"战略堪称"大近东"战略的延伸,实质是将较稳定的中亚与不稳定的阿富汗统合为一个军事 - 战略整体,然后将其与"大近东"连接。美国借此实现中亚地缘政治的多元化,抬高印度和土耳其的地位,令其发挥作用,使中亚变成美国控制下的运输货物和原料的交通枢纽;美国强调发展中亚农业(认为中亚各国都是农业国),利用土地政策与毒品种植做斗争。"大中亚"战略重视文化教育领域,便于美国施展"软实力",还可淡化对抗色彩。通过教育改革,排挤、清理受过苏 - 俄教育的中亚知识精英和政治精英;将中亚与欧亚大陆的联系切断,将伊朗排除在外,以印度洋出海口吸引中亚五国,将其与阿富汗、印度、巴基斯坦整合成一体,摆脱对中、俄、伊朗的依赖,与中近东连成一体,伊斯兰世界就被美国控制。但是此种方案并不完全符合中亚各国的利益。

尤其值得关注的是:美国试图复活某些族群的民族主义作为地缘政治武器。有学者认为,大近东战略可能导致利比亚、巴勒斯坦、叙利亚、伊拉克、伊朗、阿富汗、克什米尔地区、中国新疆及西藏形成一个不稳定带。此外,美国试图在伊朗、阿富汗和巴基斯坦的部分地区建立一个"俾路支斯坦",一旦成为现实,巴基斯坦、伊朗和阿富汗的国家利益都将蒙受巨大损失。

2011 年,美国战略人士弗里德里克·斯塔尔教授设计"新丝绸之路"项目,堪称"大中亚"战略的具体方案,而阿富汗仍是该战略的核心。具体内容是:通过交通线路将阿富汗、中亚与南亚连接,包括将土库曼斯坦的天然气经阿富汗输往印度;经由哈萨克斯坦、土库曼、阿富汗建设铁路;美军撤离阿富汗后,吸收中亚国家介入阿富汗重建;据披露,美国政府掌握大量资金,用于修建中亚交通干线、对塔吉克斯坦—阿富汗边境的保障和对军警部门的物资援助,甚至为塔国各地提供电脑教室和培训英语也是"新丝绸之路"战略的一部分。美国努力吸收中亚国家参与能源和交通项目，将中、俄排斥在外，孤立伊朗，减少中、俄对中亚的影响。希拉里·克林顿表示，该构想不会因美军撤出阿富汗而停止，而是持续实施下去。

美国极力宣传其"新丝绸之路"构想，说服中亚国家，通过阿富汗，用铁路将中亚各国与南亚连接，中亚国家将获得印度洋出海口并与欧洲进行贸易。新铁路将绕开俄罗斯（铁轨采用欧洲标准）和伊朗。2010 年底，中国宣布与吉尔吉斯、塔吉克斯坦、阿富汗建一条铁路（喀什—赫拉特）。2012 年 3 月底，关于阿富汗的地区经济合作问题会议上，美国表示希望不要与伊朗的铁路对接，并提议建一条土库曼斯坦—阿富汗—巴基斯坦—印度管道（"塔比"项目）。2012 年 8 月 14 日，美国负责中亚和南亚事务的国务卿助理罗伯特·布莱克访问哈萨克斯坦和乌兹别克斯坦，推销其"新丝绸之路"战略。乌兹别克斯坦首先表现出兴趣。乌国在阿富汗有利益，希望建设海拉屯—马扎里沙里夫的铁路，再建设 230 公里铁路通往阿富汗。2014 年 5 月，美国外交官称，要在吉尔吉斯斯坦巩固民主，以共建交通设施及 CASA – 1000 项目（具体内容是：在塔吉克斯坦建立地区能源中心，将吉、塔电能输到阿富汗和印度、巴基斯坦，由世界银行、伊斯兰发展银行、国际发展署提供资金援助）利诱吉尔吉斯斯坦——如果实施该项目，俄吉合建纳伦河水电站项目就失去意义。同时，美国表示要吸收哈萨克斯坦稳定阿富汗局势，并帮助其建设能源管道通往印度，使哈国与南亚加强经贸合作，减少对中、俄依赖。而且，美国试图将塔国的罗贡水电站项目纳入输电网络，为此，2014 年 9 月，世界银行为罗贡水电站项目开了绿灯（据认为，世界银行肯定该项目的原因，是俄罗斯与西方在乌克兰对抗加剧，且欧亚经济联盟被美国视为挑战）。

美国"新丝绸之路"方案具有一定优势：中亚国家难以拒绝；需要美国和国际组织长期投资，中亚国家无力承担；几乎没有政治障碍。印度和巴基斯坦对该线路非常感兴趣，会予以推动。可以判断，美国想要从中亚收缩，需要提前布局并在阿富汗扶植代理人政府，很可能已与"塔利班"达成协议（2015 年 1 月 28 日，美国政府人士称塔利班不是恐怖组织，而是武装叛乱者，表明其立场变化），但其终极目标是在中亚加强存在。

"新丝绸之路"战略是美国与俄罗斯争夺中亚的步骤。考虑到俄罗斯在中亚的强力回归（哈、吉都加入欧亚经济联盟，对吉尔吉斯提供大量援助，免除其大量债务，免除乌兹别克斯坦 9 亿美元债务等），美国已从玛纳斯基地撤离，美国对乌兹别克斯坦的争取暂时未见显效，因此，塔吉克斯坦成为关键国家之一。2014 年 6 月 25 日，塔吉克斯坦议会批准了十年前的协议：塔国允许北约从该国陆地和空中转运军队和物资，显然是与北约达成了某种交换协议，很可能是美国资助塔国建设水电站。这样，美、俄在中亚的争夺可能加剧。表面看来，美国"新丝绸之路"计划与中国不矛盾，但长远来看，该方案同样对中国不利。

四 如何看待中国"丝绸之路经济带"战略

由以上梳理可知，高加索和中亚新独立国家最早支持、倡导"丝绸之路"构想，但在新"大牌局"条件下，能源和交通项目首先是地缘政治工具，而新独立国家自身无力推动此宏大项目，需要依赖外部。当年谢瓦尔德纳泽认为："格鲁吉亚的主要经济思想就是大丝绸之路，但是，只有 1%、2%取决于格鲁吉亚。"曾经有多种中亚一体化方案，如 1994 年吉尔吉斯斯坦、哈萨克斯坦、乌兹别克斯坦倡导"中亚联盟"，但很快夭折；伊朗曾欲主导中亚国家建"伊斯兰联邦"；土耳其试图建立某种突厥语族国家共同体。这些方案都因为种种原因失败或无法实施。围绕中亚地区有几十个区域性组织在运转。现在，只有俄罗斯（其方案是 2014 年 5月启动的"欧亚经济联盟"）、中国和西方（"新丝绸之路"、"大中亚"计划）提出明确方略，能够推动欧亚各国的一体化。俄罗斯无意愿复兴"丝绸之路"，担心在未来的地缘经济布局中被边缘化，致力于恢复原苏联空间；西方有能力，但从其地缘政治私心出发，将"新丝绸之路"项目变成削弱和损害他国的工具，连通欧亚、东西方的千年事业变成了损人利己的游戏，牺牲了沿线民族和国家的福祉，使相关国家发生分化和疑忌，因而不能成为建设性因素。只有中国既有能力也有善意推进此构想，因而是整合丝绸之路各国的建设性因素。"丝绸之路经济带"构想以经济纽带使沿线各国自然结成友好国家带。在丝绸之路沿线（尤其在中亚），以中、俄、美三足鼎立为基础，还有许多国家加入竞争。应该说，"丝绸之路经济带"战略与俄罗斯主导的欧亚经济联盟以及西方主导的"新丝绸之路"方案都有利益一致之处，但是也都存在竞争。曾有学者断言，中亚的"大牌局"已结束，这种估计显然未能经受验证，"大牌局"不是结束，而是出现新规则、新情况。与其他方案相比，中国构想的优势在于：与丝绸之路各国具有历史的、天然的联系；中国与丝路各国及外部大国奉行合作而不是搞"零和"博弈；此前，在上海合作组织平台下，中国已与俄罗斯和中亚、近东、南亚国家有良好的合作经验；中国的经济仍保持高速增长，与所有国家都有经济依存关系。因此，该战略有很强的生命力。

"丝绸之路经济带"实施将首先解决我国的国内经济和政治问题。无论"丝绸之路经济带"延伸到哪里，中亚都最为关键。中亚是我国边疆在境外的自然延伸，我国在中亚地区乃至每个国家都有长远利益，对中亚政策也应与此适应。此前我国一直缺乏明确的中亚战略，而"丝绸之路经济带"构想堪称我国对中亚战略的蓝本。鉴于我国的战略利益超越中亚乃至高加索地区，对照西方，我国也应该有"大中亚"战略或"大中亚"思维，对中亚战略应是丝绸之路战略的一部分。应将中亚、高加索乃至中东事务纳入分析、观察的视野，因为相关地区是统一的地缘政治板块；整个欧亚大陆的事务都与我国相关，应做通盘考虑。将沿线各国纳入，就无需独自面对一些棘手的地区问题或国别问题，而是域内各国合作应对，这样就与各国有更大合作空间和回旋余地。但是，必须清醒地看到，中国的地缘经济方案延伸得越远，中国的经济、政治利益面临的威胁和挑战就会越多，越加不可测。

"丝绸之路经济带"的实施可能导致交通、贸易乃至文明发展的巨变。

19 世纪西方列强崛起后，海上交通和地缘政治地位上升，陆上交通衰落；经由俄罗斯通往欧洲的交通枢纽几乎弃置（20 世纪，中国与西方的贸易几乎都是通过海路完成），更有人断言海洋文明高于大陆文明。随着欧亚大陆内部交通网络的完善，如果在中国推动下实现欧亚大陆交通的"高铁化"（这种前景或将成为现实），其相较于海上交通的优越性也将极大显现。不排除在未来海陆并重甚至陆上优先、优越的时代再次到来的可能。

习近平的讲话表明，我国在中亚的存在具有三重意义：地缘经济、地缘文明和地缘政治存在。我国在中亚首先是一个地缘经济现象。事实上，所有中亚国家都与我国的经济关系非常紧密。淡化地缘政治色彩可以避免一些消极干扰，破解俄罗斯、中亚等国一度流行的所谓"中国威胁论"（往往有外部因素干扰），有利于我国在中亚利益的稳步推进。用地缘经济因素将中国与中亚、中近东、欧洲连接，可推动经济快速发展和西北边陲长治久安。

中国在中亚是地缘文明存在。经济带的建成和启动，将推动中华文明、伊斯兰文明、基督教文明交流、交融加速，有助于文明之间的理解和对话，会导致竞争，但未必会导致对抗。中亚是中东之外的另一个伊斯兰核心区，与中亚各国发展良好关系有助于我国与伊斯兰世界关系的改进，将有助于调节我国的宗教和族群问题。作为东方民族，除了古代、中世纪历史、文化交流之外，我国与中亚各族在近现代也有着紧密联系，也有相同的命运。

无须否认，我国在中亚有地缘政治利益，这是事实。习近平讲话中宣称，中国无意在中亚经营势力范围，表明中国不想在中亚介入恶性竞争。此前我国政府人士在不同场合下多次表示，我们在中亚只有经济利益，尽管事实上中国在中亚的影响非常巨大。中国不以排挤他国出局为目标。

同时必须思考：如何保障我国在中亚的巨大利益？俄罗斯在中亚有良好的历史和社会基础，有许多资源和杠杆影响中亚国家的政治生活：有大量俄罗斯族，有俄语作为维系文化联系的中介；许多人在俄工作或学习；学界和政界天然地有大批亲俄人士，其政府自然要考虑俄罗斯的利益。美国同样有许多优势：中亚国民认同西方的生活方式和价值观；许多政界和学界精英与西方相联系；西方在中亚有大量非政府组织，能量巨大；有大量的学者资助计划、学术研讨会等。相对来说，我国在中亚的社会文化基础薄弱，缺少真正的知华派（遑论亲华派），导致我国对中亚政策被误读，或被恶意解读，一些中国企业的具体做法导致我国在当地的形象受损。我国应该深化与中亚的文化交流和合作，对中资企业等进行必要的培训并加强约束，这样有助于消解"中国威胁论"，为中国与中亚关系健康发展扫除障碍。同时，也应该拥有政治－经济－文化杠杆，以合法、合理的方式影响相关国家的政治进程，防范相关国家走上损害我国利益的歧路。

如果说，中亚的现状就是一场"规则不明的大牌局"，中、俄、美在中亚的关系往往主导牌局，而西方在中亚的排他性政策可能导致中、俄利益受损。中、俄在中亚保持战略协调非常必要。我国已经充分顾及俄罗斯的利益。比如，俄希望陆上丝绸之路经过哈萨克斯坦—奥伦堡—喀山—莫斯科—彼得堡路线，或经过北冰洋；中国准备建设中俄高铁，从西伯利亚铁路输送货物到荷兰等北欧国家，可以繁荣西伯利亚地区——虽说并非可以替代中国—中亚铁路的方案，俄罗斯可从中受益，而我国也有更多选择，中俄联系更为紧密。同时，中国在阿富汗重建等问题上也与美国合作。三国鼎立胜过二强对峙或一强独大。中美、俄美甚至中俄之间地缘政治互信稀缺，令二方恶斗而第三方获益的想法不可能获益，且只会走入死胡同，令所有国家受害。维持中亚的战略平衡，符合地区各国和中、俄、美等国利益。

Historical Evolution of the Silk Road Conception

Hou Aijun

Abstract：Ever since its proposal in 1877, the notion of "Silk Road" has become a symbol of the economic and cultural exchanges between East and

West. However, the Russian Empire and the Soviet Union made the "Sild Road" an exclusive domain, where no meddling from other countries was allowed; the "Cold War" cut off the exchanges among various ethnic groups inside the Eurasian continent for several decades. It was not until the disintegration of the Soviet Union that the revival of the new "Sild Road" began its process. In 2011, the US designed its "New Sild Road" strategy, trying to absorb the Central Asian countries to participate in energy and transportation projects, with China and Russia being excluded and Iran isolated, with a view to reducing China and Russia's impact on Central Asia. China's "New Sild Road Economic Cooperation Belt", by playing down the geopolitical color, is aimed at avoiding some of the negative interference on one hand and on the other crack the so called "China threat" theory once prevalent in Russia, Central Asia and some other countries, and steadily advance China's interests in Central Asia. Therefore, it is conducive to promote the rapid economic development and longterm stability along China's northwest border through linking China with Central Asia, Middle and Near East and Europe with geo – economic means.

Keywords: Silk Road, New Silk Road Economic Cooperation Belt, History

"一带一路"视野下的东南亚

王迎晖◎

【内容提要】 东南亚地区是我周边外交的优先方向，也是我构建"一带一路"中"21世纪海上丝绸之路"的关键和基础地区。中国当前应该将重心置于该地区，将东南亚作为中国建设"海上丝绸之路"和筹划新时期周边外交的着力点和突破口，打破美国亚太"再平衡战略"围堵，实现建立中国–东盟"命运共同体"的战略目标。

【关键词】 "一带一路" "21世纪海上丝绸之路" 东南亚 东盟 命运共同体

【作者简介】 王迎晖 军事科学院国际战略专业博士研究生。

2013年9月和10月，习近平在访问中亚、东盟期间，先后提出共建"丝绸之路经济带"和"21世纪海上丝绸之路"的倡议。"一带一路"，是以习近平为总书记的党中央统揽全局、顺应大势做出的重大战略决策。在陆、海两个方向打造"一带一路"合作倡议被外界广泛视作中国新时期周边外交的构想，在周边外交新布局中具有重要的引领作用。东南亚地区是中国周边外交的优先方向，也是中国"一带一路"沿线国的重要集结地区和最可能突破区域，对中国成功实施"21世纪海上丝绸之路"提供极大机遇，同时形成很大挑战。我们需要高度重视东南亚地区，处理好与东盟国家的关系，改善中国周边安全环境，构建好面向东南亚的地区战略，为中国顺利实施"一带一路"创造条件。

《国别和区域研究》（第1、2期），第154~164页。

一 东南亚地区是推进"一带一路"的着力点

在中国新的"一带一路"倡议中，东南亚地区具有特殊的重要性。从地域上看，东盟是"21世纪海上丝绸之路"的关键枢纽。从经济联系上看，东盟是中国建设"21世纪海上丝绸之路"过程中经贸与投资总量绝对不容忽视的一部分。从"一带一路"的实施潜力看，东南亚地区基础最好，是最容易实现突破的地区。

东南亚是中国当前建设"海上丝绸之路"的基础和重点。历史上的陆上丝绸之路和海上丝绸之路就是中国同中亚、东南亚、南亚、西亚、东非、欧洲经贸和文化交流的大通道。古代海上丝绸之路是中国历史上以丝绸贸易为象征、连接中外海上贸易的交通线，也由此建立起来经济贸易和人文交流关系。新的"海上丝绸之路"沿袭但不限于古代海上丝绸之路。建设新的"21世纪海上丝绸之路"，旨在推动中国在21世纪进一步崛起，实现中国梦的宏伟目标，是中国新一轮改革开放战略着力于经济外交的重大举措。古代海上丝绸之路南海航线形成于秦汉时代，绵延不断的历史长达两千年。中国与东南亚国家的交往历史源远流长。因地缘接近，东南亚国家自古以来就是"海上丝绸之路"的重要枢纽。在新时期建设新"海上丝绸之路"，东南亚仍是重点和基础。一是在"海上丝绸之路"沿线中，东南亚包括中国重要支点国家、重要港口和关键海上利益区。如马来西亚、印度尼西亚都将成为中国将来投资重点国家。而缅甸的皎漂港可作为我重要战略支点港口。马六甲海峡、巽他海峡等都是中国主要依赖的海上交通要道。二是东盟提供了中国实施"一带一路"所需借助和合作的重要地区机制，如东盟与中日韩10+3合作机制、东亚峰会（EAS）、东盟地区论坛（ARF）、东盟防长扩大会议（ADMM+）和区域全面经济伙伴关系（RCEP）等东盟主导的重要地区机制，以及大湄公河次区域经济合作（GMS）、东盟湄公河流域发展合作（AMBDC）等次区域机制。三是东南亚是中国当前周边外交的重点，而"海上丝绸之路"也是新时期周边外交战略的重要组成部分，东南亚理所当然也成为"海上丝绸之路"的建设重点。因此，当前的"海上丝绸之路"应以东南亚地区为着力点，连通中国同东南亚各国，由点带面，逐步扩及其他海外国家和地区的海上通道，在扩大经贸往来的同时发展公共外交、民间外交和人文交流。

"一带一路"在东南亚的实施将为中国经济转型和全方位布局提供新动力。当前，随着经济全球化深入发展，区域经济一体化加速推进，亚欧国家都处于转型升级的关键期，需要进一步催生域内发展活力、合作潜力和抗风险能力。东南亚国家大多属于经济欠发达的发展中国家，"一带一路"契合东南亚沿线国家的共同需求，为其提供互补互利互惠的新机遇。中国将提供经济增长新动力，带动东南亚经济的飞速发展，也为中国产业转型和经济重新布局提供重要机遇。一方面，双方经济互补性很高。当前中国许多生产领域产能过剩，国内市场出现饱和，而东南亚地区可为我过剩产能、设备、产品等提供市场。同时，东南亚国家大多是矿产、能源丰富的国家，且劳动力价格更为低廉，对我形成很大互补。另外，中国在技术、管理经验等方面相对于东南亚国家也具有比较优势，可在东南亚地区进行资源重新配置。另一方面，在互联互通基础设施建设和打造中国－东盟自贸区升级版方面，中国和东盟也有着巨大的共同目标和较大的契合度。中国与东盟的双边贸易额2013年达4436亿美元，而据预测，到2020年将翻番至1万亿美元。2014年11月在第十三次中国－东盟交通部长会议上商定，中国与东盟下一步将在"一带一路"框架下，联合推进铁路、公路、水运、航空等基础设施在建项目和新建项目，确定了实施的重大工程项目清单和各领域能力建设合作项目。

东南亚是"海上丝绸之路"最有可能首先突破的区域，可为中国"一带一路"合作起到示范作用。首先，在"一带一路"涉及的地区板块当中，东南亚是中国经营得最好、最有利的地区。2003年，中国将与东盟的对话伙伴关系升级为战略伙伴关系，成为第一个同东盟建立战略伙伴关系的国家。与此同时，中国作为域外大国第一个加入了《东南亚友好条约》，第一个同东盟启动了自由贸易区建设。2013 年是中国、东盟建立战略伙伴关系十周年，并将着力打造下一个"钻石"十年。其次，中国对东南亚有天然的地缘和人文优势。中国和东南亚在地理上同属东亚，东南亚地理上距中国最近，同中国大陆关系最为密切。东南亚还有 3000 万华人，而且同中国具有深远的历史文化联系。中国是东方文明的核心国家，儒家文化对东南亚人尤其是华人有着与生俱来的吸引力和影响力。最后，中国和东亚有着广阔合作前景。2013 年，中国新一届政府就任以来对东盟国家展开了密集外交行动，提出了一系列深化东亚合作，尤其是中国－东盟合作的新主张，包括提出"建设中国－东盟命运共同体"、商谈与东盟缔结睦邻友好合作条约、打造"中国－东盟自贸区升级版"、筹建亚洲基础设施投资银行、建设中国－东盟思想库网络等。这些新的倡议举措不但在相当程度上化解了自 2010 年南海问题被挑起以来双方合作面临的主要政治障碍，而且迅速开创了中国在东亚周边外交的新气象、新局面。

二 东南亚为中国新时期推进"一带一路"提供有力战略支撑

"一带一路"建设主要关注互联互通、投资金融和人文交流，不涉及政治安全合作。但这并不意味着我们忽视与相关国家的政治安全合作，忽略"一带一路"建设的战略支撑。"21 世纪海上丝绸之路"的顺利推进依赖于与周边沿线国家的战略信任与理解。其中，东南亚地区作为"海上丝绸之路"的重点地区作用尤为突出，经营好在东南亚地区的战略环境将对中国推进"一带一路"建设，尤其是"21 世纪海上丝绸之路"倡议提供机遇。

东南亚作为中国外交总体布局四位一体的重点，为中国"一带一路"全方位实施创造样板。进入 21 世纪，我国外交确立了"大国是关键，周边是首要，发展中国家是基础，多边外交是重要舞台"的战略布局。这种战略重心的布局如今已经出现微妙变化，周边地区在中国整体外交布局中的首要地位已经得到充分肯定。其中，东南亚地区汇集中国、美国、日本、印度等多个大国力量，战略利益关系复杂。东南亚作为中国周边外交的优先方向，是中国实现崛起的重要舞台，同时它是当前对中国崛起阻碍最为明显的地区，也是中国当前做好周边外交最突出和关键的地区。而东盟十国中大多数是发展中国家，包括印度尼西亚、菲律宾、越南、缅甸等，是中国"一带一路"最佳的合作主体。而在东南亚，中国与作为一个地区组织的东盟机构以及各成员国都发展了多边外交关系。因此，东南亚成为中国经营大国关系、优化周边格局、加强巩固同发展中国家的关系、展开多边外交的四位一体的交会点。"一带一路"在东南亚的顺利实施，必将带动其他地区，成为该倡议成功实施的样板并开启新局面。

东南亚可促进中国在该地区构建大国关系，成为破局亚太"再平衡"战略的突破口。奥巴马政府上台以来，明显加大了对东南亚的战略关注和投入，东南亚地区也在近年来成为美国亚太"再平衡"战略的重点地区。而美国对该地区事务的介入，尤其是插手南海问题和对盟友的支持，使地区国家挑战现有秩序的欲望增强，使地区形势和争端更为紧张，造成对我不利局面。我在周边国家中实施"一带一路"倡议，势必遭到美国的抵制和暗中破坏。可以说，东南亚成为我在亚太破解美国及其盟友围堵的一个地缘小棋局。在亚太的地缘政治博弈中，谁要是在东南亚这一小棋局中取得上风，就可赢得亚太地缘政治的主动权。中国提出的以周边国家为依托的"一带一路"倡议如能顺利实施，可破局美国亚太"再平衡"战略，将"美国的亚太"转化为"中国的周边"；但如处理不好，可能成为美国的机会。因此东南亚地区如今成为中美力量博弈的主要场所，也成为我运筹对美关系的关键地区。中国可利用东南亚的战略支点国家和特殊关系的杠杆作用，撬动美国在该地区的同盟伙伴体系，打破战略围堵，为中国顺利实施"一带一路"创造条件。

东南亚构成中国构建新亚洲安全秩序的支点，为"一带一路"创造制度环境。在东北亚、东南亚、南亚、中亚等中国周边主要次区域中，只有东南亚能够作为构建中国周边外交战略和亚洲安全秩序的支点。一是由于东南亚地区的相对稳定性。东南亚地区的安全稳定性要高于其他几个地区。东盟早在建立之初就宣布为"无核区"。相对于中亚地区的恐怖主义，东北亚的朝核危机、南亚的印巴冲突等，东盟十国在东盟框架和特有的"东盟方式"规范下，建立起稳定、和谐、合作的内部关系。二是东南亚的多样性。东南亚的社会、自然地理结构、种族、宗教、文化构成等极为复杂和多样，与世界整体非常相似。中国与东南亚处理好关系可为我成功积累国际困境经验。三是东盟引导的地区一体化进程的不断加深。东盟建立了成熟的对话机制如东亚峰会、东盟地区论坛、东盟 10 + 1 和东盟 10 + 3 框架等。中国 - 东盟战略伙伴关系的定位及进一步加强标志着中国和东南亚整体关系达到前所未有的高度，是与其他周边次区域板块都难以达到的高度。四是东盟的大国平衡战略已经非常成熟，东盟作为重要的地区组织始终主导了东亚合作进程。未来只要东盟内部不分裂，亚太地区各国都愿意同东盟交往合作，在东盟框架内讨论全球和地区事务。中国可充分发挥东盟机制作用，携手亚太国家，建立"综合安全、共同安全、合作安全"的亚洲新安全框架，为"一带一路"的实施提供好的安全环境和制度机制。

三 "一带一路"在东南亚地区面临的安全风险和挑战

"21 世纪海上丝绸之路"倡议提出之后，受到东南亚国家的高度关注，一些国家表示积极支持，愿意参加，比如东帝汶。但也有一些国家表示出疑虑。建设"海上丝绸之路"是一个复杂的系统工程，不可能一蹴而就，必须充分认识到其所面临的困难、风险和挑战，才有可能提出有效的应对措施。

东盟国家自身内部环境的不确定性为"一带一路"的实施带来不确定性和负面因素。一些东南亚国家自身政局不稳和对华关系摇摆，对"一带一路"的影响极大，可能造成投资风险甚至失败，如东南亚国家中缅甸、泰国民主转型导致国家政局混乱的问题。同时，投资环境并不理想。"一带一路"大多数的沿线国，包括东南亚国家都是发展中国家，投资环境整体上不如欧美发达国家，中国无论是投资于基础设施还是第二产业，其投资回报率都不容乐观。另外，一些东南亚国家存在的腐败问题和体制机制不顺畅等问题，对投资带来潜在不利影响。

东盟国家对"一带一路"仍然存在疑虑。一方面是出于对本国经济的担心，认为"一带一路"是经济侵略。国际上依然有人对"一带一路"倡议充满疑虑，认为中国企业"走出去"是"新殖民主义"，目的是掠夺当地资源和矿产，损害当地环境，破坏本土经济结构。东南亚一些国家的学者还认为，"一带一路"会对沿线国附加条件，对东南亚国家施加压力。一些东南亚小国还担心中国的大规模投资将改变自己的文化传统和生活方式。另外，越南、印度尼西亚等国对我国的贸易顺差也非常不满，认为中国的"一带一路"会进一步加剧贸易顺差，威胁当地经济发展。另一方面是地缘战略疑虑。一些国家的人士认为中国对"一带一路"的"推销"是一种外交战略阴谋，是新版的"马歇尔计划"，实际上是夺取地区霸权和世界霸权的战略。

大国对东南亚的介入对中国实施"一带一路"提出挑战。许多"一带一路"沿线国家由于其重要的战略位置，长期是大国争夺的焦点，因此政权容易受到外来势力的强烈影响，东南亚国家也是这样。随着美国"亚太再平衡"战略的进一步实施，重返东南亚步骤加快，对东盟除了寻求在 TPP 框架下的合作之外，显著加强了与东南亚盟友的联盟和伙伴关系，扩大了在东南亚的军事部署和互动，如对菲律宾南海立场的支持，与泰国、新加坡的频繁联合军事演习，对缅甸民主转型的介入等。另一方面，美国还高调介入南海问题，强调航行自由，支持南海多边谈判，近来又提出"南海三不建议"，实质是推动南海问题的"东盟化"和"国际化"。在此背景之下，东盟一些国家呼吁美国介入地区事务，以平衡中国崛起带来的压力。一些东南亚国家采取了典型的"二元"战略，即安全上依靠美国、经济上依靠中国的策略。美国和一些东盟国家联手对中国进行战略牵制，形成对我战略上的不利局面，也对中国"一带一路"在该地区的顺利实施提出挑战。然而，尽管东盟国家对我推行"一带一路"

有着诸多顾虑,中国相较于美日在东南亚仍有更大优势。一是东盟国家坚持"大国平衡"战略,通过引入多个域外大国的力量进行互相平衡,维持东盟在地区机制中的主导地位,不会无原则倒向美国一边。二是中国在东南亚仍有较为可靠的传统友好国家如柬埔寨、老挝、泰国等,美国完全争取到这些国家仍有一定难度。三是东盟国家对美国也有防范,如担心美国借机主导地区事务,剥夺了东盟的主导权,在该地区输出民主价值观等。另外,对于美国在该地区的战略投入不放心,担心再次被美国冷落甚至"抛弃"。因此,东盟国家不会站在美国一方全面对抗中国,它们不仅需要美国来制衡中国的影响,也需要中国来对冲美国的影响。这些因素都给中国在经营好与东盟关系上提供了广阔空间。

四 积极运筹对东南亚战略,推进"一带一路"实施

在中国 – 东盟战略伙伴关系进入第二个十年时,中国实施的"东南亚新政"已经取得积极效果和成就。中国倡议建立中国 – 东盟命运共同体,构建"21世纪海上丝绸之路",缔结睦邻友好合作条约,成立亚洲基础设施投资银行,加强互联互通建设,并决定实施"2+7"合作框架。其中最主要的指导思想,是要坚持"亲、诚、惠、容"的战略理念,达到深度战略和解与建立互信,深化互利共赢格局,为推进"一带一路"创造条件并提供安全保证,实现建立中国 – 东盟共同体的目标。

经济合作上充分考虑东南亚国家利益需求,达到利益对接。一是总的原则是主动让利,算大账不算小账,从国家利益的高度考虑投资和回报问题。二是以基础设施和互联互通建设为先导,率先实现在东南亚的互联互通早期收获,构建中国 – 东盟融合发展大格局。三是在具体推进的过程中充分考虑因地制宜,要考虑到东南亚不同国家的特定情况,力求"一地一策"和"一国一策"。在同东南亚国家互联互通建设衔接时,可采取多种灵活形式,主要关注内容的吻合程度,确保各个国家的参与和合作有利益交融点。四是要学习、遵守当地投资环境、政策和规则,避免出现水土

不服。五是要切实给合作国家的人民带来实际收益，创造更多就业机会，创造发展机会，在教育和环保等领域有公益性贡献。

深化与东盟国家的安全合作，建立战略互信。当前与东盟国家推进关系，最要紧的是发展与东盟国家的军事安全关系，深化战略互信，化解其对中国"一带一路"的疑虑和担心。中国与周边国家关系中，以经促政面临"瓶颈"。实践上，中邻关系"只谈经济不讲政治"的阶段基本结束，周边国家对华政治安全担忧已开始超越对华经济利益考虑。在未来一个时期，中国作为本地区大国，一方面要明确表述自己的安全理念和国际政治价值观，善用恰当的话语体系向东盟国家传达信息，尤其是要阐明实现地区安全秩序的具体举措。另外，作为负责任的大国，要为本地区提供更多的安全公共产品，取得东盟国家信任。在具体操作层面，中国和东盟已经开展了一些低敏感度的非战争军事行动合作，如人道主义救援和减灾、海上搜救、反海盗等，可以同东盟国家加强军事安全方面的实质性合作和协调，如在联合演习和训练、联合巡逻、军队之间的互访和磋商、海上安全、国防工业等一些实质性的军事安全项目上合作。

加强"一带一路"相配套的软力量建设，创造有利的舆论环境。目前，"一带一路"上的许多国家包括东南亚国家，在古代丝绸之路时期是我们的藩属。古代丝绸之路带给它们的联想不一定是积极正面的，甚至都可能引起它们的抵触情绪。我们在推进"一带一路"的同时，必须对丝绸之路进行现代性解读，切实打消这些国家的顾虑，要在文化上沟通合作，在宣传上对路。一是在政策解读上要强调"一带一路"倡议的非战略性、合作性和非排他性。要让东南亚国家和民众了解，中国的"一带一路"构想是开放包容体系，不限国别范围，不是一个实体，不另起炉灶，不搞封闭排外机制，不以控制他国经济命脉、改变他国政治制度为目的，强调"共商、共建、共享"。二是大力发展与东南亚的人文交流和民间交往，以"中国－东盟海洋合作年"为平台，营造海上合作新亮点。三是充分利用儒家文化和华人优势。要发挥儒家文化独特的"黏合剂"作用和东南亚华人的独特"纽带"作用，在感情和文化上感召东南亚国家。东南亚华人占了海外华人总数的八成左右，需要在东南亚战略中作为一支战略力量来考虑，要重点做新生代华人工作，培养"知华派"和"友华派"。总之，中国必须换位思考，从沿线国的角度审视"一带一路"，用实际行动使沿线国确信，参与"一带一路"建设对自己安全上有利无害，经济上受益，文化上也不会受到冲击。

积极稳妥处理海洋争端，构建和谐海洋合作局面。要使"一带一路"有效推进，南海不能乱。一是有力管控危机。当前，管控南海岛礁归属及化解海域争端是中国在东南亚推行睦邻友好外交的最大现实障碍。一方面是要有能力有效地掌控局势，使争端不升温、不扩大，避免战争。应坚定不移地继续加强海洋力量建设，包括执法力量、战场建设等。另一方面，在处理南海问题的方式上要避免显得过于强硬，在维护主权的同时要照顾到争端方的利益诉求，避免在外交领域形成单边主义形象。在"双轨思路"的指导下与东盟国家进行切实有效的海洋安全合作。应该遵循李克强总理提出的处理南海纠纷的"双轨思路"，即有关具体争议由直接当事国通过谈判协商解决，而南海和平稳定由中国和东盟国家共同加以维护。中国可坚持通过双边谈判解决南沙岛礁的领土争端。对于航行自由、海洋研究和资源保护、海上搜救、建立共同休渔等非传统安全和功能性方面的议题，可以在中国－东盟多边对话的平台上开展，形成多层次、全方位的海上合作格局。

Southeast Asia in the Strategic Vision of "The Belt and Road"

Wang Yinghui

Abstract：Southeast Asia is a priority of China's diplomacy with neighboring countries and a key foundational area of the "21st Century Maritime Silk Road" within the strategic framework of "The Belt and Road". Currently,

China should place strategic focus on this area, making Southeast Asia the focal spot and breakthrough point in China's construction of a Maritime Silk Road and plan for a new era of border diplomacy. Southeast Asia is also fundamental for China to break America's containment under the name of Asia Pacific "rebalancing" strategy, and to achieve the strategic objective of establishing China – ASEAN "Destiny Community".

Keywords："The Belt and Road", 21st Century Maritime Silk Road, Southeast Asia, ASEAN, Destiny Community

"一带一路"在非洲的适用范围与实施

刘伟才◎

【内容提要】 "一带一路"向非洲延伸既有历史基础，也是地理必然。从埃及到南非的整个非洲东半大陆有约 20 国可成为"一带一路"实施的重要区域，它们有的可作为"一带一路"的直接目的地，有的可作为直接目的地的延伸地。通过参与它们的基础设施发展、制造业和区域贸易以及金融，"一带一路"可获得更广阔的空间和更特殊的内涵。

【关键词】 "一带一路" 非洲 "三共体"

【作者简介】 刘伟才 上海师范大学非洲研究中心副教授。

非洲是古代"丝绸之路"的重要目的地之一，也是当前和未来"丝绸之路经济带"和"海上丝绸之路"扩展的重要方向。以丰富的资源、广阔的市场为基础，再加上与中国之间不断密切的关系，非洲可以成为"一带一路"实施的重要目的地，可以在"一带一路"的整体建设中发挥重要而特殊的作用。

一 "一带一路"在非洲的适用范围

历史上，"丝绸之路"或由陆路而至埃及，遂往西进马格里布；或由海路，过波斯湾－阿拉伯半岛后至非洲之角，然后或北上红海各国，或南下沿东非海岸至莫桑比克北部。由此，从东北端的埃及到东南端的莫桑比

《国别和区域研究》（第 1、2 期），第 165～174 页。

克－马达加斯加，整个非洲东半大陆都被纳入"丝绸之路"的延伸辐射
范围。

非洲以其资源和市场在世界经济中始终占据特殊地位。自 2000 年中
非合作论坛成立，特别是 2006 年中非合作论坛北京峰会以来，中非关系
快速发展，迅猛地向纵深推进。非洲的这种特殊地位和中非关系的这种良
好现状和前景，使其能够成为"一带一路"的重要落子点。从历史和现
实情况来看，与"一带一路"相关联的非洲国家不少，包括埃及、利比
亚、突尼斯、阿尔及利亚、摩洛哥、苏丹、厄立特里亚、埃塞俄比亚、吉
布提、索马里、肯尼亚、坦桑尼亚、乌干达、赞比亚、莫桑比克、南非、
马达加斯加、毛里求斯、津巴布韦、博茨瓦纳。就与"一带一路"关联
的紧密度和各国的特性而言，这些国家又可以分为三个级别的目的地和相
应的三个级别的延伸地。

（一）"一带一路"在非洲的目的地

埃及是"一带一路"在非洲的一级目的地。埃及既是古"丝绸之路"
的重要目的地，更以其天然地理位置而成为亚非欧枢纽，是"一带一路"
由亚洲向西扩展和搞活的重要节点。除此之外，埃及也是主要阿拉伯国家
之一，与亚洲阿拉伯国家关系密切——而这些亚洲阿拉伯国家均属"一
带一路"的重点覆盖范围；埃及也是非洲大国，在非洲事务中具有重要
影响。实际上，中国与埃及已就"一带一路"框架下合作开始了接洽，
并且已经在诸如建设"苏伊士运河经贸合作区"等具体项目方面进行
谈判。①

苏丹、厄立特里亚、吉布提、索马里、肯尼亚、坦桑尼亚是仅次于埃
及的二级目的地。苏丹、厄立特里亚、吉布提是红海沿岸国家，索马里则
同时享红海与印度洋之利，这四个国家或可作为"丝绸之路经济带"的

---

① Dean Andromidas, "Egypt Set New Course for Economic Progress", *Executive Intelligence Review*,
August 22, 2014.

组成部分，即由阿拉伯半岛越红海而至。或可作为"21 世纪海上丝绸之路"的组成部分，即由印度洋经亚丁湾进红海而至；肯尼亚、坦桑尼亚为东非印度洋沿岸国家，与从印度到阿拉伯半岛的整个沿海地区有着悠久而密切的联系，曾是郑和船队所到之处，有优良港口，均为东非大国，而其中的坦桑尼亚更是与中国有着传统友好关系。

继续往南，大陆上的莫桑比克、南非以及印度洋上的马达加斯加、毛里求斯可以被看作"一带一路"的三级目的地。这四个国家在历史上或未被纳入"丝绸之路"，或被纳入的程度不高，其中原因之一是受当时的需求和物质条件限制，即没有太大的必要下至如此南端，相关的物质条件也确实有所欠缺。但今时不同往日，中国有了充分的与之合作的需求，也具备了相应的条件。古时"丝绸之路"未至之地，今日"21 世纪海上丝绸之路"则完全可以囊括。作为金砖国家之一的南非的地位毋庸多言，马达加斯加的资源和市场地位也比较突出，毛里求斯则是小而精的非洲发展典范国家，它们可以成为"一带一路"向南印度洋扩展的重要方向。

（二）"一带一路"在非洲目的地的延伸地

与上述三个级别的目的地相对应的是三个级别的延伸地。埃及的延伸地是马格里布，包含利比亚、突尼斯、阿尔及利亚、摩洛哥四国。利、突、阿、摩四国均为阿拉伯世界重要成员，且属地中海世界，与欧洲地中海国家有密切联系，将其纳入后可以构建一个亚洲阿拉伯国家—北非阿拉伯国家—欧洲地中海国家的活力之圈，使"一带一路"在这一区域的灵活性大大增强。

苏丹、厄立特里亚、吉布提、索马里、肯尼亚、坦桑尼亚的延伸地主要是毗邻的内陆腹地国家，主要包含埃塞俄比亚、乌干达、赞比亚。这其中，埃塞俄比亚是非洲传统文明古国，也是现代非洲大国。作为"非洲联盟"总部和联合国非洲经济委员会总部所在地，埃塞俄比亚在非洲政治经济事务中的地位举足轻重，也是中国开展对非关系的重要对象和平台。乌干达和赞比亚分别对应肯尼亚和坦桑尼亚，形成肯-乌、坦-赞两条从印度洋沿岸到中南非内陆腹地的走廊。"海上丝绸之路"不管是北上进红海还是沿印度洋岸南下，都需要有依托腹地，埃塞俄比亚、乌干达、赞比亚正能起到这一作用，因而可被当作"一带一路"在东北非 - 东非目的地的延伸地。

津巴布韦和博茨瓦纳与莫桑比克、南非相关联，从目前来看作为"一带一路"组成部分的意义并不明显，但从长远和整体来看，特别是从东南非区域一体化的态势和整个的非洲东半大陆的南北贯通来看，津、博两国仍属不可忽略之地。

"一带一路"战略适用非洲国家分类列表

与"一带一路"关联情况	国家	特征
一级目的地	埃及	1. 古"丝绸之路"重要目的地 2. 亚非欧枢纽 3. 非洲大国 4. 主要阿拉伯国家之一
一级目的地延伸地	利比亚 突尼斯 阿尔及利亚 摩洛哥	1. 古"丝绸之路"延伸范围 2. 重要阿拉伯国家 3. 环地中海，与欧洲国家联系密切
二级目的地	苏丹	1. 古"丝绸之路"途经地或目的地 2. 红海港口国家，战略地位重要 3. 重要阿拉伯国家 4. 与中国政治经济关系较密切
	厄立特里亚 吉布提	1. 古"丝绸之路"途经地或目的地 2. 红海港口国家，战略地位重要
	索马里	1. 古"丝绸之路"途经地或目的地 2. 红海 - 亚丁湾港口国家，战略地位重要
	肯尼亚	1. 古"丝绸之路"目的地 2. 东非沿海国家，有重要港口 3. 东非大国
	坦桑尼亚	1. 古"丝绸之路"目的地 2. 东非沿海国家，有重要港口 3. 东非大国 4. 与中国有传统友好关系

续表

与"一带一路"关联情况	国家	特征
二级目的地延伸地	埃塞俄比亚	1. 古"丝绸之路"目的地* 2. 非洲文明古国 3. 非洲大国 4. "非洲联盟"总部所在地
	乌干达	1. 东非重要国家 2. 东非沿海与中南非内陆连接的重要枢纽 3. 非洲大陆南北通道的重要枢纽
	赞比亚	1. 非洲大陆中心地 2. 与中国有传统友好关系，可作为中国在中南非的重要立足点
三级目的地	莫桑比克	"海上丝绸之路"向南印度洋扩展的方向
	南非	
	马达加斯加	
	毛里求斯	
三级目的地延伸地	津巴布韦	1. 东南非沿海重要腹地 2. 南部非洲重要国家 3. 与中国有传统友好关系
	博茨瓦纳	1. 非洲东半大陆南北通道必经地 2. 南部非洲重要国家。

*埃塞俄比亚历史上曾为跨红海大国，近现代则一度包含厄立特里亚。

二 "三共体"与"一带一路"在非洲的实施

上述三个级别的目的地国家和相应三个级别的延伸地国家大多为东南非共同市场、东非共同体和/或南部非洲发展共同体的成员国。其中，属东南非共同市场成员国的有埃及、苏丹、厄立特里亚、吉布提、肯尼亚、坦桑尼亚、马达加斯加、毛里求斯、埃塞俄比亚、乌干达、赞比亚、津巴布韦；属东非共同体成员国的有肯尼亚、坦桑尼亚、乌干达；属南部非洲发展共同体的有坦桑尼亚、莫桑比克、南非、马达加斯加、毛里求斯、赞比亚、津巴布韦、博茨瓦纳。

东南非共同市场、东非共同体和南部非洲发展共同体是非洲联盟认可的非洲支柱型区域一体化组织①，它们各自都规模较大，一体化的成效也较为显著。更引人注目的是，这三个组织于 2005 年宣布组建"三共体"，形成了一个涵盖非洲东大半部、包含占非洲总人口约 57% 和占非洲总 GDP 约 58% 的庞大共同体。②"三共体"主要在贸易自由化和基础设施发展两个方面展开合作。2011 年底，"三共体"启动了"三共体自由贸易区"（Tripartite Free Trade Area）建设工作，计划于 2016 正式建成自由贸易区。在基础设施发展方面，"三共体"在公路、铁路、边境口岸、港口、航空运输、电信和能源诸领域全方位合作。

"三共体"所在的地区和具体所涉及的大部分国家是"一带一路"的有机构成部分，而"三共体"所关注的合作领域也正是"一带一路"的重点关注对象。可以说，"一带一路"在这片区域应用的前景非常广阔，特别是在基础设施发展、制造业投资和区域性贸易参与以及金融领域。

（一）南北通道、东西走廊和港口链

"三共体"区域内的基础设施发展事业可分成三大块：南北通道、东西走廊和港口链。

南北通道指从南非开普敦到埃及开罗的大通道。这一构想在非洲殖民时期提出，一度被看作殖民主义控制非洲的狂妄侵略性设想，但现在这一构想随着"三共体"的成立可以说在某种程度上已经实现，下一步的工作主要是具体的铁路或者公路建设并互相连接。这将是一个长期性的巨大工程，参与其中不仅能获得难以估量的具体利益，还将借助深度参与非洲发展而实质性地提升与非洲相关国家的关系。

东西走廊指连接东非沿海主要港口和东非东南非内陆的陆上走廊，如

---

① 非洲联盟认定 8 个区域一体化组织为非洲一体化的支柱型组织，视其为未来可能实现的"非洲经济共同体"（African Economic Community，AEC）之基础。

② http：//www. comesa - eac - sadc - tripartite. org/about/background.

从肯尼亚蒙巴萨港口到乌干达的东非大铁路走廊、从坦桑尼亚达雷斯萨拉姆港口到赞比亚的坦赞铁路走廊、从莫桑比克贝拉港口到津巴布韦的贝拉走廊、从莫桑比克马普托到南非内陆地区的马普托走廊，这四条走廊战略性地位突出，已有一定发展基础，但远未发挥应有的作用，仍是未来非洲东半大陆基础设施发展的重大着力对象。

港口链包含从埃及开罗港到南非开普敦港一线上的多个港口，除开罗港和开普敦港外，主要的还有吉布提港、柏培拉港、蒙巴萨港、达累斯萨拉姆港、贝拉港、马普托港、德班港和伊丽莎白港等。这些港口大多为世界性港口，但仍免不了具有作为非洲港口局促和落后的特点，在吞吐能力、装卸技术和管理方面都有很大提升空间，也是未来非洲东半大陆基础设施发展的重要着力对象。

（二）基础设施投资、建设、运营和服务

参与上述的基础设施发展事业，可以考虑直接和间接投资、参与具体工程建设、参与具体设施运营等多种方式。

从投资方面看，"三共体"如要有效推动其基础设施发展，必须在很大程度上寻求外部投资。这种外部投资可以通过多种渠道，除直接对项目投资外，还可以参与世界银行或者非洲开发银行的相关项目，或可与项目所涉及的一国或多国展开双边或多边合作等。目前，东南非共同市场、东非共同体、南部非洲发展共同体都已设立或正在设立基础设施发展基金，一些国家也设立了自己的基础设施发展基金。此外，"三共体"还设立了由南部非洲发展银行托管的"三共体信托账户"。这些都能成为"一带一路"框架下投资参与非洲基础设施建设发展的重要途径。

从建设方面看，中国已积累了在非洲开展国际工程承包建设的丰富经验，既有丰富的在非洲寻求以及开发和管理工程项目的经验，也有扎实可靠的施工劳工队伍，在具体工程的建设方面占据明显优势。

相对而言，中国在非洲开展基础设施运营和提供服务方面的经验还有

待积累，一些涉及所在非洲国家乃至第三方的政治、社会和利益关系也是比较复杂的问题。但从长远来看，运营和提供服务将是中国在更高层面参与非洲基础设施发展的一个方向，需要逐步尝试起来。

（三） 制造业投资和区域性贸易参与

上述"一带一路"的适用国家中，大都有发展制造业的客观需要和强烈意愿。而就这些国家所属的东南非共同市场、东非共同体、南部非洲发展共同体，以及由此三个一体化组织"三合一"而来的自由贸易区来说，制造业发展更是各自一体化质量能否提升和总体的自由贸易区成败的一个关键。区域内制造业的发展，将促进区域内的贸易；区域内贸易的活跃，将推动或者拉动区域内制造业的发展。

中国可选取部分国家如埃塞俄比亚、肯尼亚、坦桑尼亚等进行制造业投资或者尝试产业转移，充分利用所在国或者所在区域共同体的自然资源和劳动力资源；然后再利用各共同体或者"三合一"自由贸易区的贸易优惠安排，将生产出来的制造产品进行区域性的行销。这一结合既有利于中国和非洲相关国家，也有利于相关一体化进程的发展，最终使中国获得良好的立足点和辐射面。

（四） 金融参与

金融对于基础设施发展、制造业投资和区域性贸易参与是不可或缺的，而其本身也是一个重要的合作领域。从目前来看，金融参与可考虑如下一些选项：出资非洲开发银行并参与其相关开发项目，特别是基础设施项目和资源项目；利用我已有相关金融平台如中非发展基金参与跨国或区域性开发项目，特别是产业发展项目；参与相关一体化组织的金融一体化进程，如为其提供咨询、服务和技术支持；加强与当地银行的合作和对当地银行的利用。

结语　需要注意的几个问题

"中国需要非洲，非洲也需要中国"，非洲已成为中国对外关系的重要而特殊的组成部分。经过长期的积累和近年来的快速发展，中非关系已经具备了进一步向纵深扩展的坚实基础。"一带一路"在非洲适用范围广大，应用前景广阔，既能给中非关系发展提供新契机，也能给整个"一带一路"建设发展带来更多的弹性和突破口，种种机会值得进一步深入研究和探索，但不应就此盲目乐观，应注意把握以下几个问题。

首先，"一带一路"是一个大倡议，本身就很复杂，而当这一大倡议具体应用到一区一地时，还要根据这一区一地的情况进行调整。就"一带一路"在非洲的适用范围来说，应在选取具体应用国家和实施具体项目时有所区分，量力而行，循序推进。在"一带一路"的适用非洲国家中，有目的地和延伸地之分，目的地和延伸地又各有三个级别之分。除总体划分外，还要根据各国的当期形势或者当期与中国的关系来进行评判。而具体的项目，更是需要从成本、收益、风险等方面进行全方位考虑，有所为有所不为。

其次，上述所谓适用于"一带一路"倡议主要是从历史和地理而言，如观照现实，则需要有所慎重，有所取舍。比如，埃及是"一带一路"在非洲的首要目的地，也愿意在此框架下与中国展开合作，但其自2011年发生政治变动以来，尘埃至今尚未完全落定，变数仍存，这是一个需要时刻警惕的潜在风险；而作为中东大国，中东形势的变化也可能影响到埃及，这也是始终需要考虑的问题。再比如，索马里从其扼亚丁湾咽喉的地理位置来说应是仅次于埃及的"一带一路"发展对象，但索马里大部地区实际的无政府状态决定了我们在短期乃至中期内都无法在那里有大作为。

最后，非洲大部分国家曾为欧洲国家殖民地，非洲之于欧美国家的经济、政治和文化意义不容忽视，因此"一带一路"在非洲的实施要始终关注欧美国家的相关立场和实际应对，既要有维护自身合法合理利益的决心并培养相关能力，也要考量欧美国家在相关非洲地区和国家的诉求，寻求合作共赢。

"The Belt and Road": Its Scope of Application and Implementation in Africa

Liu Weicai

Abstract： "The Belt and Road" has a double reason of history and geography to extend to Africa. From Egypt to South Africa, or the eastern half of the African continent, there are about 20 countries that can be framed into "The Belt and Road", some of them as direct destinations and others as extensions. Engagement in their infrastructure development, manufacturing, regional trade and finance will bring "The belt and Road" a broader space and a more special meaning.

Keywords： "The Belt and Road", Africa, COMESA – EAC – SADC Tri-partite

日本应对"一带一路"战略布局与中国的对策

刘 轩◎

【内容提要】 "一带一路"构想和亚洲基础设施投资银行的建设,推动中日关系进入了全方位公开竞争的新阶段。日本对外战略的基轴在于美国,动点在于中国。对于"一带一路"和亚投行建设,日本基于"遏制主义"的冷战思维,公开对中国进行刺激、牵制和围堵。对此,中国应该紧紧把握国家的战略利益,充分利用"一带一路"和亚投行的集体协作体制,积极回应日本的公开挑战,刺激日本不断加大亚洲基础投资。与此同时,在确保亚洲地区战略稳定的前提下,潜心打造"一带一路"的战略支点,主力营造中国内陆经济与"一带一路"的实质对接,构建陆权、海权共重的战略格局。

【关键词】 "一带一路" 战略支点 海权 陆权

【作者简介】 刘轩 南开大学日本研究院副教授,博士。

中国政府提出的"一带一路"构想和建立亚洲基础设施投资银行(AIIB,简称"亚投行")的倡议,不仅得到了周边亚洲国家的积极响应和广泛参与,也极大牵动了发达国家的战略神经。英国、法国、德国、意大利等西方国家加入亚投行的行动,深刻冲击了国际政治经济的旧有格局,事实上宣告了大国主导的"文明冲突"模式的终结,并预示着多民族共同发展的"文明融合"新时代的来临。

《国别和区域研究》(第1、2期),第175~186页。

一 "一带一路"构想下的中日关系新阶段

从人类文明的历史演进看，人类社会发展可以分为文明孤立的农业时代、文明冲突的工业时代和文明融合的信息时代。未来的文明融合模式将是各民族、各地区人民在相互尊重基础上的文明互通与文明共生。文明融合模式将是对文明冲突逻辑下的世界政治经济格局的修正与重构，是对历史上的殖民主义、帝国主义主宰下的文明冲突体系的根本否定。从一定意义上说，文明融合模式是工业文明向传统农业文明的回归和向未来的升级。

"一带一路"构想是实现文明融合模式的有益探索和尝试。理解"一带一路"和亚投行，不能继续沿用旧常态下的世界逻辑、世界格局，这不仅是技术、资金和经济上的利益和政治上的利用，还是在确保区域和平与文化尊重前提下的密切协作和共同发展。它不同于过去发达国家按照自己的价值判断和逻辑思维设计的国际旧秩序，因为原来的制度安排往往不能真正反映发展中国家、亚洲国家的现实需求。"一带一路"构想定位于中国自身发展的客观需求，它并不附加任何政治要求和价值判断，它依赖于各民族、各地区之间为了共同利益而相互协商和共同行动。

在经济全球化、区域自由化的大趋势下，"一带一路"战略可能成为东亚地区乃至亚洲地区建立稳定区域合作秩序的破局之策。20 世纪 90 年代以来，马来西亚、日本、韩国、中国等都曾经努力推动东亚地区的区域合作，并形成了一系列强化区域合作的机制和协议，然而，亚洲地区始终未能真正建立起区域性合作组织。其根本原因在于，对亚洲地区发展具有重要影响的美国、日本一直按照旧常态下的冷战思维设计亚洲的未来。

在"一带一路"构想和亚洲基础设施投资银行建设得到世界广泛认同和支持的背景下，与英、法、德等西欧国家积极参与亚投行不同，曾经长期充当亚洲"领头雁"的日本，虽然深知扩大亚洲基础设施投资的必要性，却对中国提出的亚投行倡议反应冷淡，充满质疑，并主动放弃参与创建亚投行的机会。与此同时，日本自己另起炉灶，积极利用亚开行、国际协力机构以及 ODA 等形式，摆开与亚投行公开对阵的架势。在"一带一路"构想的背景下，中日关系已经进入一个新阶段。

首先，从经济格局上看，2010 年中国 GDP 超过日本，成为世界第二大经济体。经过 5 年发展，到 2015 年，中国经济规模已经达到日本的 2 倍。中日经济开始进入实质性竞争的新阶段。

其次，从外交关系角度看，在经历了 20 世纪八九十年代的"蜜月期"和中日友好时代后，进入 21 世纪，中日之间的矛盾和冲突不断加剧，并一度降到冰点，大有擦枪走火之势。近年来，中日紧张局面虽然有所缓解，实现了首脑会晤，但中日关系的症结短期内难以得到根本性解决。

再次，中国提出"一带一路"构想，从陆权、海权两个角度全方位开展包容性合作，日本作为海洋国家对此感到焦虑之极。因此，日本一方面处处遏制、围堵、牵制中国，挑拨中国与周边的关系；另一方面有意刺激，企图使中国做出过激行为，借机寻找中国的战术漏洞，搅局中国的发展战略。

最后，由中国牵头的"一带一路"构想和亚投行倡议的顺利推进，在一定程度上打破了美、日、欧主宰的国际金融格局。亚洲将出现中日各自主导、欧美分别参与、亚洲其他诸国可能渔夫得利的全面竞争时代。

二　日本的战略选择及政治图谋

面对中国提出的"一带一路"构想和建立亚洲基础设施投资银行的倡议，作为东亚大国和世界经济强国的日本，表现得异常亢奋和行为反常，其战略意图十分明显，即通过各种手段遏制、围堵、搅局和刺激中国，展开与中国的全方位的公开竞争。

（一）主动放弃加入中国主导的亚投行

2013 年，中国提出亚洲基础设施投资银行倡议以后，曾向日本提出热诚的邀请，但日本政府却报以莫大的冷漠和敌视。安倍政权高度质疑亚投行的透明性和治理模式，认为从恶劣的高利贷处借钱的企业最终将失去未来，日本不会在留有疑问的情况下加入亚投行。亚洲开发银行总裁中尾武彦则主张对中国主导的投资银行可以置之不理。日本内阁官房参与饭岛勋更直接提出，亚洲基础设施投资银行是中国的圈套。

然而，亚投行的发展远远超出了日本预判。截至 2015 年 4 月 15 日，共有 57 个国家正式成为亚投行意向创始成员。英国、法国、德国、意大利、韩国、俄罗斯、澳大利亚等国的先后加入，使亚洲基础设施投资银行涵盖了除美国、加拿大之外的主要西方国家以及除日本之外的主要东方国家。

对于日本最终放弃成为亚投行创始国，一些媒体解读为日本政府的情报纰漏和形势误判。事实上，对于日本来说，其最大考量在于中国在亚投行中的主导权。百年来傲居亚洲第一的日本，虽然深知中国经济潜力和中国崛起不可阻挡，深知中日关系发展的重要性，但是日本一时难以接受中国崛起的事实，难以摆脱被中国超越的内心纠结。日本还没有做好加入中国主导的国际组织的心理准备。因此，日本选择不加入亚投行，并不是简单的情报纰漏和形势误判，而是基于地缘政治和日美同盟关系基础上的不作为的战略选择。

对于拒绝加入亚投行问题，日本政府一再制造治理机制不健全、缺乏透明性和投资风险巨大等牵强借口，这在一定程度上反映了日本政府所坚持的冷战思维逻辑，即绝对不能接受中国的领导，为了有效阻止中国的主导权，日本可以不惜成本，甚至可以选择孤立主义路线。与此同时，日本全面忘记亚洲基础设施投资风险，另起炉灶，降低贷款利息，甚至提供零利率支持，无偿提供技术支持，并放弃其一贯强调的所谓知识产权，意在压制中国，争夺亚洲市场。

（二） 独立推进亚洲基础建设投资计划

对于亚投行的建设，日本财界虽然态度冷淡和消极，但日本产业界出于拓展海外市场的需要，迫切希望分享"一带一路"带来的亚洲发展红利，因而猛烈批评日本政府的亚投行政策。为了平息社会各界的质疑，确保日本在亚洲的竞争优势，增强日本对亚洲事务的发言权，2015 年 5 月 21 日，安倍政府宣布：5 年内向亚洲地区提供 1100 亿美元的"高质量基础设施投资"。日本政府计划通过亚洲开发银行、国际协力银行、国际协力机构及其与民间企业的合作，动员各种经济支持工具，包括无偿技术支持、无偿资金援助等模式，迅速加大对亚洲基础设施的投资规模。

日本政府提出的 5 年 1100 亿美元亚洲基础投资计划，表面看来，存在与中国直接竞争、保持绝对竞争优势的意思，同时也暗含着故意刺激中国、迫使中国及中国主导的亚投行加大投资规模、激化亚投行内部矛盾的成分。其所谓 1100 亿美元并非全部新增投资，而是在原来日本对外投资基础上增长 30%，并通过传统对外投资渠道，如亚洲开发银行、国际协力银行、国际协力机构以及与民间企业合作等多种形式展开。其中通过日本主导的亚洲开发银行投资 530 亿美元，JBIC 和 JICA 分别增资 200 亿美元和 335 亿美元，并大幅增加 ODA 低息融资和无偿援助资金。事实上，到 2013 年，日本对外投资总额已达 11770 亿美元。

日本突然加大亚洲基础建设投资，主要目标明显针对中国及亚投行，由此可能引发"一带一路"建设中的中日激烈竞争。当然，亚洲整体基础设施的巨大缺口不可能仅仅通过中日竞争性投资而全部填补，而且"一带一路"建设是一个长期的多边协调和合作过程。日本加大亚洲基础建设投资的用意，不仅仅在于获取投资效益，更重要的是在于对中国主导的亚投行造成压力，存在明显的人为搅局心理和有意刺激中国的用意。安倍政府高调主张高质量亚洲基础设施建设，并一再强调"买便宜货等于扔钱"，不失时机地夸耀日本技术和质量的竞争优势。

日本的政治意图十分明显：确保在与中国竞争中的政治优势、技术优势、资金优势，甚至不惜以牺牲自己局部利益为代价。日本试图利用亚洲基础投资带动地缘政治投资，通过恶意竞争压低价格，牵制中国的"一带一路"建设和亚投行的未来运营。

日本的 1100 亿美元计划充分表明，中日之间已不可能再延续过去那种"友好"模式下的合作和竞争，而只能是直接将彼此置于竞争对手的位置，开展全方位的角逐。虽然处理好中日关系对双方都有利，但在新的历史发展阶段，对于日本政府和日本社会来说，已经不能简单用发展过程中的竞争与合作来思考和处理问题。

（三）遏制主义的战略布局

自小泉纯一郎就任日本首相以来，中日关系日趋紧张，中日之间围绕历史问题、靖国神社问题和钓鱼岛问题等的矛盾和冲突不断加剧。在对华关系问题上，一方面日本试图分享中国高速增长的经济实惠，表面上高度重视中日关系，但其对华外交的基点却是时刻围堵、搅局和遏制中国，极力渲染"中国威胁论"，挑动中国与周边国家的关系，有意刺激中国的历史记忆。在日本国内，日本政府利用右翼势力不断制造事端，变相否认侵略，参拜靖国神社，制造购岛危机等，恶化中日民间感情。在东亚区域合作方面，日本消极对待中日韩 FTA 谈判，并将中国列入 FTA 谈判末位，与此同时，集中精力开展对美 TPP 谈判，携美国共同对付中国。在东南亚地区，日本展开与中国的激烈竞争，拼命争夺东盟市场，导致东南亚地区出现 10 + 1、10 + 3、10 + 6 等多个不同层次的复杂对话格局。日本积极拉拢越南、菲律宾等国家，支持其在南海地区制造混乱，搅局中国。

针对中国周边国家，日本提出外交新基轴，联络从东南亚到中亚、中欧、东欧等具有相同价值观或意识形态的国家，倡议建立"自由与繁荣之弧"，拓宽日本外交地平面，共同围堵中国。2013 年，为了与中国展开全方位竞争，日本宣布 5 年内对非洲投资 3.2 万亿日元，并在横滨召开了第五次非洲开发会议（TICAD），大力培养非洲人才，争夺在非洲市场的主动权。

作为世界经济大国的日本，一方面希望通过经济利益诱导建立政治大国、文化大国，另一方面又缺乏作为政治大国的价值情怀。日本既要保持对中国的绝对竞争优势，又不得不加强与中国各方面的合作；既希望获得中国的市场利益，又要对中国实施严格的技术封锁；既要牵制、遏制中国的发展，又要维持与中国表面上的良好关系；既要维护日美同盟关系，借助美国敲打中国，又试图摆脱美国的控制，并借助中日关系紧张修改宪法，实现其所谓"普通国家"的梦想。因此，日本的对外战略目标和现实行动充满逻辑矛盾和复杂冲突。

尽管如此，日本对外战略的基轴一直锁定于美国，其关注点在于中国。日本处处依存于美国，时刻盯着中国。如果说美国对华战略的基点在于"不伤害美国利益"，那么，日本对华战略的基点则在于"不扩大中国利益"，甚至宁可自损也不能有助于中国。美国是典型的利己主义，而日本则是典型的遏制主义。日本带着典型的冷战思维，抱着对中国崛起的恐惧、焦虑，处处牵制和约束中国。

三 中日关系新形势下的中国对策

21 世纪初中日关系的演进将成为中日历史转折的起点。2010 年不仅是中日历史反转的记录点，或许也将成为亚洲历史反转的记录点。日本为了对中国保持绝对竞争优势而推行的反制中国的亚洲战略，客观上将有助于亚洲基础设施建设和工业技术水平的提高。对中国来说，在与日本的激烈竞争中，应该注意把握大局，确立支点，寻找时机，稳步推进。

（一）紧密把握中国的战略利益

在亚洲地区，中国与日本、美国、印度等大国之间的竞争是长期的、战略性的，是难以在短期内发生根本性转变的。中日之间的矛盾和冲突，并不是简单用道歉、领导人见面、正式会谈或者签订战略伙伴关系协议等就能解决的。虽然这些矛盾和冲突未必会直接引发战争，任何一方都未必希望发生正面冲突，都可能保持一定限度内的克制，但是，中日两国内部激进的民族主义情绪可能会深刻影响中日双方的战略决策。

"一带一路"构想的根本点在于充分利用陆权和海权两个车轮，驱动中国及亚欧地区的和平与发展。对中国来说，其战略价值不仅仅在于获得现实的和潜在的经济利益，更重要的是维持中国周边的和平与发展。在"一带一路"发展进程中，中国拥有日本、美国、印度所不具备的地缘优势、资源优势、人文优势。因此，对于"一带一路"建设和规划，中国不必过分计较一城一地的得失，一切行动必须服从长远战略和整体布局。对于中国来说，不管由谁投资，只要是投资于亚洲地区的基础设施，则其未来价值将大于现实价值，潜在利益将大于利益损失。因此，中国应该讲好"一带一路"的故事，让中国和世界充分了解"一带一路"，动用各种力量积极参与"一带一路"建设，尤其要动员和诱导日本大力投资亚洲基础设施建设。

（二）充分发挥亚投行的诱导作用

亚投行建设从倡议到签约，正在由梦想变为现实。伴随着亚投行协议的签署，中国将在亚投行中担负起发起国、最大股东、核心成员的责任和义务。能否实现亚投行高效运转和有效治理，既是对中国"一带一路"构想的战略性尝试，又是对中国牵引亚洲发展的能力和力量的考验。在亚投行建设中，中国应该基于新形势下的战略思维，在合作中学习，在学习中合作，努力构建公开透明的治理机制，充分满足各方利益，借此提高中国主导国际组织的领导力、政策力和操控力。

亚投行成立的形式意义远大于其实质意义，亚投行的战略价值远大于其经济价值。针对亚洲国家的复杂权力结构以及来自日本、印度、菲律宾等国的反制因素，中国对亚投行的运行绩效不要期望过高。要努力发挥亚投行的资金诱导作用和现实协调作用，将其置于中国探寻国际沟通渠道、合作途径和建立互信平台的地位，而不必过于追求现实经济利益。要将亚投行作为中国实现自身战略布局的筹码，而不是布局本身。

针对日本对华政策的战略布局，特别是日本针对亚投行推出的直接竞争政策，中国应该针锋相对，基于亚洲共同发展的大义积极回应，构建亚投行与日本的全面竞争态势，促使日本不断出台亚洲基础投资计划，全面拖住日本对亚洲基础建设的投资依赖，将日本置于与亚投行相关国家复杂矛盾的旋涡中，进而孤立日本和瓦解其同盟关系。

从目前情况看，短期内日本不会提出加入亚投行。对于日本未来加入亚投行，应该设定一定的规制，而不是无限地期待和迁就。在一定时间期限内，可以对日本敞开大门。但是，待亚投行正式成立后，要严格加入程序和条件。

伴随着国际经济形势的发展和日本国家政治变动，将来日本很可能提出加入亚投行，很可能希望借助中国参与"一带一路"建设，借助中日合作实现在陆权和海权上的同时"出海"。因此，对于"一带一路"建设的具体合作项目，中国必须提前制订相关预案，充分评估日本政府、企业参与"一带一路"的现实价值和战略意义，制定相应的技术对策、市场对策。

（三）打造"一带一路"的战略支点

"一带一路"构想是一个跨越多个国家、多个民族的长期发展规划。短期内不可能取得立竿见影的明显效果。一方面，中国要高调推进"一带一路"，谋划未来中国的发展线路；另一方面，也要谨慎布局，积极寻找中国的对外战略支点，并根据"一带一路"建设的走向和形势，逐步确立发展路径。

中国"一带一路"布局的首要任务是确立战略支点，而不是急于确立发展脉络，更不在于与日本争夺线路和城池。当然，不计较一城一地的得失并不意味着我们可以放弃战略要冲。要努力构建通向东南亚、西亚和欧亚大陆的战略支点，特别是考虑在巴基斯坦、中南半岛、印度尼西亚等地建立适当的利益支点。只有重点突破，打造出几个关键的辐射点和试验区，才能最终实现"一带一路"的有效畅通。近10年内，"一带一路"

的关键是确立支点，筹划线路。对于亚洲国家或者"一带一路"相关国家，不能全线出击，而必须选择好合作对象，并配以国内均衡发展的战略布局。与此同时，针对日本、印度、菲律宾等国布局的可能包围态势，选择适当时机，形成反包围。

（四）构建陆权、海权并重的战略格局

亚投行作为"一带一路"的先行者和战略尝试，已经获得了国际社会的广泛认可和支持。亚投行是一个由中国主导并由部分发达国家参与的国际金融组织。亚投行协议的签字说明，中国已经开始踏入国际金融话语权国家的行列，也在事实上宣告了西方世界主宰的国际金融秩序的紊乱。

"一带一路"是战略方向和愿景，需要多个国家长期协调努力才能实现。目前阶段，中国的着力点在于倡导、推动和支持。"一带一路"构想的前提在于推动中国经济的转型升级和内陆地区的均衡发展。依靠"一带一路"建设，可以消化过剩产能，拉动内陆地区经济发展。"一带一路"实现的根本在于国内而不是国外，在于地区经济平衡和陆路畅通。伴随着亚欧大陆桥建设、高铁建设、能源通道建设和海上丝绸之路的扩大，未来中国的战略环境必将大为改观，真正实现中国内陆与沿海的联动效应。

对中国来说，"一带一路"带来的地区发展本身就是机遇，不管这种发展是基于亚投行的支持还是日本的支持。中国自身的力量重心应该放在开发大西北和打通陆上能源通道，形成陆权、海权并重的战略格局。只有真正实现中国国家战略的陆权回归，实现在大陆根基之上的海洋战略，才是中国崛起的最佳路径。一旦这种陆权、海权全面贯通的战略格局形成，将极大增强中国的战略对话能力和文明融合能力。

（五）充分认识中日关系的复杂性

近年来中日关系的紧张态势，日本政府不断触碰中国战略底线和刺激

中国的受害神经，绝不仅仅是安倍、麻生等政治家的个人情绪宣泄，更具有深厚的社会基础。在失去的 20 年中，日本社会出现的焦躁、消沉氛围，特别是对中国崛起的不安、惶恐等，导致日本社会普遍弥漫着一种不能言表的情绪和心理：总是希望听到中国崩溃的坏消息，总是无形中用日本的技术先进、环境整洁、礼仪文明来映射和批判中国。于是乎，日本主要媒体迎合了日本社会的这种潜意识，在中日关系问题上大做文章，并一直扮演着极不光彩的教唆犯角色。93% 的日本人对中国没有好印象的民意调查，已经清楚表明了问题的严重性。

无论是自民党执政，还是民主党执政，虽然受到政治派别、个人观点等因素影响而政策路线不同，但从近年来中日关系的走向看，过去的对华友好情绪正在被中日竞争甚至敌视情绪所代替。一方面，日本社会出现了一定程度的右倾化趋势，日本社会对中国的整体好感大幅下降，而厌恶和敌视情绪不断增加；另一方面，传统的对华友好人士逐渐减少，日本年轻一代虽然对国家政治漠不关心，但当其一旦融入日本社会的大氛围中，必然将无条件地服从社会主流。

经过近几年中日关系的起伏跌宕，虽然中日关系的现实僵局让老一辈中日友好人士遗憾和伤感，虽然中日民间情绪可以说已经恶化到了历史低点，但是冷静分析中日关系，特别是日本政府的一言一行，可以发现，中日关系的紧张和复杂在一定程度上是历史发展的必然。这里既有日本侵华的历史原因，也有现实利益冲突和国际竞争的因素，还伴随着中日两国特殊发展阶段的心理情结。

因此，要充分认识现实中日关系的复杂性、长期性和历史根源性。中日关系问题不可能依靠一朝一夕的政策、合作和推动而全面解决，而必须待以时日。各种现实矛盾、冲突和斗争还会以不同形式出现，对此，应该有充分的心理准备和理性认知。即使将来中国经济大大超过日本，中日之间的各种问题也不可能一下子迎刃而解，中日之间的民族情结也只能通过草根之间的联系和接触而逐渐消融，而不要过高寄希望于政府之间的宣传和行动。

Japan's Response to "The Belt and Road" and China's Countermeasure

Liu Xuan

Abstract: The strategic conception of "The Belt and Road" and the construction of Asia Infrastructure Investment Bank (AIIB) have propelled Sino – Japanese relations into a new normal of comprehensively open competition. The basic shaft of Japan's foreign strategy is the United States while its stimulus point is China. As regards the "The Belt and Road" vision and the establishment of AIIB, Japan, based on the "containment doctrine" of the Cold War thinking, openly provokes, contains and encircles China. In this regard, China should firmly hold its national strategic interests, taking full advantage of the collective collaboration system of "The Belt and Road" and AIIB to respond actively to Japan's open challenge and propel Japan to unceasingly upgrade Asian infrastructure investments. In the meantime, taking Asia's strategic stability as the premise, China should concentrate on establishing a strategic pivot for "The Belt and Road", forcefully creating interlinks between Chinese inland economy and "The Belt and Road", and developing the strategic pattern of a balanced land power and sea power.

Keywords: "The Belt and Road", Asian Infrastructure Investment Bank (AIIB), Containment Doctrine, Strategic Pivot, Sea Power, Land Power

欧盟的中东北非政策概述

赵　晨◎

【内容提要】　　中东北非是欧盟南部的不稳定周边地带，本文回顾了20世纪90年代以来欧盟的中东北非政策演进史，并进行了简要评估。在"阿拉伯之春"发生前，欧盟的中东北非政策以制度性建设为主，相继实施了"欧洲－地中海伙伴关系""欧洲睦邻政策""地中海联盟"等计划，但结果与其设计目的之间落差较大，并没有实现中东北非地区繁荣和稳定的目标。阿拉伯世界出现"民主化浪潮"后，欧盟及其成员国迅速调整政策，支持一些国家"政权更迭"，外交政策立场趋于强硬，并运用了多种严厉制裁工具，但其总体效果依然不佳，没有达到巩固周边安全环境的效果。目前欧盟已基本放弃对外干预的"冲动"，重回政治对话的传统。

【关键词】　　欧盟　中东北非政策　"阿拉伯之春"

【作者简介】　　赵晨　　中国社会科学院欧洲研究所副研究员，国际关系博士。

中东北非国家位于地中海的南半弧，欧盟处在北半弧。随着欧盟的逐步扩大，南半弧的地中海国家在西班牙、葡萄牙、希腊等国加入欧盟后，成为欧盟隔海相对的邻国。欧盟是中东北非地区国家最大的贸易伙伴，是中东能源的主要购买者，它希望维持该地区的稳定，所以和平一向是欧盟及欧洲国家在中东地区的首要目标。但是欧盟和法、德、英等欧洲主要国家的中东北非政策也在维持稳定与促进当地民主化两种目标之间摇摆，在

《国别和区域研究》（第1、2期），第187～198页。

不同历史时期出现不同的侧重。过去 20 多年，基本上以"阿拉伯之春"为时间节点，欧盟的中东北非政策可分为之前、之中和之后三个阶段。

一 "阿拉伯之春"前：以制度稳定周边

为了稳定周边，自 20 世纪 90 年代起欧盟开始推行"欧洲－地中海伙伴关系""欧洲睦邻政策""地中海联盟"等制度性计划，但结果与设计目的之间落差较大。

1995 年，欧盟（当时是 15 个成员国）与摩洛哥、阿尔及利亚、突尼斯、埃及、以色列、约旦、叙利亚、黎巴嫩、土耳其、塞浦路斯、马耳他[①]和巴勒斯坦权力机构签署《巴塞罗那宣言》，正式启动"欧洲－地中海伙伴关系"（EMP）机制。"欧洲－地中海伙伴关系"机制改变了欧洲与地中海南岸邻国保持双边关系的旧模式，变成一方为欧盟、一方为地中海合作伙伴的新型多边关系。"欧洲－地中海伙伴关系"计划将地中海变为一片和平、繁荣之海。《巴塞罗那宣言》提出欧洲与地中海国家要建立三个相互补充的层面的关系：一是政治和安全合作，希望实现环地中海的和平与稳定；二是经济和金融合作，共享繁荣，建立环地中海自由贸易区；三是在社会与文化层面进行人员交流，促进文化上的相互理解，增进公民社会层面上的联系。

但"欧洲－地中海伙伴关系"并不是一种平等的伙伴关系，更像一种辐辏体系。欧盟并非根据南方国家的需要，而是自己决定实施方法和具体步骤。最终结果是，《巴塞罗那宣言》确定的和平与稳定、共享繁荣等目标，都没有变成现实。《巴塞罗那宣言》规定在 2010 年建成自由贸易区，但直到今天，只是消除了制造业领域的关税和非关税壁垒，而这些都是欧盟和欧洲国家的优势所在。农产品的贸易自由化（北非国家除能源外最主要的出口产品）进程非常缓慢。欧盟倡导投资自由化，也使欧洲

---

① 塞浦路斯和马耳他 2004 年已经加入欧盟。

公司在竞争中胜过本土公司，将很多本土公司逐出市场。更关键的是，"欧洲－地中海伙伴关系"计划安排中没有南方国家与欧洲间劳动力自由流动的协议，这也削减了南方国家的劳动力竞争优势，间接增加了这些国家的失业。欧盟力图通过"欧洲－地中海伙伴关系"在地中海国家推广自由市场理念，但自由市场反而增加了这些国家的失业，拉大了贫富差距。"阿拉伯之春"的爆发，其根本原因正是阿拉伯国家糟糕的经济状况。唯一从伙伴关系中获益的国家却是一个非阿拉伯国家——以色列，以色列借助"欧洲－地中海伙伴关系"打开了通向欧洲市场的出口渠道，通过发展外向型经济，其经济总量已经超越不少欧盟国家。

"欧洲睦邻政策"（ENP）是欧盟 2003～2004 年开始实行的一项政策工具，它与"欧洲－地中海伙伴关系"不同，不是多边协定而是欧盟单方面有条件地向地中海国家提供援助。此政策的出台有以下背景：第一，地中海国家经济和政治体系差异过大，欧盟希望用一项可以分类对待各国的新政策工具来提升管理水平。第二，欧盟 2004 年即将东扩，中东欧十国将加入欧盟，白俄罗斯和乌克兰将成为欧盟的新边界，欧盟在短期内不可能让这两国入盟的前提下，又需要稳定它们的情绪，所以提出"欧洲睦邻政策"，给予它们一定援助。这一模式随即被照搬到地中海邻国与欧盟的关系中。第三，2003 年美国入侵伊拉克后，提出了"大中东和北非倡议"（Broader Middle East and North Africa Initiative）①，计划有组织、有规模地从外交、经济和政治等层面在整个伊斯兰世界进行民主改造。"欧洲睦邻政策"也是欧盟相对美国这一倡议推出的以民主稳定周边的平行的制度工具。欧盟提供财政和技术援助，但交换条件是阿拉伯国家进行政治改革。

有了"欧洲－地中海伙伴关系"的铺垫，欧盟在中东北非地区推广民主，与美国相比具有一定的优势。但是阿拉伯国家在态度上，对美、欧的新政策工具都没有表示出热烈欢迎。阿拉伯民众厌恶美国入侵伊拉克，

---

① 参见美国国务院网站 http：//2005－2009－bmena. state. gov/。

对欧洲也没有好感，尽管很大一部分欧洲国家对伊拉克战争持否定态度。阿拉伯国家批评美国在巴以问题上持双重立场，欧洲人则被看作美国的帮凶。在政治上，面对欧盟伸过来的"樱桃"，不少阿拉伯国家采取实用主义态度。比如，埃及的穆巴拉克一开始表示同意，但当需要进行真正的政治和经济改革时，就中断了与欧盟的谈判。在技术上，阿拉伯国家也不适应这套将欧洲共同体法律（acquis communautaire）照搬过来的援助措施。如约旦，虽几经努力，它也没能将自己的公有部门或私有部门的治理水平提升到欧盟要求的水平。只有以色列认为"欧洲睦邻政策"是一个真正的机会，以色列通过它获得进入欧洲市场的特殊通道，而且在科研领域可与欧洲展开合作。

"地中海联盟"（UfM）是萨科齐 2007 年在竞选法国总统职位时提议、在他当选总统之后大力推动并于 2008 年建成的。"地中海联盟"与"欧洲睦邻政策"相比有两个特点：一是成员国更多，达到 43 个；二是层次更高，更侧重国与国之间政府层次的对话和谈判，它在西班牙专设了秘书处，并且仿照欧盟设立轮值主席国。就目前情况看，"地中海联盟"也算不上成功。首先，它在欧盟内部就受到很多质疑，西班牙怀疑法国此举是希冀改变西班牙在"欧洲睦邻政策"中的中心角色[1]，德国认为萨科齐是在争夺欧盟扩展方向的主导权，有碍欧盟的团结。其次，"地中海联盟"着力推广欧盟与北非国家在能源、基础设施、运输以及环境等领域的商业项目，但收效甚微。唯一的亮点是，为促进地中海地区中小企业的发展，"地中海联盟"专门成立了"地中海企业开发机构"，但目前来看，大多数项目仍停留在纸面上。最后，"地中海联盟"与前两项欧盟机制一样，也强调中东北非国家要推进民主和人权，法国也是"阿拉伯之春"发生后反应最激烈的欧洲国家，但 2008 年法国时任总统萨科齐邀请埃及总统穆巴拉克与他一道担任"地中海联盟"首任联合主席。2008 年 7 月，

---

[1] Richard Gillespie, "Adapting to French 'Leadership'? Spain's Role in the Union for the Mediterranean", *Mediterranean Politics*, No. 1, 2011, pp. 59 – 78.

萨科齐也同样在巴黎设宴欢迎叙利亚总统巴沙尔。

总体来看，欧盟的三项地中海机制都没有达到预想效果，政治上没有取得阿拉伯国家的充分信任，对巴以问题的帮助不大；经济合作也没有让阿拉伯国家启动改革，阿拉伯人民并未从中获益；虽有文化对话和公民社会接触，但效果有限。《巴塞罗那宣言》提出的欧盟与地中海南岸国家"共享繁荣"和"创造就业"的目标没有实现。欧盟推广自由、民主和法治等理想主义说辞，由于其现实主义做法和对待阿拉伯国家和以色列的双重标准（2006年巴勒斯坦大选哈马斯获胜后欧盟拒绝承认），说服力大为减弱。加强情报、边检、反恐等领域的合作，保证欧盟自身安全，减轻移民压力等现实动机在欧盟的地中海政策机制中则体现得非常明显。

二 "阿拉伯之春"爆发后：进入"兴奋期"

2010年底突尼斯的"茉莉花革命"开启了"阿拉伯之春"，随后埃及、利比亚、也门、叙利亚等国相继爆发"革命"，中东北非开始陷入动荡。欧盟和欧洲国家以较快速度对阿拉伯各国国内反对派表示支持，表态支持各国的"民主化"进程。检视欧盟和一些欧洲国家这一时期的行为，翻阅它们的政策文件①，可以看出欧盟及其主要成员国已经承认它们原来追寻的西亚、北非地区的"稳定"已不复存在，转而将核心目标改变为促进该地区的"深度民主"，冀望日后在更高层面上，实现地中海南岸的长久稳定及欧洲的利益诉求。② 2012年，欧盟和以法国为首的一些欧洲国家对叙利亚和伊朗的态度相当强硬，在经济制裁更新频率和覆盖范围、帮

---

① 欧盟委员会2011年3月和5月发表两份以促进"民主"为目的的欧盟新伙伴关系文件 European Commission and High Representative of the Union for Foreign Affairs and Security Policy, "A Partnership for Democracy and Shared Prosperity with the Southern Mediterranean", Brussels, March 8 2011, COM (2011) 200 final; European Commission and High Representative of the Union for Foreign Affairs and Security Policy, A New Response to a Changing Neighborhood, Brussels, May 25 2011, COM (2011) 303。

② 吴弦：《欧盟国家利比亚军事干预解析》，《欧洲研究》2012年第2期。

助反对派和在联合国提出提案的主动程度等方面超过美国，其外交行动非常活跃，似乎没有受到债务危机的影响。但对中东动荡的老热点——巴以问题，欧盟则比较沉寂，没有给予巴勒斯坦建国有力支持。

（一）叙利亚危机

2011 年 3 月叙利亚爆发大规模国内冲突以来，欧盟和法、英等成员国有以下几点表现：一是加强对叙利亚政府的经济制裁和武器禁运。2011 年 5 月至 2012 年 10 月，欧盟就对叙利亚进行了 19 次制裁，不断增补制裁产品种类，增加列入制裁名单的自然人和法人数量。叙利亚经济主要依赖石油出口，而且欧洲市场是叙利亚的主要销售地，叙利亚约 95% 的石油出口至欧洲。欧盟对叙利亚的全方位制裁，给巴沙尔政府造成巨大经济压力。

二是动用除军事手段之外的多种方式帮助反对派。欧盟在 2012 年 3 月 23 日的外长会议结论中，提出它"愿意接触所有坚持非暴力、包容和民主价值的叙利亚反对派，支持它们发表一份具有广泛性和包容性的纲领"。欧盟认可叙利亚全国委员会为叙利亚人民的合法代表，认为"各反对派组织必须团结起来为建立一个民主、多元、稳定和保障人权的新叙利亚进行和平斗争"。而且欧盟许诺"一旦发生真正的民主转型，欧盟就将与叙利亚在各互利领域发展新的、规模宏大的伙伴关系，包括启动援助，加强贸易和经济关系，以及支持叙利亚的司法和政治转型"。[①] 欧盟积极参与"叙利亚人民之友"的国际会议筹办，并对叙利亚反对派提供资金和人力支持。

叙利亚在第一次世界大战后至 20 世纪 40 年代曾为法国的委任统治地，之后的半个多世纪，又因黎巴嫩问题与法国存在历史争议，因此法国在叙利亚问题上最积极。2012 年 9 月 11 日，法国外长法比尤斯在法国国

---

① European Council, "Council Conclusions on Syria", 3183rd Foreign Affairs Council Meeting, Brussels, July 23 2012.

民议会承认，法国帮助多名叙利亚高官叛逃。叙利亚共和国卫队少将塔拉斯7月初加入反对派，他表示自己是在法国特工的帮助下逃离叙利亚的。法国《费加罗报》称，巴黎帮助12名叛逃者逃离叙利亚。叙利亚全国委员会的第一任主席伯翰·加利昂是居住在巴黎的大学教授。"叙利亚人民之友"工作小组第一次会议也是在巴黎召开的。法国总统奥朗德6月曾放出"不排除对叙利亚动武"的说法。欧洲议会重要议员、比利时前首相伏思达9月11日也敦促欧盟军事干涉叙利亚，他表示，鉴于美国国内目前忙于大选，欧盟必须"站在打击巴沙尔政权的最前沿"，用不着等待美国人，欧盟可以单独在叙利亚设置"禁飞区"。[①]

三是在联合国等多边场合要求阿萨德下台。欧盟及其部分成员国联合阿拉伯联盟等地区组织，以及美国等西方国家，在联合国安理会和人权理事会以保护人权为由提出议案，要求阿萨德下台。2011年10月，英、法两国向联合国安理会提交叙利亚问题决议草案，2012年2月，摩洛哥又代表阿盟向联合国安理会提交由法国、英国、德国及有关阿拉伯国家共同起草的涉叙决议草案。上述两份草案被中、俄在联合国安理会否决。2012年4月，英国、法国、德国和葡萄牙四国起草并在安理会散发谴责叙利亚的声明草案。8月23日，联合国人权理事会在日内瓦举行第十七次特别会议，会议以33票支持、4票反对、9票弃权的结果，通过了由波兰代表欧盟提出的向叙利亚派出独立国际调查团的决议。该决议谴责叙利亚当局侵犯人权，呼吁叙利亚当局立即停止该行为，保护平民。俄方在对该决议的表决中投下了反对票。这几次国际场合交锋中，欧洲国家都扮演了发起人的角色，而美国则只是表示大力支持。

（二）伊朗核问题

自2003年伊朗宣布提炼出能为核电站提供燃料的铀后，美国对伊

---

① 刘睿、葛元芬：《法外长帮多名叙高官叛逃，欧盟对叙动武声音浮现》，《环球时报》2012年9月13日。

朗的核能开发计划就"严重质疑"，极度担心伊朗拥有生产核武器的能力，对伊朗态度强硬，时常发出与以色列一起发动战争的声音。欧盟则在伊朗核问题上长期担任斡旋者，由英、法、德组成的"三驾马车"代表欧盟，与伊朗进行对话，致力于谈判解决纠纷。但 2012 年开始，欧盟开始追随美国，对伊朗实施严厉的制裁，改变了调停者的自我定位。

2012 年 1 月 23 日，欧盟外长理事会做出决议，禁止成员国从伊朗进口石油并对伊朗中央银行实施制裁：欧盟禁止成员国从伊朗进口和转运原油和成品油，禁止欧盟成员国从伊朗进口石油化工产品，禁止欧盟成员国向伊朗出口石油产业关键设备和核心技术，禁止欧盟企业继续向伊朗石化产业投资或与伊朗相关企业合资经营新项目。同时欧盟外长会还决定制裁伊朗中央银行，要求欧盟成员国冻结伊朗中央银行在欧盟境内的资产。此外，欧盟还拉出个人制裁名单，禁止成员国向名单上人员发放签证并冻结其在欧资产。2012 年 10 月 15 日，欧盟进一步制裁伊朗，将伊朗的另一出口产品——天然气纳入制裁范围：禁止成员国从伊朗进口、转运天然气，以及为伊朗的天然气贸易融资和提供担保。此外，决议还将 34 家为伊朗政府提供财政支持的伊朗企业和一名与伊朗核计划相关的个人列入欧盟制裁清单。[①] 欧盟这两次对伊朗的大规模制裁，表明其政策发生重大转变，2012 年之前欧盟对伊朗的制裁仅限于针对特定个人和公司的经济限制措施，之前欧盟在实施全面行业制裁方面落后于美国，当时主要考虑到中东地区的稳定以及欧伊贸易关系，但显然 2012 年欧盟及其成员国的态度已经有所改变。伊朗出口的原油有近 20% 输往欧盟国家，由于美国早就对伊朗实施制裁，欧盟的制裁使本已饱受封锁之苦的伊朗受到着力一击，在欧盟制裁的第一个月，伊朗就因此损失 50 亿欧元。伊朗的货币里亚尔贬值 40%[②]，欧盟的制裁对此有很大"贡献"。

---

① BBC News, "EU Imposes New Sanctions on Iran", Oct. 15 2012.

② Andrew Rettman, "Question Marks over EU Sanctions on Iran", *Euobserver*, Oct. 8 2012. http://euobserver.com/foreign/117779.

（三）巴以问题

自 1993 年奥斯陆和平进程开启以来，欧盟一直是巴勒斯坦权力机构最大的国际援助者，欧盟每年援助巴勒斯坦权力机构 15 亿美元，占其受援总额的 50% ~ 55%。巴勒斯坦权力机构的日常行政开支很大程度上依赖欧盟的援助。欧盟也很自豪它同时成为巴以双方的朋友，而且这一地区是它传统上的安全重点。欧盟对"中东路线图"计划很有热情，但在"中东四方"机制（即欧盟、美国、俄罗斯和联合国共同商谈巴以问题）框架下，由于美国片面支持以色列的立场毫不动摇，而欧盟又不可能违背美国意愿，所以欧盟的努力没有换来任何成果。欧盟在巴以问题中没有独立性，所以它只能延续奥斯陆协议以来的模式，在美国监督下的谈判中，它只能不断重复关于希望实现"两国方案"的言辞，只要以色列依旧"只说不做"，欧盟就仍没有办法，无法阻止以色列继续在西岸建设犹太人定居点。[①]

三 "阿拉伯之春"失败后：冷静回归政治对话

中东北非乱局发生后，欧盟向世界展示了它的强硬外交姿态以及"硬实力"，不过它对"阿拉伯之春"之后的阿拉伯世界的未来也没有清晰的战略规划。无论是埃及、也门、利比亚，还是叙利亚，"有效"更迭政权并未带来一个和平民主稳定的新气象，相反造成恐怖主义滋生，宗教血腥冲突反复发生。欧盟迅速转变中东北非政策，支持阿拉伯国家的民主化，有"机会主义"的嫌疑。此外，在巴以问题上，欧盟没有响应阿拉伯国家的呼声，明确支持巴勒斯坦的建国努力，显示出它在外交领域仍对美国存在一定依附性。欧盟的军事实力也不足以支撑较大规模的军事干预

---

① Rory Miller, "Europe's Palestine Problem", *Foreign Affairs*, Vol. 90, No. 5, 2011.

行动，仍需依赖美国的支持。①

　　到 2013 年，"阿拉伯之春"已经接近尾声②，法、英等欧洲国家的中东北非政策已经被迫开始调整。这一转变进程可分为两个阶段：第一阶段是干预遇挫阶段，叙利亚问题是最典型的案例。2012 年叙利亚危机爆发后，法、英两国试图复制利比亚模式，但并未获得成功。法国是第一个提出军事干预叙利亚的西方大国，英国也紧跟其后。但是 2013 年 8 月，英国下院投票否决政府对叙利亚进行军事干预的动议，这成为英国乃至全欧的中东北非政策转向的转折点。英国政府向国会提交的法律文件称，即使得不到联合国安理会的支持，对叙利亚采取军事行动也"得到国际法许可"，因为当前叙利亚局势符合"人道主义干涉"的条件，但此份文件并未说服大多数议员，英国最大的反对党工党对军事干预表示疑虑，要求英政府拿出证明叙利亚政府使用化学武器的有力证据，否则英国应等待联合国调查人员报告发布之后再根据国际法采取相应行动。此后，欧盟和欧洲国家再未独立提出武力干涉阿拉伯国家的提议。

　　第二阶段是自 2013 年底开始，欧盟和欧洲国家在中东北非地区彻底转入守势。2014 年，同时爆发乌克兰危机和伊斯兰国崛起两件直接影响欧洲安全的国际政治大事。乌克兰危机从东面威胁到东欧安全，伊斯兰国不仅肆虐伊拉克、叙利亚，不少参加战争的欧洲极端分子返回欧洲后，直接从内部威胁欧洲安全，欧洲整体安全面临 20 世纪 90 年代科索沃危机以来最为严重的状况。在此背景下，欧洲在安全上开始收缩，放弃了在中东北非地区咄咄逼人的干预政策，收敛了其"促进当地民主化"的"雄心"，重新开始以政治对话为解决途径，以维护当地稳定为主要目标的传统路径。2014 年打击伊斯兰国的行动，欧洲国家参加美国领导的反伊斯

---

　　① 北约秘书长拉斯姆森 2011 年在《外交季刊》上撰文，提倡欧盟国家在紧缩时代应加强分工合作，发挥各自特长，建设"更灵巧防御"（smarter defense）体系。Anders Fogb Rasmussen,"NATO after Libya: The Atlantic Alliance in Austere Times", *Foreign Affairs*, July/August, 2011。

　　② 2014 年叙利亚总统巴萨尔在连任总统后宣告"阿拉伯之春"已结束。但"阿拉伯之春"的所谓"民主化"进程在 2013 年就已完全停滞了。

兰国际联盟，虽然法国仍很积极，但并未再现利比亚危机期间美国幕后领导，法、英率先出击的情况。2015 年 7 月 14 日，伊朗核问题六国（美国、英国、法国、俄罗斯、中国和德国）与伊朗在维也纳达成历史性的伊朗核问题全面协议，解决了持续十多年的争端。英、法、德三个欧盟国家，以及欧盟外交和安全政策高级代表莫盖里尼在其中发挥了重要的调解作用。这充分证明政治对话依然可以有效促进重大国际安全问题的解决。伊朗核问题缓解后，欧盟和美国将解除对伊朗的各项制裁。

四　对欧盟中东北非政策的简单评估

回顾 20 世纪 90 年代以来欧盟的中东北非地区政策演变历程，我们发现欧盟的政策原本比较稳健，着重通过建立制度来维护该地区的稳定。制度建设是欧盟的传统。中东北非地区毗邻欧盟，从 1995 年开始，欧盟通过建立"欧洲－地中海伙伴关系""欧洲睦邻政策""地中海联盟"等制度渠道，试图以发展经贸关系、提供援助等方式实现这一地区的经济繁荣、政治稳定与地区和平。但欧盟与中东北非国家间的这些机制并未达到理想效果，不少阿拉伯国家的失业率高企，经济增长乏力，2011 年突尼斯"茉莉花革命"爆发后，中东北非更是陷入地区性动荡。法、英等欧洲国家和欧盟在"阿拉伯之春"系列事件里相当活跃，深度参与推翻原有政权的各项活动，法、英在利比亚危机中甚至率先出动战机轰炸卡扎菲军队。在 2012 年的叙利亚危机和伊朗核问题博弈中，欧盟和一些欧洲国家也相当主动。"阿拉伯之春"中欧盟的中东北非政策，在一定程度上已经改变了世界对欧盟作为"民事力量"的认知。有美国学者认为，欧洲不再是"后现代社会的和平主义者"，"当他们有政治意愿的时候，他们也能，并将使用武力"。[①] 不过，"阿拉伯之春"的结果并未如欧盟所愿，

---

① Damon M. Wilson, "Learning from Libya: the Right Lessons for NATO", Atlantic Council, 2011, p. 2. http://www.acus.org/files/publication_pdfs/403/090111_ACUS_LearningLibya_Wilson.PDF.

中东陷入乱局，利比亚动荡不安，埃及军政权重新掌权，伊斯兰极端组织崛起，恐怖分子甚至直接危及欧洲本土安全，最终欧盟不得不重回政治对话轨道，对外干预的热情已然被现实主义取代，在 2015 年伊朗核谈判进程中扮演调停人角色。

On EU's Policy in the Middle East and North Africa Area

Zhao Chen

Abstract：Prior to the "Arab Spring" movement, the EU policies in the Middle East and North Africa were mainly featured by institution construction. A sequence of projects ranging from Europe – Mediterranean Partnership, European Neighborhood Policy to Mediterranean Union were implemented but failed to realize the goal of prosperity and stability in the region. Since the "Wave of Democratization" began to sweep in the Arab World, the EU and its member states have immediately adjusted their policies by supporting the "regime changes" in some countries, adopting hardline foreign policies and utilizing various strict sanction tools. The overall effect, however, remains poor, in that the perimeter security still awaits consolidation. Currently, the EU has basically abandoned the intervention "impulse" and returned to the tradition of political dialog.

Keywords：EU, Policies in Middle East and North Africa, Arab Spring

东亚经济一体化进程中的"开放性"概探

苗红妮◎

【内容提要】 东亚合作势在必行。东亚合作是亚洲经济一体化进程中的先导，也是未来亚洲区域合作的亮点。与欧洲、北美区域一体化相比，作为世界经济格局三大地域板块之一的东亚，距离打造成经济一体化的宏伟目标尚存差距。东亚各国国情千差万别、相互依存极为不对称、民族主义时有泛滥、"安全困境"若明若暗、核心国家合作有限、国际合作机制缺失等各种消极因素，使现实中复杂多变的利益博弈从不同领域、不同方位释放阻力，对东亚经济一体化进程形成严重掣肘。深入探索东亚经济一体化进程中的开放性，剖析东亚经济合作进程与开放性战略选择之间的相关性，无疑具有特殊的重要性。

【关键词】 东亚 经济合作 开放性 制约

【作者简介】 苗红妮 中国传媒大学文法学部国际关系研究所副教授，博士。

区域经济合作是当今世界经济发展的一大趋势，实现区域经济合作多样化也是大势所趋。与欧洲、北美大力推进区域经济集团化不同，东亚在经济一体化方面尽管尚未取得预期的实质性进展，但是有关国家在密切彼此经济联系过程中所形成的合作模式具有鲜明的地区特色。迄今为止，奉行开放的地区主义（Open Regionalism），已成为引领东亚经济合作发展潮

《国别和区域研究》（第 1、2 期），第 199~207 页。

流的一面旗帜。坚持"开放性"的地区理念，对推进东亚经济合作深入发展具有重要意义。

一 "开放性" 在东亚一体化进程中的重要作用

开放的地区主义最初发轫于亚太地区合作。亚太经济合作组织（APEC）提出开放的地区主义，旨在解决区域贸易与全球贸易之间的关系问题。对 APEC 来说，开放的地区主义包含三层意思：APEC 成员间相互开放、平等互利；APEC 不歧视亚太地区的次区域经合组织；亚太地区投资和贸易自由化的结果，将不仅仅是 APEC 经济体之间，也将是 APEC 经济体和非经济体之间障碍的减少。与其他区域组织相比，APEC 独树一帜的开放的地区主义更加符合亚太国家不同的经济发展水平和承受能力，使它们不同的权益和要求得到平衡，而且对完善全球多边谈判机制具有参照意义。

开放的地区主义是东亚经济合作的重要原则。回顾历史不难发现，东亚的发展与繁荣得益于东亚的开放。根据世行 2012 年 10 月发布的《东亚与太平洋经济数据监测》报告，过去 20 年东亚与太平洋地区在全球经济中的份额增加了两倍，从 6% 增加到今天的近 18%，该地区经济的持续增长对世界其他地区经济复苏有重要作用。相比欧盟、北美自由贸易区而言，东亚国家普遍采取一种更加开放、包容的经济合作态度。早在 2005 年，东亚区内贸易总额就已接近 3 万亿美元，占其外贸总额的比重超过 50%。各种自贸区（FTA）的建设同 APEC、亚欧会议等多种合作机制形成了优势互补、协调并进的局面，是东亚经济合作框架的一个特点。随着 10 + 6 模式的逐渐成型，"开放性"赋予东亚经济合作新的内涵，即深化东亚经济合作的战略空间日趋宽广。以与东盟峰会同期举行的东亚峰会为契机，东亚系列峰会的召开推动东亚经济合作呈现一种多形式、多层次、多速度的发展趋势。东亚峰会由东盟轮值主席国主办，是一个开放、包容、透明和具有前瞻性的论坛。东盟提出的参加东亚峰会的三个基本条件包括应是东盟的全面对话伙伴,已加入《东南亚友好合作条约》,与东盟组织有实质性的政治和经济关系。截至 2015 年 8 月,东亚峰会已经举办九届,其"扩容"大门并没有关闭的迹象。随着 2011 年 11 月美国、俄罗斯成为东亚峰会的正式成员,东亚经济合作开始迎来 13 + 5 模式(另有观点将本区域的中、日、韩三国混淆于域外者,把东亚峰会混淆于东盟扩大会议,故而称之为 10 + 8 会议)。时至今日,开放的地区主义已经超越 APEC 模式,成为东亚经济一体化进程中异军突起的一面旗帜。

二 "开放性"目前在东亚一体化进程中的若干倾向

首届东亚峰会以来,这一新的地区合作机制备受关注。东亚系列峰会坚持开放、包容、透明的原则,循序渐进,先易后难,优势互补,为推动东亚地区整合开展了实质性合作,关乎东亚未来合作走向。东亚系列峰会丰富和发展了地区主义的"开放性"思维,同时也带来了一些新问题:例如,开放东亚经济合作空间的真实动力是什么,东亚经济合作的开放有无"硬件"限制等。为此,应准确认识"开放性"对东亚经济合作的基本要求,避免出现对东亚地区主义的误解。透过东亚系列峰会,目前东亚经济合作的"开放性"出现了几个值得警惕的倾向。

一是整体不协调——经济合作一枝独秀,并未实现应有的"溢出效应"。东亚在经济领域的合作启动最早、效果最好,区域贸易依存度由 20 世纪 80 年代的 30% 上升到 2010 年的 60% 左右。自 2004 年 10 + 3 的 13 国领导人提出建立东亚自贸区的设想以来,10 + 3 成员国专家历时五年多的一项研究结果显示,东亚自贸区的建成将使东亚各国的 GDP 总体提高 1.2%,经济收益增加 1046 亿美元;其中,东盟各国总体 GDP 提升 3.6%,中、日、韩三国平均增长接近 1%。当然,东亚经济合作距离成熟的一体化目标还有不小差距。东亚国家从欠发达国家到最发达国家的发展层次样样齐全,发展水平落差过大,容易引发区域经济合作目标的分歧。然而,东亚国家在经济领域的合作效应并未有效地"外溢"到其他领域。东亚国家大多习惯于推进经济合作，而在安全等领域的合作相对滞后。东亚区域整体协调发展可望而不可即，这无疑会增加人们对东亚经济合作发展前景的担忧。例如，东亚经济合作并未冲破地区安全困境的魔咒——东北亚仍存在半岛对峙的冷战遗产，地区安全合作机制仍在探索之中。经济领域的内外互动只是东亚区域合作的重要内容，不能涵盖或者取代其他领域合作。

二是淡化地缘情结——非东亚化趋势备受推崇。深化同区域外成员（观察员）的务实合作，是东亚国家推进经济合作的一个重要着力点。区域外国家参与东亚经济合作进程，能够开拓东亚经济合作的发展空间。但在一个主权国家构成的国际体系中，认识地区主义的逻辑起点仍然不能脱离"区域"一词的地理本义。种种迹象表明，名为"东亚"的地区合作峰会远远超出了地域限制，蕴含了一股"远离东亚"的发展态势。东盟对澳大利亚、新西兰和印度参加首届东亚峰会提出的认证条件较为宽松，并为东亚峰会的再次扩展打开了方便之门，例如，美国、俄罗斯已经顺利参加 2011 年召开的第六届东亚峰会。如果开放东亚合作的空间没有明确的地域限制，甚至默认区域经济合作逐渐淡化东亚色彩，那么这种合作模式将逐渐失去吸引力。无限制的泛东亚化或非东亚化，明显背离开放东亚经济合作空间的初衷。

三是大国合作有限——核心国家之间的"战略合作"有待加强。不同于其他区域经济合作，东亚经济合作呈现东盟"以小搏大"的独特表现。东盟是东亚地区最早着手一体化进程的次区域组织，也是东亚一体化的积极倡导者。东亚合作之所以出现"小马拉大车"的局面，既有东盟自身努力追求的因素，更是东亚国际力量博弈的结果。作为区域内大国，中国始终坚持"与邻为善、以邻为伴"的方针和"睦邻、安邻、友邻、富邻"的政策，公开表明绝不会谋求东亚地区经济合作的主导权，并且支持东盟 2015 年建成政治安全共同体、经济共同体、社会文化共同体的目标。日本多次公开充当东亚地区合作领袖的意愿，并采取了一系列针对性措施，如主推经济伙伴协定（EPA），力邀域外大国东亚参会。但不管是在综合国力还是发展潜力方面，日本难以实现东亚领袖的战略目标。更何况，不少东亚国家对日本侵略的历史记忆犹新，自然对"东亚共同体"等日本所谓的经验式倡议保持距离。对于区域经济合作的引领，中日两国存在"分歧"，为东盟巧妙发挥以小博大的作用创造了外部条件。东盟能够破解区域经济合作"群龙无首"的难题，但是其领导作用时常发生"失灵"现象。东盟成员发展水平不同、历史背景各异、宗教信仰异常多样、政治制度各有千秋，这些因素导致东盟在推动区域经济合作方面难有"大作为"。加之中日关系远远超出了东盟的协调范围，这也决定了东盟的领导角色时常出现力所不逮的特点。随着美国高调"返回"东亚，巧妙推进亚太"再平衡"战略，强力推销《跨太平洋战略经济伙伴协定》（TPP），东亚的大国合作机制将发生重大变化，中日围绕区域领导权的"暗战"可能变得更为复杂。随着13＋5模式如期而至，东亚经济合作的政治构架必将更为复杂，大国之间关于合作方案的博弈日趋激烈。欧洲联盟成为区域经济合作的一个成功样板，与英、法、德"三驾马车"的联合推动息息相关。区域经济合作无论是封闭还是开放，都不能脱离域内大国合作这条"主轴"。东亚地区主义的"开放性"并非意指区域主导权的无限制开放，而是希望域内核心国家展开有效合作。

四是制度建设若隐若现——"免费搭车"式合作屡见不鲜。一种观点认为，开放东亚合作空间就是要彻底打破传统区域合作的制度藩篱。但是，对于东亚国家来说，忽视制度建设，更加容易导致区域经济合作频频出现"搭便车"现象。东亚已形成地区合作机制多头并进的局面，主要有10国、10＋1、10＋3、中日韩、东亚峰会等合作机制。如何协调这些形式各异的地区合作机制，实现优势互补，是深化东亚合作亟待解决的现实难题。贸易自由化进程大多要接受普遍规则和强制措施的约束，而东亚区域贸易合作则缺少必要的硬性约束。这自然会引起人们关注这样一个核心问题：对于全球贸易自由化进程而言，东亚区域贸易是一个助推器，还是一块绊脚石？鉴于东亚地区国家几乎都已经成为WTO的成员，正确处理区域内多边合作与全球多边经贸体制之间的关系，对于东亚经济合作有着重要意义。经验表明，明显缺乏制度安排的区域经济合作，其象征意义一直大于实际意义，甚至会阻碍经济全球化的深入发展。如果东亚经济合作始终未能具备必要的机制性，那么其发展后劲必然大打折扣，也难以真正实现有所作为。开放东亚区域的合作空间需要协调非制度化与制度化之间的关系，而不能一味回避制度建设的重要作用。

三　东亚经济一体化进程中"开放性"构想的着力点

开放区域合作空间，为推进东亚经济合作注入新的动力。促进东亚经济合作，坚持开放的思维和保持政策的透明，已成为影响东亚经济合作发展前途的重要因素。秉承地区主义的"开放"思维，未来东亚经济合作应努力做好三方面的工作。

一是促进核心国家的务实合作。大国是推动区域合作的关键，如果没有域内大国的联合推动，那么东亚国家整体上将在全球经济竞争中日趋边缘化。近年来，由于日方在钓鱼岛问题上发难，中日关系日益紧张，严重影响东亚经济合作向新高度迈进。中日应共同推动建设战略互惠关系，为东亚经济合作提供最为重要的支持力量。构建中日战略互惠关系，要在建立多层面交流机制的同时，选好若干突破点，如大力推动中日之间高速铁路建设、环保型汽车开发、其他环保新技术合作、新式清洁能源开发、可持续能源等方面的重大经济技术项目合作。当前，中国坚持"亲、诚、惠、容"周边外交理念，将继续以中国－东盟合作为基础、10＋3 合作为主渠道，深入参与东亚合作，推动东亚合作健康稳定向前发展。积极响应中国"一带一路"的合作倡议，理应成为日本发展两国"战略互惠"关系的重要内容。当然，也要稳妥处理美国因素对中日关系的影响，推动中、美、日三边关系朝着等边三角形的方向发展。美、中、日三国是当今世界前三大经济体，三者关系的好坏直接关乎东亚合作进程。

二是加强对机制建设的有力支持。东亚地区已有一定形式的制度安排，如上海合作组织、东盟、亚太经合组织等主要区域合作组织，但大多处于探索之中。在可预见的未来，从功能性一体化的"软地区主义"（soft – regionalism）向制度性一体化的"硬地区主义"（hard – regionalism）过渡，将是深化东亚经济合作的一个发展方向。加强机制建设，将是推进东亚区域合作的重点投入领域。为此，应制定一种有的放矢、层级分明的东亚机制发展战略。从目前的形势看，加强探索独自的区域内金融合作机制，是一种行之有效的方法。鉴于国际金融危机对东亚经济带来的剧烈冲击，以及区域内贸易和金融相互依赖性的快速增强，各方在"清迈倡议"多边生效、10 + 3 区域外汇储备库建成的基础上，继续落实《亚洲经济金融稳定行动计划》，不断探索平衡短期市场波动等有关金融制度安排。适时扩大区域内贸易权重，将中国 – 东盟自由贸易区协议（FTA）逐步向中亚、东北亚和南亚国家推广，处理好区域内双边合作与多边合作的关系。如果东亚经济合作始终以双边贸易协定为主导，将背离东亚经济合作机制化的"开放"精神。除了继续推动大湄公河次区域（GMS）建设、泛北部湾经济区建设、海西区建设，也要关注图们江等东北亚次区域经济合作，以期将民间合作提升至官方合作水平。需要强调的是，尽可能利用现有机制，不宜再提新的多边机制。中国周边是一个以中小国家为主的地区，如果忽视客观实际而一味强调区域机制的"破旧立新"，有可能加深周边中小国家对中国和平发展战略走向的猜疑。

三是注入区域身份的认同观念。区域认同的缺失是东亚地区主义异常活跃而略显松散的主要原因。在推动区域经济合作的过程中，东亚国家常常强调国家层面的"身份认同"，注重国内层面的利益考虑，而很少关注不同国家之间的"社会学习过程"。一个明显的事实是，东亚国家不仅没有形成一种共同的外部安全观念，而且有些国家还在制造和散布各种"威胁"论调。东亚国家在经济制度、政治体制、发展模式、价值观念、生活方式等方面差别很大，历来缺乏一些类似大欧洲的区域观念，甚至也没有泛非主义之类的整体观念。反观欧洲联盟的发展历史，共同观念（包括安全观念）为区域经济合作的深入发展提供了强大的动力支持。欧盟的经验表明，区域身份或者认同的形成，往往是检验区域经济一体化是否深化的最终标准。尽管区域认同的缺失是目前东亚经济合作的一个明显不足，但也恰恰是东亚区域一体化深入发展的不竭动力所在。东亚终究是东亚人的东亚。域外国家的介入，不应"鸠占鹊巢"，取代东亚自身的合作。东亚一体化进程越是处于低迷阶段，越需要树立"东亚合作"的地区信心，在具体事务上扎实推进东亚合作。为此，应积极倡导以儒家思想、王道政治为核心内容的区域文化，通过多边对话来增加彼此的认同感与信任感，推动东亚各国构建起合适的"区域"理念。以文化外交来推动中国与邻国之间的友好合作，必将为东亚经济合作深入发展提供持久动力。

目前，东亚处于最佳发展阶段，东亚经济合作正展现出前所未有的机遇。站在历史新起点上，东亚及有关各国要以长远眼光和开放心态看待彼此关系，秉持开放包容、合作共赢精神，致力于开放式发展，放大正面联动效应，推动地区政治安全、社会文化进一步融合，进而将引领东亚一体化进入全新发展阶段。"地区开放"唯有在更大范围、更广领域、更深层次上实现新突破，东亚合作的明天才会更美好。

An Exploration into the "Openness" in the Process of East Asian Economic Integration

Miao Hongni

Abstract: East Asian cooperation is imperative because it is both the forerunner of Asian economic integration and the bright spot of Asian regional cooperation. Compared with Europe, North America, East Asia as one of the three regional plates of world economy lags far behind in achieving the goal of economic integration. East Asian countries are faced with various negative factors, including vastly different conditions, extremely asymmetric interdependence, on – and – off flooding nationalism, semi – transparent "Security

Dilemma", limited cooperation between core nations, and lack of international cooperation mechanisms, which jointly prompt the already complex benefit game to release resistance in an all – round manner, thus constituting a serious handicap in the process of East Asian economic integration. Therefore, it is of special importance to explore in depth the openness in the East Asian economic integration process and the correlation between the process of East Asian economic cooperation and choice of open strategies.

Keywords: East Asia, Economic Cooperation, Openness, Restraint

阿拉伯世界极端势力发展壮大的多维透视

【内容提要】　 2014 年，中东局势持续动荡，极端恐怖势力肆意横行，对地区和国际安全构成严重威胁。叙利亚内战引发的伊斯兰教派冲突、伊拉克"后美军时代"的混乱局面、埃及"后穆兄会时代"的安全局势堪忧、利比亚教俗之争日渐白热化等，这些都为阿拉伯世界极端势力的发展壮大提供了"温床"，尤其是号称"伊斯兰国"的极端武装在叙伊边境地区的快速崛起，其攻城略地的战斗力、圣战狂热的煽动力和令人发指的恐怖行径，更令国际社会特别是周边国家寝食难安。本文以 2014 年度与阿拉伯世界极端势力相关的重大事件为线索，对极端势力的主要表现、发展壮大的原因及其对中东未来局势的影响等方面予以梳理和分析。

【关键词】　 极端势力　伊斯兰国　阿拉伯　美国

【作者简介】　 涂龙德　 中国国际广播电台阿拉伯语译审、中东问题首席专家。

　　　　　　　戴　贝　 中国国际广播电台阿拉伯语部翻译。

　　2010 年末以来，发端于北非突尼斯、席卷阿拉伯地区多个国家的变革风暴，不仅未能有效推动当地民主进步和民生改善，反而加剧了地区动荡。更令人担忧的是，极端恐怖势力乘机发展壮大，对地区安全与稳定造成巨大破坏，构成了持续威胁。为深入认识极端势力对地区和国际和平的危害性，本文拟以 2014 年度相关重大事件为线索，以所谓的"阿拉伯之

《国别和区域研究》（第 1、2 期），第 208 ~ 222 页。

春"及其灾难性结局为大背景,从极端势力发展壮大的主要表现、深层次原因及其对中东局势的影响三大方面,对阿拉伯世界近几年来极端势力的发展壮大予以多维透视。

一 阿拉伯世界极端恐怖势力壮大的主要表现

盘点 2014 年的中东局势变化,最令人震惊的莫过于"伊斯兰国"(Islamic State,IS)的横空出世及其暴力恐怖的肆虐横行。这一年,这个在伊拉克诞生、在叙利亚内战中成长、在伊斯兰教派冲突中逐渐做大的恐怖组织,终于有了自己的"国家"。2014 年 6 月 29 日,由"伊拉克伊斯兰国"(ISI)和叙利亚极端组织"支持阵线"合并仅一年的"伊拉克和沙姆伊斯兰国"(Islamic State of Iraq and al – Sham,ISIS)组织,在互联网上以多种语言发表书面声明,正式宣布建立"伊斯兰国"。从一个极端组织演变为一个"国家",这在中东地区的极端势力发展史上具有里程碑式的意义。对那些抱有同样宗教建国狂热的圣战分子来说,其煽动和鼓舞作用威力巨大。有分析人士认为,"伊斯兰国"的"建国"举措,其影响堪与恐怖大亨本·拉登 1998 年 2 月将阿富汗圣战组织改造成为"反犹太和十字军世界阵线",即我们后来所熟知的"基地"组织相提并论。

众所周知,"伊斯兰国"早期的目标仅局限在伊拉克逊尼派穆斯林聚集区建立根据地,但随着其参与到叙利亚内战之中,势力范围不断扩大。目前,"伊斯兰国"控制着伊拉克和叙利亚的多个城市和村庄。2014 年 8 月,"伊斯兰国"一度攻占伊拉克西部安巴尔省的费卢杰和拉马迪,以及伊拉克第二大城市摩苏尔,并控制了当地的石油管道和水坝等战略设施。在叙利亚,"伊斯兰国"趁内战迅速扩张,不仅打击巴沙尔政权,也同样打击其他相对温和的叙利亚反对派,攻占了拉卡、阿勒颇、代尔祖尔等省份的大片土地,并控制了叙利亚和土耳其的边境关卡。此外,"伊斯兰国"还将其势力蔓延渗透至黎巴嫩境内。2014 年 8 月,"伊斯兰国"武装分子对黎巴嫩东部与叙利亚接壤的阿尔萨勒地区的军事设施发起攻击,与黎巴嫩军队激烈交火，甚至一度占据阿尔萨勒镇。根据西方媒体报道，"伊斯兰国"目前约有上万名武装人员，其中包括来自北非及海湾地区的逊尼派穆斯林，甚至还有皈依伊斯兰教的欧美人士。[①] 另外，"伊斯兰国"还在伊拉克、叙利亚夺取数个油田的控制权，缴获了大量枪械、坦克、装甲车、火炮等，为其生存和发展提供了资金和武装上的保障。

应该看到，组建"伊斯兰国"的两大核心力量，即伊拉克和叙利亚的极端势力并非铁板一块，后者更加强调其对"基地"组织的效忠。虽然，两股势力在一年前便已出现同流合污的趋势，"伊斯兰国"头目巴格达迪 2013 年 4 月宣布成立 ISIS 时曾宣称，"支持阵线"是"伊拉克伊斯兰国"的延伸和部分，而且早在叙利亚内乱爆发初期，"基地"伊拉克分支就向叙利亚部署了"老练战士"，并向当地建立的"支持阵线"基层组织提供资金，但当时出于安全原因没有公布两者的关联。[②] 随后，"支持阵线"否认其加入 ISIS，而是效忠"基地"组织头目扎瓦希里，但并不否认它曾与 ISIS 联合行动。

"伊斯兰国"企图通过暴力手段建立一个涵盖伊拉克、叙利亚、黎巴嫩、巴勒斯坦等大片地区的政教合一的伊斯兰神权国家，并号召全世界的穆斯林支持并效忠"国家领导人"，即"哈里发"，巴格达迪自命为"伊斯兰国"首位哈里发。从最初的"伊拉克伊斯兰国"更名为"伊拉克和沙姆伊斯兰国"再到"伊斯兰国"，该组织的野心可见一斑，伊斯兰世界的任何角落都可能成为其目标。"伊斯兰国"在其掌控的区域内强行推行伊斯兰教法，设立以伊斯兰教法为准绳的司法、行政机构，并颁布一系列严格的法令，如禁止平民吸烟、妇女必须佩戴面纱等。

在制造暴恐事件方面，"伊斯兰国"不仅针对美、欧等西方势力施暴，也针对什叶派穆斯林，甚至包括逊尼派在内的平民；不仅发动爆炸袭击，而且还暗杀政治对手，公开屠杀异教徒和政府军俘虏，对外国人质进

---

① 德国之声：《"伊斯兰国"的来龙去脉》，《参考消息》2014 年 8 月 12 日。

② 庄北宁：《"基地"伊拉克分支联手叙"救国阵线"》，新华网，2013 年 4 月 11 日。

行斩首。当"伊斯兰国"攻下一处城池时，常常将俘虏的数以百计的政府军士兵或当地的异教徒当场斩首示众，并将屠杀视频或照片上传到网络，以制造恐怖气氛。2014 年 6 月，"伊斯兰国"成员在社交网站上公布照片称，他们处决了 1700 多名政府军俘虏，引起国际社会震惊。2014 年 8 月，"伊斯兰国"对伊拉克少数族裔亚兹迪人进行种族屠杀的传闻引起联合国高度关注。此外，截至 2014 年 12 月，已经有至少 2 名英国人质、3 名美国人质被证实遭"伊斯兰国"处死。"伊斯兰国"的残暴行径遭到各方谴责，甚至其旧东家"基地"组织在 2014 年 2 月宣布已切断和 ISIS 所有联系，理由是其极端野蛮和残忍。[①]

过去一年中，盘踞在埃及西奈半岛的极端势力发展壮大也十分令人担忧。虽然当地的极端势力历史悠久，早在 2011 年初埃及发生政治动荡、西奈半岛出现"真空"后，盘踞在当地的伊斯兰极端分子便成立了一个名为"耶路撒冷支持者"（Ansar Bait al – Maqdis）的圣战组织，并宣称以色列为其攻击目标，随后该组织发动了多次针对埃以天然气管道和以色列军队的爆炸袭击。2013 年 7 月，具有穆斯林兄弟会背景的穆尔西被军方解除总统职务，此后穆兄会又被埃及当局定性为恐怖主义集团，穆兄会中一些激进分子转而与"耶路撒冷支持者"等恐怖组织合流。[②] 西奈半岛的恐怖袭击事件变得更加频繁，"耶路撒冷支持者"发动的袭击，也转而针对当地埃及军方、警方的安保力量。据媒体统计，自 2013 年 7 月以来，极端分子发动的多次袭击已造成 500 多人死亡，其中大多数是军人和警察。"耶路撒冷支持者"宣称制造了其中大多数袭击事件。尽管埃及军方不断加大对西奈半岛恐怖组织的清剿力度，但"耶路撒冷支持者"等极端势力依然不容小觑，反恐形势十分严峻。

最令埃及塞西政权头痛的是，埃及极端分子从过去主要以西奈半岛为

---

① Liz Sly and Jabbar Yaseen, "Iraq jailbreak highlights al – Qaeda affiliate's ascendancy", *The Washington Post*, July 23 2014.

② 陈向阳、张远、马岩：《"阿拉伯之春"发源地成"伊斯兰国"兵源国》，《国际先驱导报》2014 年 11 月 4 日。

基地发动袭击，转向在埃及全境制造暴力，袭击目标更广、杀伤力更大。2013 年 12 月 24 日，埃及北部曼苏拉市警察局总部遭到恐怖袭击，造成至少 15 人死亡、100 多人受伤。2014 年 2 月，一辆搭载韩国游客的大客车遭自杀式袭击，造成 3 名韩国人和 1 名埃及司机遇难。2014 年 10 月 24 日，北西奈省的一处军事检查站遭到自杀式汽车炸弹袭击，造成 30 多名士兵死亡，这是 4 年以来埃及遭遇的最严重的恐怖袭击。以上几起事件均由 "耶路撒冷支持者" 负责。2014 年 11 月，埃及海军的一艘巡逻艇在地中海沿岸达米埃塔海港遭袭，造成海军方面 5 人死亡、8 人失踪。这是武装分子首次从海上向军方发动袭击。

埃及的极端组织同周边地区恐怖势力有着千丝万缕的联系。埃及执政当局一直指责有穆兄会背景的哈马斯是西奈极端势力的幕后支持者，但哈马斯予以坚决否认。埃及官方还表示，有证据显示，"耶路撒冷支持者" 组织与 "基地" 有过资金和人员的交流。① 2014 年 11 月 10 日，"耶路撒冷支持者" 宣布效忠 "伊斯兰国" 头目巴格达迪，"伊斯兰国" 也发表声明表示认可，称将把该组织变成它在西奈半岛的分支。分析认为，外部恐怖势力渗入埃及是整个中东恐怖势力外溢效应日趋显现的体现。

利比亚极端势力借乱坐大，引起周边国家和国际社会高度关注。2014 年 11 月，联合国安理会决定将利比亚极端组织 "伊斯兰教法支持者" （Ansar Al – Shariah） 列入恐怖组织黑名单。该组织成立于 2012 年 6 月，主要盘踞在利比亚东部的班加西、艾季达比耶、苏尔特等城市，在地中海海滨城市达尔纳也有分支，其头目穆罕默德·扎哈维曾在阿布·萨利姆监狱服刑。达尔纳分支头目苏夫岩·本·古姆曾当过本·拉登的司机，2001 年在阿富汗被捕，直至 2010 年在卡扎菲基金的推动下，宣誓放弃圣战思想后从利比亚的监狱里被释放。

一些西方国家认定，"伊斯兰教法支持者" 班加西和达尔纳分支在利

---

① 陈向阳、张远、马岩：《 "阿拉伯之春" 发源地成 "伊斯兰国" 兵源国》，《国际先驱导报》2014 年 11 月 4 日。

比亚制造了一系列恐怖袭击，包括爆炸、绑架和谋杀。美国、英国、法国向联合国安理会提交制裁"伊斯兰教法支持者"的提案文件显示，"伊斯兰教法支持者"参与了 2012 年 9 月袭击美国驻利比亚班加西领事馆，造成美国大使克里斯托弗·史蒂文斯和另外 3 名美国人丧生。"伊斯兰教法支持者"还同利比亚境外恐怖势力有诸多关联。自 2012 年起，该组织在班加西组织多个训练营，帮助伊拉克、叙利亚和马里的武装组织训练成员；2013 年参与制造阿尔及利亚艾因阿迈纳斯气田劫持杀人案的 24 名极端人员中，12 人曾在班加西训练营受训。

利比亚政治上的混乱局面还为国外恐怖势力的渗透创造了条件。目前"伊斯兰国"的势力已经延伸进利比亚。2014 年 4 月，"伊斯兰国"中的许多利比亚极端分子返回达尔纳，成立了"伊斯兰青年协商会议"，并开始联合当地的"伊斯兰教法支持者"达尔纳分支和其他一些极端组织。10 月，"伊斯兰青年协商会议"宣布达尔纳成为"伊斯兰国"的一部分，并强迫当地居民宣誓效忠"伊斯兰国"头领，达尔纳成为除伊拉克和叙利亚的部分地区之外加入"哈里发国"的首座城市。目前，"伊斯兰国"势力在达尔纳实施严厉的宗教法律，并宣称要将更大范围内的利比亚东部地区纳入"伊斯兰国"的版图。这无疑使周边国家——埃及、突尼斯和阿尔及利亚受到的恐怖威胁进一步加剧。① 2014 年，8 名突尼斯特种部队士兵在临近阿尔及利亚边境的山区遭伏击身亡。当局认定这些事件均为"伊斯兰教法支持者"等与"基地"关联的恐怖组织所为。

二 极端恐怖势力发展壮大的原因

阿拉伯世界极端势力迅猛壮大，美国作为世界头号霸主应负主要责任。美国无疑是当前中东乱局的"始作俑者"，其长期以来霸权主义、利己主义又始乱终弃的中东政策，为中东地区人民埋下极端势力坐大这一"苦果"。

---

① 穆罕默德·卜尤米：《变革后利比亚东部的恐怖组织地图》，http://tahrirnews.com。

奥巴马政权自 2009 年担任美国总统以来，为实现战略东移，放弃了前任小布什政府奉行的单边主义，采取多元外交政策。在中东事务上，美国显现出战略收缩的意图。一方面，美国努力通过开展对话广泛接触阿拉伯国家，以期缓和与伊斯兰世界的关系；另一方面，美国希望其他国家共同参与其主导的中东和平进程，以期保持自身在中东地区的影响力、重塑其在中东的"领导者"形象。然而，美国的外交政策无论进行怎样的调整，根本上始终奉行的是霸权主义和利己主义政策。中东地区近年来局势出现动荡后，美国均从自身利益出发制定对策，其间充满了机会主义与功利主义的色彩。这样的做法客观上不仅引发了新的混乱、动荡产生，而且为极端恐怖势力的发展提供了温床。

在伊拉克，小布什政府以"反恐"为名于 2003 年对伊拉克发动战争，但结果导致恐怖暴力在这个国家成为常态。为改变美国深陷战争泥潭的被动局面，奥巴马上任伊始即承诺从伊拉克撤军。然而，当 2011 年末美军完全撤出伊拉克时，民主、法治和自由的目标远未在这个国家实现，相反，民族、教派冲突等战争连锁效应愈发显现。一定程度上，权力真空更加助长了宗教极端势力的嚣张气焰。批评人士在当时就曾警告说："美国从伊拉克将部队撤离，甚至连象征性的驻军都不留下，几乎就是在开门揖盗。"①随着美军撤出伊拉克，"基地"组织在伊拉克的分支趁势回潮，频频制造暴恐事件，终于演化壮大为如今的"伊斯兰国"。即便在当前"伊斯兰国"对地区安全造成严重破坏的情况下，奥巴马因担心美国重蹈覆辙，对打击"伊斯兰国"顾虑重重，并明确拒绝派出地面部队，继而强调伊拉克战争给美国人造成的"创伤"和伊拉克当前危机不能通过军事途径解决。②

在叙利亚问题上，美国为了支持叙利亚反政府武装对抗叙利亚政府，向叙利亚反对派提供武器和资金支持，并一度大力推动武力干预计划，但

---

① 信莲：《伊拉克动乱事出有因　五大预言全部应验》，《中国日报》2014 年 6 月 14 日。
② 易爱军、周而捷、赵卓昀：《美国中东政策向何处去》，新华网，2014 年 6 月 21 日。

考虑到叙利亚局势的复杂性和敏感性，美国搁置了军事打击计划，试图维持叙利亚反对派和政府的相对平衡。在这一过程中，叙利亚反政府武装和极端势力的界限日渐模糊，大量武器实际流入了极端分子手中。而美国为遏制巴沙尔政府，在对当地恐怖组织的认定上，表现出毫不遮掩的双重标准。当地恐怖势力正是在美国的纵容下才得以壮大实力；同时，伊拉克的"伊斯兰国"势力也抓住机会在叙利亚战场分得一杯羹。

在利比亚战争中，美国为推翻卡扎菲政权，对恐怖主义组织采取新的策略，默许"基地"组织势力在利比亚扩张，参与打击卡扎菲军队。利比亚"反卡"力量中的多名头领都出身恐怖组织。据 BBC 等媒体报道，曾一度担任利比亚反对派武装"司令"的贝尔哈吉（Abdel Hakim Belhadj）便是恐怖主义组织"利比亚伊斯兰战斗团"的头目。反对派武装中的另一个重要人物哈赛迪（al – Hasady）同样与本·拉登关系密切，2001 年他曾被美国关进关塔那摩监狱，2007 年被移交给利比亚政府。然而，美国和北约主导武力颠覆卡扎菲政权后，却没能使该国顺利走上政治重建进程，孱弱的利比亚政府根本无力掌控局势，各地派系武装林立，并互相争夺地盘。与此同时，国家日益撕裂使极端势力渐成气候，除了一些在卡扎菲统治时期受到高压的恐怖组织死灰复燃，还涌现出多个新的极端组织。这些极端组织活动肆虐，使利比亚成为恐怖主义的新天堂。

在对埃及政局变化的态度上，美国的利己主义色彩更是清晰可见。2011 年初埃及动乱爆发后，美国见穆巴拉克大势已去，便将其一脚踢开，开始同当地的伊斯兰势力进行接触。穆斯林兄弟会背景的穆尔西当选总统后，奥巴马即致电祝贺，并表示期待与穆尔西一道建立"战略伙伴关系"。然而穆尔西上台仅一年就被埃及军方罢黜，美国仅象征性地对此给予谴责，最终认可了埃及的军人政权。美国以自身利益为出发点做出的一系列反应，一方面纵容了当地恐怖势力的猖獗，另一方面使穆斯林兄弟会等伊斯兰势力愈加失望，部分成员转向极端道路。

总之，美国在中东地区近年来出现动荡的关键时刻，因避免自身陷入困境而采取相对收缩策略，但始终没有放弃新干涉主义和强权政治的基本政策，导致中东国家各种新旧矛盾被激化，极端恐怖势力乘机获得了发展壮大的绝佳机会。

阿拉伯世界极端势力的发展壮大，也与近几年中东乱局为极端势力铺就的"温床"有关。一些阿拉伯国家在经历了政局剧变之后，原本旨在实现民主、自由的"阿拉伯之春"最终成为噩梦，迎来的结果是社会秩序的混乱、经济生活的停滞甚至是政治民主的倒退，而这些恰恰为恐怖活动滋生、蔓延创造了有利土壤。

突尼斯作为在所谓"阿拉伯之春"中首个政权更迭的国家，变革后不仅经济不振、物价飞涨、失业率高涨等问题依旧，而且政治暴力苗头出现，多名反对党政客遭暗杀，致使全国爆发多次大规模游行，议会一度停摆。紧随突尼斯的埃及在穆巴拉克政权倒台后，局势更为紧张，国内各派不断角力，游行、罢工一度成为社会常态，流血冲突时有发生。在埃及这个阿拉伯世界影响力很大的国家，穆斯林兄弟会的短暂上台几乎成为一场闹剧，经济社会和民生发展付出巨大代价。也门萨利赫政权下台后，北部胡塞反政府武装、南部分离势力的持续活跃，刺痛着该国安全与稳定的神经。利比亚政权的更迭本身就以残酷的战争方式而实现，战后不仅没能顺利走上政治重建轨道，而且部族矛盾被重新激化，武装冲突愈演愈烈，国家甚至已处于分裂边缘。此外，叙利亚陷入长期内战泥潭、伊拉克教派矛盾持续激化、索马里局部面临的"无政府状态"等，使这些国家安全状况不断恶化、社会动荡不堪。

教派、民族冲突也加剧助长了极端势力盛行。作为伊斯兰教的两大派别，逊尼派与什叶派的分歧由来已久，但从整个地区而言，两派在相当长时期内并未发生大规模冲突。中东剧变发生，尤其是叙利亚危机升温后，地区教派矛盾日益激化。当权的阿萨德家族属于什叶派中的阿拉维教派，因此得到中东什叶派力挺。伊朗政府、黎巴嫩真主党不遗余力为叙利亚政府军提供武器、人员方面的支持；伊拉克什叶派政府因顾及国内教派争端，表面上不干涉叙利亚内政，但实际上也站在叙利亚政府一边，放任本国什叶派武装人员参与叙利亚内战。叙利亚反对派则得到沙特、卡塔尔、土耳其等逊尼派国家支持，以压制叙利亚、黎巴嫩真主党、伊朗形成的"什叶派联盟"。叙利亚教派冲突同时激化了伊拉克、也门等国的教派矛盾，并被极端恐怖势力利用，成为暴力导火索。

在逊尼派、什叶派、库尔德人三个族群并存的伊拉克，教派、民族矛盾尤为突出。萨达姆掌权时期，伊拉克逊尼派虽是少数派，但长期处于统治地位，什叶派被排除在国家政治生活之外。当时形成的一批什叶派穆斯林抵抗组织，主张通过伊斯兰革命推翻复兴党的统治，但均遭到萨达姆政权的严厉打击和镇压。集中在伊拉克北部的库尔德人虽属于逊尼派，但因有着强烈的民族独立愿望，也与中央政府形成对峙、冲突。萨达姆政权对什叶派和库尔德人进行的残酷镇压，为教派仇恨埋下了更深的种子。2003年伊拉克战争后，逊尼派、什叶派和库尔德人三个主要群体的地位发生了重大变化。美国试图通过平衡三者力量推进伊拉克的和平与稳定，结果事与愿违，战后伊拉克什叶派和库尔德人的政治崛起反而成为教派冲突加剧的催化剂。地位一落千丈的逊尼派穆斯林痛恨美、英联军占领，其激进势力不断制造针对美军和什叶派穆斯林的暴力恐怖活动。此后，尽管具有人口数量优势的什叶派通过选举成为议会和政府中的主导力量，库尔德人则成为继什叶派之后的第二大政治力量，但随着伊拉克战后重建工作迟缓、社会治安持续恶化及失业率增加，长期受压抑的什叶派和库尔德人也对美、英占领表现出强烈不满。

从外部环境看，沙特、科威特、巴林等逊尼派主政的海湾国家也有大批什叶派穆斯林，这些国家担心伊拉克教派冲突加剧引发国内什叶派连锁反应，危及自身统治地位，因此对伊拉克逊尼派表示支持。而伊拉克的邻国、什叶派占统治地位的伊朗，则表现出对伊拉克什叶派的支持。由此可见，伊拉克国内教派的冲突也已上升为地区教派利益的博弈。

正是在这样的内外环境下，伊拉克大量宗教极端分子走上实施暴力恐怖的道路。另外，"基地"组织伊拉克分支等恐怖组织乘机制造暴力恐怖活动。他们利用教派矛盾和宗教极端思想不断吸收成员，扩充自身实力，最终得以建立对整个地区构成严重安全威胁的恐怖集团——"伊斯兰国"。

　　宗教极端思潮的不断发展，也吸引了部分激进势力走向极端。中东剧变使突尼斯、埃及、利比亚等国的伊斯兰势力一度壮大。2011 年 10 月，突尼斯伊斯兰复兴运动党在前总统本·阿里下台后的首次议会选举中获胜，成为伊斯兰势力在阿拉伯国家政坛崛起的开始。此后，复兴运动党在治国理政方面成绩甚微，而且国内接连发生反对党领袖和议员遭暗杀事件。2014 年 10 月，世俗党派——呼声党在突尼斯新议会选举中，取代复兴运动党成为议会第一大党。埃及的情况更富戏剧性，2012 年 1 月，埃及穆斯林兄弟会领导的自由与正义党在穆巴拉克下台后的首次人民议会选举中获胜，同年 6 月，有穆兄会背景的穆尔西赢得总统大选。然而，仅仅时隔一年，穆尔西便被军方罢黜，穆兄会也随即变为被打压对象。突尼斯、埃及两国的伊斯兰势力不到数年经历巨大落差，其中一些激进者不免铤而走险，加入极端恐怖组织的行列，走上实施暴力恐怖的道路。

　　利比亚宗教势力与世俗势力的斗争则更为激烈。2012 年 8 月，通过选举产生的由伊斯兰宗教势力主导的国民议会正式掌权，取代卡扎菲政权倒台后成立的全国过渡委员会。然而，利比亚并未由此走上稳定与重建之路，各部族民兵武装冲突你争我夺，国家长期处于动荡。2014 年 6 月，新选举产生的世俗势力主导的国民代表大会取代国民议会，成为利比亚的最高权力机构，但国民议会拒绝向新议会移交权力，并在东部城市班加西成立"救国政府"，而新议会国民代表大会则在东部小城图卜鲁成立了临时政府，并得到国际社会承认。为重新夺回权力，支持宗教势力的民兵联合武装"利比亚黎明"与支持世俗势力的民兵武装展开持续冲突。国民代表大会为获得舆论和道义支持，宣布将"利比亚黎明"武装列为恐怖组织。尽管此举遭到质疑，但未来利比亚宗教势力如果最终失去权力，其激进分子是否会走上极端恐怖主义道路值得警惕。

三　极端势力发展壮大的影响

　　阿拉伯世界极端势力发展壮大，其影响是多方面的。显而易见的是，在极端势力威胁下，二战以来阿拉伯国家版图的边界已经日渐模糊。当前阿拉伯国家版图边界很大程度上是殖民者根据统治需要而划定的历史遗留产物。中东剧变后，不少国家强人政权被推翻或削弱，致使潜在的教派、民族矛盾公开化，极端恐怖势力、分裂势力大肆蔓延，既有的中东版图边界将呈现出日益模糊的态势，这在利比亚、也门、叙利亚、伊拉克等国均有所反映。此外，库尔德建国问题被再度激发，亦可能打破目前的地区版图格局。

利比亚是一个由众多部族组成的国家，卡扎菲政权垮台使各部族间的利益纠葛重新显现，各个地方武装为权力、资源等争夺地盘，分离倾向日趋显现。在此过程中，极端恐怖势力对国家分裂起到推波助澜的作用。国际社会普遍呼吁有关各方放弃暴力并打击恐怖组织，否则，持续暴力和恐怖或将引发全面内战、国家走向分离破裂。

也门2011年政权更替后，政府忙于应对北部的胡塞反政府武装和南部的分裂势力，"基地"组织大有卷土重来之势，频繁制造恐怖袭击事件。分析人士认为，极端恐怖势力的壮大将进一步加剧也门的社会动荡，对该国的统一与稳定构成严重威胁。

叙利亚国内危机久拖未决，本就四分五裂的反对派内部矛盾日益加剧，其中一些极端组织完全依靠武力解决问题，恐怖势力不断壮大，对国家稳定造成巨大破坏。美国中央情报局前局长海登就表示，巴沙尔政权如果不能获取内战的胜利，叙利亚的教派冲突可能更加严重，甚至导致整个国家分裂。[①]

伊拉克近年来始终未从战后的动荡中恢复过来。当前，什叶派与逊尼派的激进势力相互仇杀，恐怖组织"伊斯兰国"肆虐横行。逊尼派、什叶派和库尔德人三方力量均不满现状，走上分离道路不无可能。

此外，库尔德问题在中东剧变后有再度凸显之势，库尔德人未来可能加快建国进程。总人口约3000万的库尔德人是中东四大民族之一，主要分布在土耳其、叙利亚、伊拉克、伊朗四国境内，但始终没能建立自己的民族国家。库尔德人独立建国的声浪此起彼伏，却屡遭土耳其、伊拉克等

---

① 刘阳：《叙反政府武装内讧有何影响》，新华网，2014年1月12日。

国的压迫。然而，目前叙利亚危机持续、"伊斯兰国"武装突起的状况使库尔德独立再度成为可能。在叙利亚，巴沙尔政权为报复土耳其支持叙利亚反对派，放任北部库尔德人自治，以期造成土耳其境内库尔德人联动，搅乱土耳其政府近年来与库尔德工人党开启的和平进程。在伊拉克，库尔德地方政府拥有独立的行政机构和军队，早已处于半独立状态。"伊斯兰国"武装分子肆虐以来，伊拉克、叙利亚的库尔德人也饱受其害，库尔德武装在多国支持下开始予以武力回击，同时库尔德人也愈发意识到决定自己未来命运的时机似乎已经到来。

值得注意的是，长期反对伊拉克库尔德地区独立的土耳其的态度也发生历史性转变。2014 年媒体报道，土耳其执政的正义与发展党已表示，愿意接受在伊拉克北部地区成立一个独立的库尔德国家。有评论人士认为，支持伊拉克领土完整不再符合土耳其的利益，一个独立的库尔德国将为应对伊斯兰极端分子的威胁提供缓冲地带。① 舆论普遍担心，伊拉克库尔德地区如果独立，无疑将激发土耳其国内库尔德人的独立愿望，甚至可能引发伊朗和叙利亚国内的库尔德人也相继发起独立运动，届时整个中东的政治版图也将重绘。

"伊斯兰国"问题持续威胁地区乃至世界安全。一方面，这支极端武装短期内难以被完全歼灭，将在伊拉克、叙利亚持续搅局，加剧两国的混乱与动荡。从 2014 年 8 月开始，美国主导的国际联盟对伊拉克和叙利亚境内"伊斯兰国"目标进行持续的空中打击，伊拉克、叙利亚政府方面的地面部队以及库尔德武装也对"伊斯兰国"武装进行夹击。尽管"伊斯兰国"攻势受到压制，少数城镇被政府军或库尔德武装夺回，但其占据的大片地盘依然稳固。而且，经过多年"经营"，"伊斯兰国"组织严密，资金、装备充足，战斗力在一定程度上超过伊拉克、叙利亚境内的地面武装力量。在没有外部强大地面部队介入的情况下，仅凭联军空袭无法对"伊斯兰国"产生致命性打击。鉴于奥巴马已多次表示美国不会派出

---

① 《法新社：土或接受伊拉克库尔德人建国》，《参考消息》2014 年 7 月 4 日。

地面部队，其盟国和地区伙伴就更无可能派出地面部队。美国主导的国际联盟空中行动指挥、美军中将詹姆斯·特里表示，要实现对"伊斯兰国"组织打击的"转折"，至少还需要3年。①

另一方面，"伊斯兰国"外溢效应将愈发显现，强拧中东局势陷入更加复杂化的境地。数十年来，中东问题的核心始终是巴以问题，大国在中东地区展开的利益博弈均无法回避这一问题。然而，"伊斯兰国"势力的持续将可能打破中东原有政治格局，成为地区矛盾焦点，并迫使美国调整中东政策。"伊斯兰国"开展伊斯兰圣战，一个基本特征就是要以消灭以色列为目标；同时作为逊尼派，它致力于推翻伊拉克、叙利亚、伊朗的什叶派政权。这些目标不仅对地区国家的安全与稳定构成巨大威胁，而且直接挑战美国、俄罗斯等大国在中东的利益。对此，美国将不得不调整中东政策，遏制"伊斯兰国"扩张或成为其地区政策的优先考量。对于推动叙利亚政权更迭、伊朗放弃核武计划等事项，美国则将进行一定妥协，以利用这两国帮助打击"伊斯兰国"。

更可怕的是，"伊斯兰国"的迅速崛起可能引起全球恐怖势力的效忠或效仿，对世界安全构成严重威胁。尽管"伊斯兰国"与"基地"总部已经反目，但多数"基地"分支都拒绝宣布与"伊斯兰国"为敌，并称其斗争经验值得借鉴。分布在全球各地的其他极端恐怖组织不断宣誓效忠"伊斯兰国"头目巴格达迪，或表示愿意借鉴其"成功经验"。此外，当今世界一些国家仍面临复杂的内部矛盾，经济社会发展缓慢；中东地区巴勒斯坦问题始终未能得到公正解决；国际舞台上美国未从根本上改变其霸权、利己思维。"伊斯兰国"正是利用这些问题和矛盾，以"救世主"和"反美斗士"的形象笼络人心，在全球范围招募追随者，这将使其组织更加庞大、分布更加广泛，成为世界安全的重大隐患。

极端势力发展壮大，势必将阿拉伯世界拖入暴恐旋涡之中，如同巨大"黑洞"，不断吞噬阿拉伯世界乃至伊斯兰世界的巨大资源，严重阻碍地

---

① 宦翔：《打击"伊斯兰国"组织须双管齐下》，人民网，2014年12月20日。

区经济和社会发展，使其更加边缘化。那些经历过中东剧变的国家，无论是否出现政权更迭，其社会秩序、经济民生均遭受巨大破坏。极端恐怖势力乘机不断搅局，不断制造各类暴力恐怖袭击，加剧教派、民族、社会矛盾，地区各国被迫耗费大量人、财、物等资源打击应对，这对仍处乱局或刚刚完成政治重建的国家来说更是雪上加霜，一些国家走出乱局、实现和平与稳定的道路将愈发艰难漫长。

A Multidimensional Perspective to the Growth and Development of Extremist Forces in the Arab World

Tu Longde & Dai Bei

Abstract: In 2014, the situation of the Middle East was featured by continued turmoil and extreme terrorist forces running amok, which posed a serious threat to regional and international security. Islamist sectarian conflicts triggered by the Syrian civil war, the "post US military era" chaos in Iraq, the worrying "post Muslim Brother era" security situation in Egypt, and the increasingly intense dispute between secularity and religion in Libya have jointly provided a "hotbed" for the development of extremism in the Arab world, in particular the rapid rise of the so – called "Islamic State" in the border region of Iraq and Syria. These extremist militants are strong in capturing territory, mad in provoking jihad and heinous in terrorist activities, which has brought great anxiety to the international community, the neighboring countries in particular. By combing through the extremism – related events in the Arab world in the year 2014, this paper aims to sort out and analyze the main behaviors of the extremist forces, the reasons for their development and growth, and the implications for the future of the Middle East.

Keywords: Extremist Forces, Islamic State, Arabia, USA

阿拉伯世界教派冲突及其影响

王晓丽◎

【内容提要】 当前，阿拉伯世界教派冲突持续升温，并产生多重影响。一是导致"伊斯兰国"发展壮大；二是引发新的阿拉伯难民潮；三是影响阿拉伯世界多国政局走向；四是对中国在当地利益构成一定负面影响。

【关键词】 阿拉伯世界 教派冲突 影响

【作者简介】 王晓丽 社会科学文献出版社融合发展办公室主任，博士后。

始自 2011 年的阿拉伯世界"民主转型"，并没有为普通民众带来期冀已久的和平与繁荣，反倒在叙利亚内战陷入胶着状态之时，出现了以逊尼派武装分子为主体的"伊斯兰国"（ISIS 或 ISIL）。① 从 2014 年 6 月开始，该组织依靠武力征服，逐渐控制伊拉克西北部领土，并向叙利亚境内渗透，其杀戮手段之残忍，标志着自"基地"组织之后，阿拉伯世界新一代极端势力的兴起壮大，由此使传统的逊尼派与什叶派两大派别间的教派冲突，开始向恐怖主义与反恐博弈的方向转型发展。"伊斯兰国"的发展壮大，对沙特、埃及、伊拉克、叙利亚、黎巴嫩、也门、利比亚等国的局势产生了重大影响，伊拉克的库尔德人借机加快独立进程，叙利亚难民

---

① "伊拉克和黎凡特伊斯兰国"（Islamic State of Iraq and the Levant, ISIL），阿拉伯语原意是"伊拉克和沙姆伊斯兰国"。由于英语里称沙姆地区（大叙利亚地区）为黎凡特，所以不少媒体将"伊拉克和黎凡特伊斯兰国"简写为 ISIS。历史上的黎凡特（Levant），指地中海东岸和上美索不达米亚以西的地区，大致覆盖叙利亚、黎巴嫩、以色列、巴勒斯坦和约旦五国以及埃及的西奈半岛，该地区以古代叙利亚为统治中心，阿拉伯国家传统上将这一地区称为"沙姆"地区。

《国别和区域研究》（第 1、2 期），第 223~235 页。

问题成为国际关注重点，沙特与伊朗矛盾凸显，美国与俄罗斯在阿拉伯世界较量与对抗日趋激烈，阿拉伯世界教派冲突产生多重影响。

一 教派冲突导致"伊斯兰国"发展壮大

自从 2011 年叙利亚陷入内乱后，该国成为阿拉伯世界中逊尼派与什叶派冲突的主战场。执政的巴沙尔政权属于什叶派背景的阿拉维派，并得到伊朗、伊拉克和黎巴嫩真主党等什叶派国家或势力支持，叙利亚反对派则得到沙特、卡塔尔等逊尼派国家的支持，由此使叙利亚渐成权力真空地带。2014 年以来，就在叙利亚内战进入持久战之际，一个名为"伊拉克和黎凡特伊斯兰国"（ISIS 或者 ISIL，2014 年 6 月更名"伊斯兰国"）的逊尼派极端组织异军突起，并引起全世界关注。

"伊斯兰国"的诞生并非空穴来风，它源起于伊拉克逊尼派的反美圣战组织，其发展、壮大，与中东绵延上千年的逊尼、什叶两大教派间的冲突息息相关，同时也与近些年的中东大乱局有关。该组织产生于 2003 年伊拉克战争之后，当时名为"伊拉克基地组织"；2006 年该组织改名为"伊拉克伊斯兰国"；2011 年叙利亚爆发冲突后，该组织进入叙利亚活动，2013 年 4 月，该组织领导人阿布·巴卡尔·巴格达迪在网上发布音频声明，宣称"伊拉克伊斯兰国"与另一极端组织"胜利阵线"合并。"现在是时候在黎凡特和世界人民面前宣布，'胜利阵线'是'伊拉克伊斯兰国'的延伸和部分。"[①] 2014 年 1 月，在占领巴格达以西的安巴尔省两座城市——费卢杰和拉马迪之后，"伊斯兰国"公开宣称建立"伊斯兰酋长国"。当年 6 月，"伊斯兰国"占领伊拉克第二大城市摩苏尔，并在摩苏尔全面实行伊斯兰教法。此后，"伊斯兰国"长驱直入，占领前总统萨达姆的家乡提克里特，以及什叶派的北部圣城萨迈拉，夺取了位于萨拉赫丁省的伊拉克最大的拜伊吉炼油厂，并向南、向西拓展，打通了通往叙利亚东部、约旦和沙特的几

---

① 肖建明：《中东冲突的大风暴》，《南风窗》2014 年 7 月 4 日。

条"逊尼派走廊"。①

"伊斯兰国"不仅在伊拉克和叙利亚境内势如破竹，而且其发展又加速了阿拉伯世界恐怖主义的又一轮升温，成为加剧地区局势恶化的导火索。2014 年 10 月 24 日，埃及西奈半岛北部发生自杀式炸弹袭击，33 名安全人员死亡。一个"伊斯兰圣战"组织宣称对该事件负责，并称已经宣誓效忠在伊拉克和叙利亚的"伊斯兰国"武装分子。11 月初，沙特东部什叶派聚居区发生恐怖袭击，有 7 名什叶派平民遭到枪杀。沙特安全机构于 11 月底抓获了该恐怖团伙的 77 名成员，其头目承认接受"伊斯兰国"命令，在沙特招募成员，并实施恐怖袭击。

"伊斯兰国"的出现，一方面是美国从伊拉克撤军后教派冲突加剧的结果，另一方面也是在阿拉伯世界空前的乱局和变局下，将宗教极端思想与对民众不满、绝望和反抗相结合的产物。可以说，"伊斯兰国"的诞生，是阿拉伯世界逊尼派和什叶派多年来矛盾的集中体现和爆发，是阿拉伯世界朝着"碎片化"方向发展的重要推手。"伊斯兰国"的发展壮大，标志着逊尼派势力在伊拉克政治版图中的再次崛起，对在伊拉克战争结束后成功上位的什叶派既得利益造成了严重挑战，加速了伊拉克库尔德人在乱局中实现独立的诉求，使伊拉克未来面临"一分为三"的局面；另外"伊斯兰国"也对叙利亚巴沙尔政权的维系产生了威胁，同时对利比亚、埃及等国的安全稳定造成了影响。

二　教派冲突引发新的阿拉伯难民潮

从阿拉伯世界发展历程看，巴勒斯坦和以色列多年冲突以及几次中东战争，造成大量巴勒斯坦难民流离失所，涌入约旦、黎巴嫩等国。由于流入他国的难民需要分享接收国民众的吃、穿、住、行、用，乃至教育、医疗、卫生、就业等各种有形和无形的公共服务资源，因此巴勒斯坦难民安

---

① 肖建明：《中东冲突的大风暴》，《南风窗》2014 年 7 月 4 日。

置以及解决其生计问题，一直是阿拉伯世界一大难题。当前，随着叙利亚内战持续、伊拉克局势日益复杂化，加上"伊斯兰国"的发展壮大，2014年又有大批叙利亚和伊拉克难民涌入周边的黎巴嫩、约旦、土耳其等国，形成了一股新的难民潮。根据联合国难民署综合估算，目前在叙利亚国内有 650 万人处于无家可归状态，另外有 300 万人在周边国家寻求庇护，成为难民。绝大多数叙利亚难民逃往三个国家：黎巴嫩有 110 万经登记的叙利亚难民，土耳其有近 82 万，约旦有近 61 万。① 此外，还有部分难民进入欧洲，德国联邦移民署表示，有将近 16 万份叙利亚难民的庇护申请正在等待审理，预计 2014 年全年将收到 20 万份申请。② 虽然黎巴嫩、约旦等国为应对汹涌而来的难民大潮采取了大量积极措施，但是由于难民人数巨大，无形中加重了上述国家的社会管理负担以及维护国内政局稳定的压力，也引发了国际社会对妥善解决这股新的阿拉伯难民潮问题的高度关注。

黎巴嫩受叙利亚难民潮冲击最明显。黎巴嫩是全球难民人数比例最高的国家，难民人口已占黎巴嫩总人口的四分之一，对黎巴嫩的基础设施和公共服务造成的负担超过世界上任何一个国家，也给黎巴嫩社会稳定带来一系列问题。为解决难民住处问题，联合国难民署等国际救济机构在黎巴嫩各地建立了 1000 多个不同规模的非正式难民安置点，但黎巴嫩政府担心对社会造成压力，一直拒绝在其领土上建立叙利亚难民营，也反对使现有的非正式难民营合法化，只同意在黎叙边界之间的中立区或者叙利亚境内的安全地区建立叙利亚难民营。据联合国难民署 2014 年 8 月 16 日发表的报告，在黎巴嫩的叙利亚难民生活状况日趋恶化，住房、食品、医疗卫生设施等严重不足。目前，只有 16% 的叙利亚难民家庭享受人道主义机构提供的免费初级医疗，三分之一需要医疗帮助的家庭因交不起费用而不能

① 《叙利亚难民人数突破 300 万，黎巴嫩土耳其约旦受牵连》，中国社会科学网，http：//www. cssn. cn/jsx_ dtkx. jsx/201409/t20140903_ 1314636. html。

② 《德国 2014 年接受叙利亚难民 20 万人》，中国新闻网，http：//news. lipu. net/xinwen/14046。

获得帮助，大量叙利亚难民学龄儿童无法入学。[①]大量的叙利亚难民对黎巴嫩稳定也产生了深刻影响。12 月 7 日，黎巴嫩北部一叙利亚难民点遭到枪击和纵火，造成 2 人受伤。在此次枪袭和纵火发生两天前，黎巴嫩士兵曾遭到叙利亚"基地"组织分支努斯拉阵线武装分子的杀害，这导致有关叙利亚难民营藏匿武装分子袭击黎巴嫩军方的流言四起。[②]黎巴嫩政府不希望看到本国成为叙利亚逊尼派和什叶派难民的"第二战场"。

与此同时，由于无力承担惊人的难民潮所带来的重负，2014 年 6 月 2 日，黎巴嫩总理萨拉姆主持召开叙利亚难民事务部长委员会会议，研究并制定了应对叙利亚难民危机的一系列措施，旨在限制叙利亚难民入境，控制在黎巴嫩的叙利亚难民人数。10 月 28 日，黎巴嫩总理萨拉姆称，估计黎巴嫩应对叙利亚难民问题至少需要 30 亿美元援助，其中 10 亿美元为无偿援助，20 亿美元为贷款。

为协助黎巴嫩解决难民问题，法国在 2013 年 9 月联合国大会期间，在纽约启动了"支持黎巴嫩国际小组"。该小组自成立以来，在协调国际社会向黎巴嫩的叙利亚难民提供援助方面取得成效，包括推动世界银行成立了援助黎巴嫩信托基金会等。2014 年 3 月 5 日，"支持黎巴嫩国际小组"在法国巴黎举行会议。除法国之外，美国国务卿克里 6 月 4 日访问贝鲁特，提出美国将向联合国捐赠 2.9 亿美元，以资助叙利亚及其邻国，黎巴嫩将从中得到 5100 万美元，以此缓解叙利亚内战中大量叙利亚难民流入黎巴嫩给当地社会带来的压力。[③] 2014 年 10 月 28 日，全球 40 个国家的外长和代表出席在德国柏林举办的黎巴嫩难民问题会议。黎巴嫩总理萨拉姆在大会发言中指出，受难民问题影响，黎巴嫩财政赤字已升至 GDP 的 10%，社会公共服务水平大幅下降。他呼吁捐助国通过多边及信托基金，更多参与促进黎

---

① 《联合国难民署说在黎巴嫩的叙利亚难民状况日趋恶化》，新华网，http://news.xinhuanet.com/world/2014 – 08/17/c_ 1112105152. htm。

② 《叙利亚难民问题再引矛盾 黎巴嫩难民营遭袭》，中国社会科学网，http://ex.cssn.cn/gj/gj_gwshk。

③ 《克里欲向黎巴扩大援助，扶助当地叙利亚难民》，环球网，http://world.huanqiu.com/exclusive/2014 – 06/5012990. html。

巴嫩教育、卫生等公共服务发展的项目，以达到援助的最佳效果。瑞典在会议期间宣布将向援助黎巴嫩信托基金注资 8 亿欧元。[①]

约旦也是叙利亚难民的主要接收国和殃及者。约旦人口约 650 万，其中 60% 以上为加入约旦国籍的巴勒斯坦人。中东陷入内乱后，尤其是"伊斯兰国"兴起后，约旦境内接受了大约 140 万叙利亚难民和 15 万～20 万伊拉克难民。[②]虽然约旦并非产油国，经济基础相对薄弱，但约旦对叙利亚难民实行边境开放政策，无限制接纳叙利亚难民。约旦政府在约旦与叙利亚交界处的马弗拉克市附近建立了世界第二大难民营——扎塔里难民营，仅次于肯尼亚的达达布难民营。目前扎塔里难民营已收容来自叙利亚的难民 13 万人，是其初期建设计划的 13 倍。面对接踵而来的一批又一批难民，约旦政府又在其北部阿兹拉克建设新的难民营，以解决扎塔里难民营过度拥挤的问题。联合国的统计数字显示，目前约旦接纳的叙利亚难民约为 60 万人。约旦政府称，这一数字可能是 100 万人。[③] 大量难民涌入，使约旦经济状况负担严重。2013 年，约旦安置难民的相关支出约 20 亿美元，其中国际社会援助约 8 亿美元，不足一半。根据联合国人道主义组织发布的《2014 年度约旦安置难民计划》，2014 年，约旦用于安置难民的相关预算（包括该组织筹措的 9.8 亿美元款项）尚有 2.6 亿美元缺口。[④]

与此同时，"伊斯兰国"对伊拉克雅兹迪人的杀戮，还使伊拉克国内出现新的难民问题。雅兹迪教派据说是在 6000 多年前创立，比伊斯兰教和基督教还古老，它虽然是库尔德人的一个分支，通用库尔德语，但并不像主流的库尔德人那样信奉逊尼派伊斯兰教，它的教义带有原始崇拜的意味，以波斯人的拜火教为主体，又掺杂了基督教、伊斯兰教和犹太教等宗

---

① 《黎巴嫩应对叙利亚难民问题至少需要 30 亿美元援助》，环球网，http://china.huanqiu.com/News/mofcom/2014 - 10/5185637. html。

② 刘水明等：《约旦：接纳难民，为地区稳定做贡献》，《人民日报》2014 年 2 月 24 日。

③ 张文智：《约旦难民营中的生意人》，《青年参考》2014 年第 8 期。

④ 《约旦位列全球第三大难民安置国》，环球网，http://china.huanqiu.com/News/mofcom/2014 - 02/4822643. html。

教的元素，并且为了保持教派血统的纯正，禁止与外族通婚。目前，大部分雅兹迪人在伊拉克北部山区过着与世隔绝的生活，已成为伊拉克最脆弱的少数教派。历史上雅兹迪派因为其独特的宗教信仰而多次受到迫害，极端分子认为他们是"拜魔鬼的人"，特别是 2007 年发生的一名雅兹迪少女与一名伊斯兰教逊尼派男子相恋并私奔，被千名族人投石虐杀而死的事件，使雅兹迪派与逊尼派的宗教矛盾骤然升级，并招致"基地"组织的疯狂报复。2007 年 8 月，伊拉克北部小镇加哈坦尼亚郊外的雅兹迪教派聚居地突遭 4 辆载有炸弹的货车连环自杀式袭击，数百间平房被瞬间夷平，超过 400 人死亡，成为自 2003 年美伊战争以来最血腥的一次暴力袭击。① "伊斯兰国"在伊拉克发展壮大后，并且在控制以雅兹迪人居多的伊拉克摩苏尔市辛加尔（Sincar）后，要求雅兹迪人改宗伊斯兰教，否则对其进行杀戮。2014 年 8 月 7 日，"伊斯兰国"杀害了 500 名雅兹迪人，还绑架了 500 名妇女，迫使当地数万居民逃离家园，其中部分难民通过西北部边境进入叙利亚，还有部分难民进入土耳其。"伊斯兰国"对雅兹迪派的残暴罪行，在阿拉伯世界又上演了一回"文明冲突论"的对抗。

总之，"伊斯兰国"的武力扩张在中东造就了新的难民潮，并且为接收大量难民的黎巴嫩、约旦等国带来了一系列问题。国际社会高度关注，在救助难民方面也在积极作为。联合国 2014 年举办了数个国际性会议，探讨解决叙利亚难民问题以及其他阿拉伯世界难民问题的有效途径。10 月 15 日，联合国难民署在阿联酋沙迦举办"投资未来——保护中东北非难民儿童大会"。中国也充分发挥负责任大国的作用，向目前共有约 160 万名来自伊拉克各地的流离失所者及叙利亚难民的伊拉克库尔德自治区提供人道主义援助，以帮助难民缓解生活之困。2014 年 12 月 9 日，运送中国救援物资的 2 架飞机抵达伊拉克库尔德自治区埃尔比勒，机上载有包括医疗物资、帐篷、毛毯等价值 3000 万元人民币的人道主义救援物资。伊拉克方面对中国政府的援助表示感谢。

---

① 《ISIS 为何屠杀雅兹迪人》，《新京报》2014 年 8 月 24 日。

虽然国际社会在应对叙利亚和伊拉克难民工作方面做出了积极努力，但是由于难民人数巨大，难民救济工作特别是经费保障方面仍存在着巨大挑战。12月1日，世界粮食计划署发布声明说，因遭遇经费危机，该机构即日起被迫暂停对170余万叙利亚难民的食品援助。世界粮食计划署执行干事库桑说，目前该机构开展的叙利亚难民援助计划尚有6400万美元缺口，若能在2014年底前补上资金缺口，该机构将立即重新开始向叙利亚难民发放食品券。① 更令人担忧的是，自从阿拉伯世界变局伊始，无论是叙利亚难民，还是伊拉克难民，一旦踏上背井离乡的路途，何时能够回到故土始终是个未知数。另外，随着"伊斯兰国"的发展以及新一轮恐怖主义的蔓延，未来还会产生多少难民依然是个未知数。

三　教派冲突问题影响阿拉伯世界多国政局走向

阿拉伯世界的教派冲突问题，表现为逊尼派与什叶派之间的武装对抗，还表现为以"伊斯兰国"为代表的伊斯兰教逊尼派极端组织对雅兹迪派和基督徒的残杀。由于教派问题与政治因素相互交织，教派冲突对黎巴嫩、也门、叙利亚、伊拉克等国政局产生了多重负面影响。

一是黎巴嫩新总统历经多次议会投票仍然难产，总统长期空缺。黎巴嫩是一个多民族、多宗教的国家，根据黎巴嫩宪法，总统由基督教马龙派担任，总理由伊斯兰教逊尼派担任，议长由伊斯兰教什叶派担任。黎巴嫩目前国内政党林立，形成两大阵营：一派是以"未来阵线"为主的"3·14"阵营，积极支持叙利亚逊尼派反对派武装；另一派是以真主党为首的"3·8"阵营，力挺叙利亚巴沙尔什叶派政权，还派遣其武装人员进入叙利亚协助政府军作战。两大阵营在内政和外交政策上，特别是对叙利亚危机的立场上分歧严重。2014年5月25日，黎巴嫩总统苏莱曼任

①　《黎巴嫩：世界粮食计划署暂停对叙难民食品援助将危及黎国家稳定》，凤凰网，http://news.ifeng.com/a/20141205/42649255_0.shtml。

期结束后，黎巴嫩民众普遍希望能选出一个各派都能接受、能推动民族和解的总统。但由于两大阵营在总统人选问题上分歧甚深，虽然黎巴嫩议会举行多次选举投票，均因没有达到法定票数而未能选出新总统。目前，黎巴嫩总统一职空缺至今（截至 2014 年底）。2014 年 12 月 4 日，联合国驻黎巴嫩特别协调员普拉姆布利说，联合国对黎巴嫩总统职位长时间空缺感到不安，认为为避免局势进一步动荡，黎巴嫩各派应展开对话，实现各派和睦共处非常必要。①黎巴嫩新总统的难产与叙利亚局势以及逊尼派与什叶派的矛盾密不可分。正是因为派系争斗而导致新总统迟迟无法选出，这对其政局稳定的影响不容小觑。

二是也门政局动荡，教派政治色彩加重。什叶派占也门总人口的30% 左右，但长期被边缘化。2011 年从"阿拉伯之春"后，什叶派要求提升自身地位的诉求日益高涨。来自也门西北部的什叶派胡塞武装组织要求在政治生活中得到更大发言权。2014 年 7 月 30 日，也门政府为扼制预算赤字，大幅提高民用燃油价格，导致持续一个多月的大规模抗议。胡塞武装借机挑事，9 月中旬，该组织大举进攻首都萨那，并占领多个重要政府机构，并迫使时任也门总理巴桑杜 9 月 21 日宣布辞职。在联合国特使斡旋下，胡塞武装组织和也门政府签署停火协议，同意在萨那市停火，总统哈迪在近期内任命新总理，然后在一个月内组建专家型政府。该协议同时赋予胡塞武装组织在组建内阁和未来军队改革中更大的权力。② 11 月 7日，哈迪总统任命其办公室主任艾哈迈德·阿瓦德·本·穆巴拉克为新总理，但遭到胡塞武装组织反对，并迫使穆巴拉克在抵制声中辞职。11 月13 日，哈迪总统又任命哈立德·马赫福兹·巴哈为新总理，此项任命获得胡塞武装在内所有派别认同，才获通过。

恐怖组织和部落势力一直是影响也门政局稳定的重要因素，什叶派胡

---

① 《联合国对黎巴嫩总统职位长时间空缺表示不安》，人民网，http：//world. people. com. cn/n/2014/1205/c157278 - 2615123. html。

② 《也门胡塞武装大举攻入首都》，新华网，http：//news. xinhuanet. com/world/2014 - 09/24/c_ 127023107. htm。

塞武装组织在也门崛起，标志着也门传统的逊尼派、武装部队以及部落长老在一定程度上丧失了对国家的掌控权。胡塞武装崛起还导致其与"基地"组织正面冲突增多，由此导致也门逊尼派与什叶派矛盾激化。从地区范围看，沙特作为也门邻国，担心也门什叶派胡塞武装崛起威胁沙特安全，在沙特内政大臣倡议下，海合会内政部长 2014 年 10 月 1 日召开紧急会议并发表声明说，海合会国家不会对也门局势恶化袖手旁观。沙特和也门政府一直指责伊朗干涉阿拉伯国家内政并支持也门、叙利亚等国的什叶派势力。① 也门俨然成为中东教派冲突的主战场之一。

三是伊拉克教派矛盾突出。伊拉克主要由阿拉伯逊尼派、阿拉伯什叶派和信仰逊尼派的库尔德人三大群体构成。2003 年伊拉克战争后，该国长期潜伏的教派矛盾日趋凸显。什叶派背景的马利基 2006 年当选总理后，排斥逊尼派和库尔德人，导致该国教派矛盾不减反增。伊拉克国内不断有人指责马利基执政后对逊尼派和库尔德人采取打击迫害政策。沙特对马利基亲什叶派大国伊朗的政策表示不满，而马利基则指责沙特和卡塔尔在背后支持伊拉克境内的逊尼派反政府武装组织。2014 年 3 月 9 日，马利基在接受法国电视台采访时说："伊拉克在教派矛盾、恐怖袭击和安全局势等方面面临的危机很大程度上与沙特和卡塔尔有关，两国利用叙利亚危机也通过直接支持方式'攻击'伊拉克。这实际上'既向叙利亚宣战，也向伊拉克宣战'。"② 正是由于伊拉克教派矛盾不断升级，才使"伊斯兰国"有可能崛起和壮大。"伊斯兰国"在西北部击退伊拉克政府军，库尔德人乘势控制了基尔库克及其储备丰富的石油，并通过土耳其独立销售石油。

在这种环境下，伊拉克民众以及美国最终抛弃马利基，转而促成个性相对温和的阿巴迪上台。阿巴迪积极与伊拉克库尔德自治区接触，探讨共

① 《海合会说不会对也门局势袖手旁观》，新华网：http://news.xinhuanet.com/2014－10/02/c_1112704655.htm。
② 《马利基指责沙特和卡塔尔向伊拉克"宣战"》，搜狐网，http://roll.sohu.com/20140309/n396284868.shtml。

同抵抗"伊斯兰国"及合理分配伊拉克国内石油资源的有效措施。12 月
2 日，伊拉克中央政府与库尔德自治区达成一项长期协议，同意分享伊拉
克的石油财富和军事资源，并向库尔德安全部队支付军饷，向库尔德人提
供美国武器。① 通过达成这项协议，库尔德人与伊拉克政府一起携手对抗
"伊斯兰国"，伊拉克教派矛盾有所缓解。同时，伊拉克还致力于改善与
沙特关系。2014 年 8 月 11 日，伊拉克总统马苏姆任命阿巴迪为伊拉克新
总理。伊拉克总统马苏姆 11 月 11 日访问沙特，这是近年来伊拉克和沙特
两个阿拉伯大国举行的首次首脑会谈，两国关系有所缓和。②

四 阿拉伯世界教派冲突对中国的影响

阿拉伯世界一直是中国能源进口的主要地区，随着中国"走出去"
战略实施，中国在阿拉伯世界的海外投资逐年上升，在阿拉伯世界侨居经
商或者从事劳务工作的中国籍人数也在逐年增加。2014 年以来，阿拉伯
世界教派冲突加剧，对中国的海外利益保护造成了直接的影响。

一是伊拉克动荡波及中国石油企业的海外投资收益。面对伊拉克战争
后重建所带来的发展机遇期，中国、英国、俄罗斯、美国、马来西亚、印
度尼西亚等多国石油企业积极参与伊拉克石油产业的开发，包括中石油、
中海油、中石化在内的中国石油企业，已经成为伊拉克最大的海外投资
者。其中中石油占伊拉克总石油储量的 11%，中海油占伊拉克总石油储
量的 1.67%。三家中国石油公司所投资的油田集中于伊拉克南部地区，
其中中石油 4 家，分别是（1）西古纳 – 1 油田，储量 90 亿桶，日产量 50
万桶，中石油拥有 25% 的权益；（2）艾哈代布油田，储量 10 亿桶，日产
量 10 万桶，中石油拥有 100% 的权益；（3）鲁迈拉油田，储量 178 亿桶，

---

① 《伊拉克政府将与库尔德分享石油收入 共同对抗 ISIS》，凤凰网，http://news.ifeng.com/
a/20141204/42639799_ 0. shtml。
② 《伊拉克和沙特举行近年来首次首脑会谈》，新华网，http://news.xinhuanet.com/world/
2014 – 11/12/c_ 1113219171. htm。

日产量 133 万桶，中石油拥有 37% 的权益；（4）哈法亚油田，储量 160 亿桶，日产量 20 万桶，中石油拥有 37.5% 的权益。中海油 1 家，米桑油田，储量 25 亿桶，日产量 10 万桶，中海油拥有 63.75% 的权益。唯一布局北部的是中石化通过收购 ADDAX 公司获得的基尔库克 Taqtaq 油田，储量 24 亿桶，日产量 10 万桶。[①] 可以说，伊拉克局势的稳定与中国石油企业的海外利益息息相关。

"伊斯兰国"刚出现时，中国石油企业并没有受到太多直接影响。但随着"伊斯兰国"一路扩张，特别是 6 月 16 日"伊斯兰国"占领并宣布关闭伊拉克最大的油田——拜伊吉油田后，表明石油生产日趋成为该组织筹资的重要途径以及进攻的重点对象。伊拉克的中国石油企业安全生产出现隐患。目前，经过近一年较量，"伊斯兰国"发展势头虽有所减缓，但该组织短期内不会被消灭，中国石油企业在伊拉克的安全仍存在变数和不确定性。比较明显的一个例子是 12 月初"伊斯兰国"的武装分子开始拆除萨拉赫丁省拜伊吉附近一家中资公司的炼油厂，将设备运往摩苏尔，以强化"伊斯兰国"直接控制下的伊拉克地区炼油厂的生产能力，确保"伊斯兰国"的资金供应。该中资炼油厂坐落于拜伊吉西部地区，每天生产能力为 2 万桶，是伊拉克北方石油公司在当地控制的五家炼油厂之一。[②]

二是中东乱局对中国海外人员的安全造成威胁。中国实施"走出去"战略的同时，伴随着中国海外利益及公民安全保护的问题。而中东局势动荡，尤其是教派和部族冲突增多，使中国海外人员安全威胁相应增大。2011 年 2 月，利比亚爆发反卡扎菲政权的战争，中国从利比亚撤离 36000 名中国公民，由于利比亚政权更迭，中国失去了在利比亚的政治支撑点，导致 200 多亿美元的投资打了水漂。2014 年，随着利比亚国内派别围绕

---

① 《一图看清伊拉克内乱对中国造成的损失有多大》，http://www.sinonet.org/news/finance/2014-06-19/343643.html。

② 《ISIS 控制一中资炼油厂，将设备拆除运走》，台海网，http://epaper.taihainet.com/html/20141210/hxdb536489.html。

权力的争夺，利比亚局势再次风云巨变，中国政府在利比亚组织了第二次大规模撤侨工作。8月14日，已有759名中国公民在中国大使馆的协助下撤离到突尼斯，8月16日，最后一批撤至突尼斯的97人顺利回国。在伊拉克，各类中国公民人数过万，伊拉克局势的变化直接影响其安危，如何做好危险地区中方人员撤离工作，成为中国政府及驻外使馆面临的一大考验。中国机械设备工程股份有限公司承建的萨拉哈丁两台63万千瓦电站工程项目地处萨拉哈丁省境内，伊拉克政局动荡直接威胁该项目的现场安全。2014年6月24日，该公司千余名中方员工被困萨拉哈丁电站，第一次撤退失败后重新返回萨迈拉营地，最后在中国大使馆的协助下，依靠伊拉克军队打通通道消除威胁，6月27日，所有人员转移至伊拉克首都巴格达，后顺利回国。从伊拉克战争到利比亚战争，再到叙利亚内战，中东动荡持续使阿拉伯民众饱受战火之痛，也使中国政府经历了一次又一次考验。

总体看，中东地区逊尼派与什叶派的教派矛盾升温，既是内部权力争夺使然，但西方势力干涉也难脱干系。不管怎么说，中东教派矛盾加剧，给阿拉伯世界的地缘格局和经济社会发展带来了巨大的负面影响，使阿拉伯世界面临"21世纪之殇"。

Sectarian Conflicts in the Arab World and the Impacts

Wang Xiaoli

Abstract：Currently, sectarian conflicts continue to heat up in the Arab world and the impacts can be seen in four aspects：the growth and development of the "Islamic State", a new influx of Arab refugees, the political trends in many Arab countries being swayed, and the local interests of China undermined.

Keywords：Arab World, Sectarian Conflicts, Impacts

从新版海洋学说看俄罗斯
海洋战略的新变化[*]

左凤荣　　刘　建◎

【内容提要】　　作为一个海洋强国，俄罗斯历来重视国家海洋权益，注重海洋开发。普京上台后，2001 年颁布了《俄罗斯联邦 2020 年前海洋学说》。面对复杂严峻的国际、国内形势，为更好适应新时期俄罗斯海洋活动需求、维护国家海洋权益，2015 年 7 月 26 日，在俄罗斯海军日这一特殊日子，俄联邦发布了新版海洋学说。作为一份确定国家海洋政策的基础性纲领文件，新版海洋学说将对未来俄联邦海洋活动具有重要的指导意义。本文拟基于新版海洋学说，通过与 2001 版海洋学说加以对比，探究其出台的背景，分析俄罗斯海洋战略新变化，把握俄罗斯未来 20 年的海洋活动新动向。

【关键词】　　俄罗斯　海洋学说　北极　南极

【作者简介】　　左凤荣　　中央党校国际战略所国际政治研究室副主任，
　　　　　　　　　　　　　　　教授，博士生导师。
　　　　　　　　　刘　建　　中央党校国际政治专业博士生。

　　2015 年 7 月 26 日，俄罗斯海军日，普京批准了《俄罗斯联邦海洋学

---

　　* 本文系左凤荣教授主持的中国海洋发展研究中心的重点课题"俄罗斯海洋战略问题年度动态"（项目号 AOCZD20130）的阶段性成果，特此致谢。

《国别和区域研究》（第 1、2 期），第 236～247 页。

说》，取代了 2001 年制定的《俄罗斯联邦 2020 年前海洋学说》。新版海洋学说长达 46 页，2001 年版海洋学说只有 10 页，从篇幅就可以看出新版海洋学说内容更多，规定得更详细，涵盖了四大活动领域（海洋运输活动、世界海洋资源的开发和保护、海洋科研、海洋军事活动及其他）和六大地区方向（大西洋、北极、太平洋、里海、印度洋和南极）；从时间上看，新版海洋学说对俄罗斯未来 20 年的海洋活动做了规划。与 2001 年出台的海洋学说一样，新版海洋学说的海洋战略仍是综合性的，俄罗斯在世界大洋要捍卫和追求的利益包括海上交通，公海的自由航行权；掌握和利用海洋资源，包括渔业、开发油气资源等；进行海洋科研工作，包括对南极的考察研究；海军和其他领域的海洋活动。与 2001 年的海洋学说一样，俄罗斯特别重视海军在维护俄罗斯海洋权益方面的作用，"海军旨在利用军事手段来保障维护俄联邦及其盟友在世界海洋上的国家利益，维护全球和地区层面的军事政治稳定，反击来自海洋方向的入侵"。普京在海军日召开海洋会议讨论这一学说，并签署通过了这一学说，也表明了海军在维护俄罗斯海洋权益方面的作用。在这一学说的指导下，俄罗斯国防部、海军、国防工业和科研单位对未来的军事需求更加明确。与前一学说相比，俄罗斯新版海洋学说有了许多新变化。

一 俄罗斯新版海洋学说出台的背景

俄罗斯之所以讨论和通过新版海洋学说，主要是因为国际局势和俄罗斯面临的形势与 21 世纪初相比，都发生了变化，需要加强俄罗斯的海洋强国地位。实际上俄罗斯面临着更严峻的安全压力。

自乌克兰危机爆发以来，俄罗斯与美国、俄罗斯与北约的关系都很紧张，俄、美两国在国际舞台上针锋相对、互相攻击，北约不断加强其在东欧和俄罗斯周边地区的存在感。2015 年 2 月，北约国家达成协议，要求加强其在东欧的 6 个指挥中心的防务力量，并派出 5000 名士兵的先锋队，对抗俄罗斯威胁。6 月底的北约成员国防部长会议，计划将北约快速反应部队从现有的 3 万人扩至 4 万人，并且计划 2015 年底前在波罗的海国家和波兰、罗马尼亚、保加利亚建立 6 个协调指挥部。7 月 20 日，北约在乌克兰西部利沃夫州举行名为"快速三叉戟"的多国联合军演。俄罗斯也相应地扩大了西部地区的军事部署，并多次举行军事演习。

俄罗斯与以美国为首的西方在乌克兰问题上的对抗没有结束的迹象，西方对俄罗斯发起了多轮经济制裁，给俄罗斯经济带来了很大困扰，2015 年俄罗斯经济将下降 3.8% ~ 3.9%。俄罗斯是一个有强国主义传统的国家，民众的大国意识很强，面对西方的压力和制裁，俄罗斯不会服软，只会变得更强硬，新版俄罗斯海洋学说正是在这一背景下出台的，其意图也主要是回应这一时代的挑战。

二　大大增加了大西洋和北极的战略分量

普京在讨论通过海洋学说的会议上强调："大西洋——与近期北约在此的积极活动及北约抵近俄罗斯边界相联系，俄罗斯无疑要对此进行回应。第二点是与克里米亚和塞瓦斯托波尔并入俄罗斯相联系的，必须采取措施使这一地区的经济活动尽快与俄罗斯实现一体化。当然要恢复已经存在的俄罗斯地中海舰队。"

在 2001 年版海洋学说中，北约已被俄罗斯视作主要威胁。而现在，乌克兰危机进一步加剧了俄罗斯与北约的紧张关系，两者关系达到冷战后的冰点。新版海洋学说实质上是俄罗斯向西方发出的捍卫本国在大西洋及北极地区战略利益的宣言，其中明确宣布"北约在俄边界附近部署军事基础设施并试图赋予北约全球性职能的计划，是俄罗斯不可能接受的"。为了保障俄罗斯的权益，新版海洋学说强调，在大西洋和北极方向上首先要"保障俄罗斯联邦在本地区足够的海洋军事存在"。在太平洋和印度洋方向，则明确提出将中国、印度作为重要合作伙伴，发展与两国的和平友好关系。新版海洋学说在向西方示威，表明俄罗斯是一个能够独立维护自身权益的大国，并不惧怕任何外部压力。

新版海洋学说表明，俄罗斯比以往更加重视北极。2001 年版海洋学说在谈到北极时强调，俄罗斯在北极地区的主要诉求是保证俄罗斯船队自由出入大西洋、开发在俄联邦专属经济区和大陆架的丰富资源，新版海洋学说除强调俄罗斯联邦专属经济区和大陆架财富的重要性外，突出强调俄罗斯在这一地区要保障俄罗斯舰队自由出入大西洋和太平洋的特殊重要性，强调"北方航道对俄罗斯联邦的可持续发展和安全来说，意义正在提升"。俄罗斯除一如既往地强调对北极的资源开发外，更突出重视北极航道。北极航道未来可以把俄罗斯的太平洋舰队和北方舰队联合起来，可以相互支援，克服俄罗斯各个舰队分割的不利局面。北极航道的商用价值潜力更是不容低估，将会改变世界政治经济格局，俄罗斯要抢占先机，计划重建破冰船队，建造新的核动力破冰船，2017 年、2019 年和 2020 年将有三艘核动力破冰船下水。北极对于促进俄罗斯国民经济和社会发展、保障俄罗斯国家安全极为重要，俄罗斯将巩固其作为北极地区领导国家的地位。

三　提高了南极的地位

在确定俄罗斯海洋战略地区方向上，南极被单独提了出来，在 2001 年的海洋学说中，南极被包括在印度洋方向内，只是强调在这一地区进行科考，维持俄罗斯在南极的存在。新版海洋学说关于南极政策做了详细规定，"南极资源潜力巨大。客观上讲，俄联邦希望保持南极的和平与稳定，从而为开展广泛的科研活动创造条件"。"作为南极条约成员国之一的俄联邦，要确保自己在南极活动的常态化和积极存在，这将有助于俄联邦充分参与解决与南极开发有关的国际问题。"俄罗斯联邦在南极方向要解决的长期性任务有：（1）有效利用南极条约体系所规定的机制和条例，维持和强化俄联邦在南极的存在；（2）全面维护并推进南极条约体系发展；（3）维持南极的和平、稳定与合作，避免可能出现的国际紧张源及影响全球的自然气候灾害；（4）根据南极在全球气候变化进程中所扮演的角色及所处地位，对南极展开系统性科学研究；（5）为俄联邦开展南极活动提供水文气象、导航及水文物理方面的信息支持；（6）建造用于南极研究的科考、科研船队；（7）为保障南极渔业捕捞的经济性和效率，预测评估好南极水生物资源储量；（8）充分利用好南极水生物资源，增强俄罗斯经济发展后劲；（9）针对南极及周边海域的矿物资源、碳氢化合物资源，开展地质－地球物理学研究；（10）发展对地卫星观测系统，扩容并革新"格洛纳斯"系统的地面支持装置；（11）加强南极环境保护；（12）革新俄联邦在南极的科考基础设施和运输保障设施。

无论是俄罗斯，还是苏联，都重视在南极的存在。俄罗斯引以为傲的是，本国航海家发现了南极。1819 年 7 月 16 日，俄国派遣两艘船——"东方"号和"和平"号从克朗什塔特前往南极探险。此次探险的主要任务是"尽可能近距离地探险南极"，船队由法捷伊·别林斯高晋率领，他也是"东方"号的船长，"和平"号船长为米哈伊尔·拉扎列夫。1820 年 1 月 28 日，南极大陆真正被人类发现。1820 年俄国伟大的航海家发现了南极，无论是对俄国，还是对世界，这一大陆现在和未来都具有重要意义。"南极是人类潜在的资源储备库。淡水资源是南极的最大优势，南极大陆面积超过 1440 万平方公里，其中 160 万平方公里覆盖厚厚冰层，世界上 90% 的淡水资源蕴藏在这里。俄罗斯通过多年科考研究，在南极东部发现了一大片区域，那里蕴藏着丰富的铁矿和煤矿，还发现了硬质矿床，例如钨矿、锰矿、铜矿、多金属矿、钛矿、稀土矿、磷灰石、青金石、云母、硼矿、金矿、银矿、钻石、铂金。在南极大陆及其附属区域，还发现了大规模的沉积盆地，内部蕴藏的碳氢化合物燃料达到 700 亿吨。

进入 21 世纪以来，随着俄罗斯实力的恢复，其在南极的活动明显增多。2013 年初，普京总统的新闻秘书曾通报说普京打算到南极考察站视察。2015 年 2 月 20 日，俄罗斯联邦海军长官维克多·契尔科夫表示，俄联邦海军预计在 2015 年前往南极洲进行科研考察。契尔科夫表示，在考察的框架内将进行一系列水文探测工作，并对航海图进行校对和修改。"最主要的目的是保障俄罗斯在海洋领域的利益，保障俄罗斯在水上和水下领域的安全。理所当然，将在北极地带进行开发，同时进行水文研究观测。"俄联邦海军长官还表示，"我们今年还计划向南极进军，因南极也是俄罗斯的利益区域，且是我们应该进行研究和调查的区域"。

2012年以来，俄罗斯加快了对南极基地的现代化改造。根据计划，俄罗斯要对其在南极的5个全年工作站（进步站、和平站、东方站、新拉扎列夫斯基站、别林斯高晋站）和5个季节性飞行基地（友谊-4、联盟、青年、列宁格勒、俄罗斯）进行设备更新的技术改造，正在兴建的邦杰山季节性飞行基地2015年后投入使用。目前俄罗斯南极科考机构主要由三家单位组成：俄联邦水文气象和环境监督局、俄联邦国家"北极和南极科学研究院"、俄罗斯南极科考技术保障中心。俄罗斯在南极有2艘科考船——"费德罗夫院士"号和"特列什尼克夫院士"号，有1艘"亚历山大·卡宾斯基院士"号科研船。2013年1月29日，俄罗斯总理梅德韦杰夫批准了《俄罗斯2013～2017年南极科考计划》，支持俄罗斯在南极对全球气候变化、冰川下的"东方湖"、地形测量、地图绘制的研究活动以及为俄罗斯航天事业提供保障。2012年5月，俄罗斯科学家们曾通过钻井，达到在3769米深处的冰水交界处，提取了第一批水样，在水中发现了动物的踪迹，取得了过去50万年地球气候的独特资料。2015年1月，俄罗斯南极科考队在南极的东方科考站恢复了通向残存冰下湖的钻探工作。2014年6月5日，俄罗斯总统授予南极冰下湖沃斯托克湖项目参与者国家奖章，普京表示，发现和研究沃斯托克湖是研究南极工作中最辉煌的一页，"当前俄罗斯在南极拥有常年科考站的大型网点。它们每年接收数百名参与者，而且我们打算强化这项工作"。2015年2月26日至3月4日，俄罗斯开展了最新一轮的科考活动，在"东方"站和"和平"站上执行了第60次冬季科考计划，在进步站、新拉扎列夫斯基站和别林斯高晋站上执行了第59次、第60次科学观测计划，而在青年、友谊-4季节性研究基地上，"费德罗夫院士"号科考船和"亚历山大·卡宾斯基院士"号科研船开展了第60次科考计划。

俄罗斯还很重视对国民进行有关南极的教育。在2015年1月举行的庆祝俄罗斯发现南极195周年纪念会上，俄罗斯地理学会第一副会长阿杜尔·契里戈罗夫说："俄罗斯科学家和探险家为探索新大陆付出了巨大努力，为世界科学发展做出了巨大贡献。这其中尤为突出的便是俄罗斯的航海家们不顾艰难险阻，第一次到达了遥远的大陆。他们身上体现的勇敢和无畏精神、克服艰难险阻的毅力，成为当代英雄主义和为国家无私奉献的光辉典范，也成为我们青年应该和需要学习的榜样。"全俄海军支持运动主席米哈伊尔·涅那舍夫在会上表示："新时期重温我们先辈发现南极的功绩，对于致力于重新谋求海洋和极地大国的俄罗斯来说，具有非常巨大的意义和现实性。拓展俄罗斯在第六大洲的存在符合俄罗斯的科学、经济乃至地缘政治利益。"俄罗斯地理学会（会长是国防部长绍伊古）支持建立南极与俄罗斯的经常性电视卫星直播，俄罗斯地理学会第一副会长阿杜尔·契里戈罗夫说："现在要广泛吸收记者，使南极靠近俄罗斯，如果你们能够建立经常性的电视桥，那么你们就拉近了南极与俄罗斯的距离。"

俄罗斯组织开展了"南极·2015 领导者俱乐部"探险活动。"南极·2015 领导者俱乐部"是由全俄"领导者俱乐部"企业家联合体倡议，并获得俄罗斯总统普京、俄罗斯地理学会和俄联邦登山协会支持而开展的一次探险活动。其主要目的是号召更多的俄罗斯探险者能加入俄罗斯对大陆架研究及测试国产通信设备在高纬度地区的低温耐受力。此次探险活动从 2014 年 12 月 19 日开始，至 2015 年 1 月 6 日结束，共有 14 名成员参加。探险队对南极水域开展了科学研究，对缺氧状态下的生命体工作情况进行了生物医学测试。此外，探险队还登上南极最高点——文森峰。2014 年 12 月 26 日，俄罗斯总统普京还与探险队进行了历史上第一次"南极－莫斯科"电视直播，普京表示，"探险队的活动，毫无疑问，让整个俄罗斯都为之振奋。那里永远都为人们提供创造历史的机会，对此我深信不疑。你们再一次在南极证明了这一点"。俄罗斯人在南极不仅要显示自己的科技实力，更在追求长远的政治经济利益，2014 年 10 月 31 日，在澳大利亚闭幕的南极洲海洋生物资源保护委员会会议上，俄罗斯"阻挠"了美、欧建立南极海洋保护区的计划，这是俄罗斯第四次反对这一计划。该计划禁止在南极保护区捕猎一些虾和鱼类，共涉及 230 万平方公里的南极海域，这损害了俄罗斯的利益，因为俄罗斯一直在南极捕鱼。

极地科考是海洋大国的标志，俄罗斯在南极的科考中一直处于领先地位，俄罗斯新版海洋学说将南极地区增补为其海洋政策关注的新地区方向，意在表明俄罗斯将不断巩固其在南极的地位。

四 加强在黑海的军事实力，促进克里米亚的经济发展

黑海和克里米亚对俄罗斯具有重要的战略价值。在当今俄罗斯的政治思维中，苏联解体以后出现黑海舰队及塞瓦斯托波尔问题以及黑海、亚速海、刻赤海峡水域的划界问题，根源是 1991 年乌克兰脱离苏联独立、1954 年苏联领导人赫鲁晓夫擅自决定将克里米亚从俄罗斯划归乌克兰。俄罗斯学术界和政界普遍认为，赫鲁晓夫当年的这一决定是主观的、错误的、不公正的、违法的、没有理由的。苏联解体之初，俄罗斯和乌克兰便开始面对如何界定苏联的遗产黑海舰队及其主要基地塞瓦斯托波尔的法律地位的问题，这一敏感问题引发了俄乌关系的紧张和持续对立。到 2000 年，苏联黑海舰队一分为二，在塞瓦斯托波尔组建了乌克兰海军和俄罗斯黑海舰队，都把塞瓦斯托波尔作为停泊基地。在随后的 10 年里，俄、乌两国关系波折不断，其间乌克兰两位总统库奇马和尤先科都曾试图让俄罗斯黑海舰队迁出克里米亚。2010 年亚努科维奇担任总统后，情况发生了变化。同年 4 月，俄、乌双方在哈尔科夫签署协议，将俄罗斯黑海舰队驻扎克里米亚的期限延长到了 2042 年，俄罗斯则将向乌克兰出口的天然气价格降低 30%。

2014 年 2 月，乌克兰国内的危机日趋严重，2 月 22 日亚努科维奇离开基辅，反对派宣布夺权。普京抓住机会，支持克里米亚全民公决，并归并入俄罗斯。尽管西方不承认，俄罗斯实际控制克里米亚半岛已成事实。2014 年 4 月 2 日，普京签署法案，决定废止俄乌关于黑海舰队驻扎问题的 4 份协议。俄方认为，克里米亚和塞瓦斯托波尔加入俄联邦后，俄、乌

双方在黑海舰队驻扎方面的租赁关系已经被终止，上述协议失去存在意义。① 这也使刻赤海峡不再是俄、乌就黑海和亚速海的水域进行划界谈判的议题。从俄罗斯方面来看，重新控制克里米亚，解决了黑海舰队在塞瓦斯托波尔港口的去留问题。

俄罗斯新版海洋学说规定："在黑海和亚速海，国家海洋政策的基础是加快恢复和全面巩固俄罗斯联邦的战略地位，维护本地区的和平与稳定。"俄罗斯要实现的海洋政策目标共有 16 项，其核心是巩固俄罗斯在这一地区的法律地位，努力开发这里的各类资源，对港口进行现代化改造，发展运输业和油气管网，发挥这一地区在船只建造和修理方面的潜力，加快实现这一地区与俄罗斯联邦经济的一体化。优化黑海舰队结构和基础设施建设，增强黑海舰队的实力，以保证对黑海和克里米亚的控制权。根据计划，2020 年前，黑海舰队计划装备 30 艘各种级别的战舰和保障性舰船。

俄罗斯的黑海政策，对于巩固克里米亚作为俄联邦行政主体的地位，加强黑海舰队实力，保证俄罗斯南部战略方向的安全，放手经营黑海，进而加强在地中海东部地区的军事存在和影响力，都具有重要意义。

五　强调俄罗斯在里海的主导地位

新版海洋学说重视里海，认为"无论是从规模上，还是从数量上讲，里海地区的自然资源和生物资源储量都是独一无二的，需要进行系统性开发"。俄罗斯在这一地区要解决的任务包括：（1）在遵守环境安全要求的前提下，在俄属里海海底油气区块上建设现代化的油气开采设施及其岸上附属设施，吸引俄罗斯公司投资该地区的地质勘探开发，将俄属里海海底油气区块纳入俄罗斯供出口用的水下油气管道系统；（2）为增强发展对

---

① 曹妍：《普京签署法案废除俄乌黑海舰队协议》，新华网，http://news.xinhuanet.com/world/2014－04/02/c_ 1110073714.htm。

外经济活力，要大力完善、发展海港基础设施，提升海港吞吐能力，以扩大向国内外的货物供应，要着力实现货物海上运输方向、运输规模、运输手段及运输路线的多元化；（3）优化船队配置结构，优先考虑建造"河－海"两用型船舶和建立专业化船队，同时还要建造渡轮；（4）对水生物资源要加以保护和有效利用，首先是鲟鱼科鱼类资源，要发展集约化的捕捞模式；（5）对里海水域人为造成的环境变化进行系统性研究和监测，针对里海水文气象、水文物理现象及地质灾害等因素对沿岸居民、岸上设施及钻井平台产生的危害进行预测分析；（6）与里海沿岸国家在里海水文气象、环境监测、保障沿岸居民安全等领域开展合作；（7）避免人为活动对伏尔加－里海渔场生态系统的影响进一步扩大，未来要大大降低这种影响；（8）开展里海跨境旅游合作，开辟里海旅游线路，建立海滨浴场，成立生态旅游社团；（9）加强国家权力机关、地方自治机关、相关社会团体组织之间的合作，保护海洋自然遗迹和历史文化遗产；（10）避免海洋专业人才队伍流失；（11）制定对俄罗斯有利的里海国际法制度、鱼类资源利用条例、油气勘探开发条例、水下管道铺设及应用条例；（12）从质和量两个方面，发展武装力量，加强里海舰队基地建设。"里海舰队的数量、质量应维持在一个足以应对俄联邦在该地区方向上的国家利益和安全所遭受威胁的水平，里海舰队要配备相应的驻泊、建造和维修的基础设施。"

从以上可以看出，俄罗斯要综合发展里海地区的经济，利用其资源；同时，要大力加强里海分舰队的力量。

六　新海洋学说突出重视舰船制造

新版海洋学说在第四部分谈实施俄罗斯海洋政策的保障时，把船舶制造放在了首要位置，规定"船舶制造是保障海洋学说各项条款有效实施的技术基础"，要求通过全面发展造船业来提升军舰、民用船舶及科学考察船的技术水平。俄罗斯要保障自己所用的军舰和运输船只首先在本国生产，要提高航运船只的生产水平，保障本国在破冰船建造上的领先水平，还要建造许多高水平的各类舰船。新版海洋学说还特别强调，俄罗斯要在造船和海军技术方面保持技术独立性。俄罗斯向法国购买 2 艘"西北风"级两栖攻击舰流产后，俄罗斯决定不再向外国采购军舰。2015 年 7 月俄海军第 9 艘 20380 型护卫舰在阿穆尔船厂开工，这是为俄罗斯太平洋舰队建造的第 3 艘该型舰艇。

从新版海洋学说看，其海洋战略目标是宏伟的，其要完成的任务是艰巨的，受经济实力所限，俄罗斯要完成海洋学说所确定的任务不是件容易的事。中国可以利用俄罗斯经济实力不足、西方又对其制裁之机，加强与俄罗斯在北极资源开发、航道建设、南极科考、国际海洋规则制定等领域的合作，增进自身的利益。

Implications of Russia's New Maritime Doctrine on its Maritime Strategies

Zuo Fengrong & Liu Jian

Abstract：As a maritime power, Russia always attaches importance to its national marine rights, interests and development. After Putin came to power, the Russian Federation Maritime Doctrine for the Period through 2020 was promulgated in 2001. In grim face of complex international and domestic situation, and in order to better adapt to the needs of the new era of Russian maritime activities and safeguard national marine rights and interests, Russia released a new version of the Russian Federation Maritime Doctrine on July 26, 2015, the Russian Navy Day. As a basic document for framing national ocean policies, the new maritime doctrine is of fundamental significance for guiding Russia's future marine activities. This paper, by means of comparing and contrasting the new maritime doctrine with the 2001 version, analyses the background of its introduction and the new changes in Russia's maritime strategy, with an attempt to explore the new trends of Russia's marine activities in the next two decades.

Keywords: Russia, Maritime Doctrine, Arctic, Antarctica

安倍价值观外交与积极和平
主义的理性辨析

尹晓亮◎

【内容提要】 安倍政权先后提出的价值观外交与积极和平主义是日本试图通过历史修正主义方式摆脱战后体制和重塑"富国强兵"的表现形式。价值观外交本质上是通过盗用价值的方式背离价值，而积极和平主义实质是通过高举"和平"旗帜的方式破坏和平。对此，中国应该从宏观战略和微观策略两个层面进行积极应对。

【关键词】 安倍政权 价值观外交 积极和平主义

【作者简介】 尹晓亮 南开大学日本研究院副教授，早稻田大学产业经营研究所研究员。

从安倍第一次组阁到安倍第二次组阁，其历史认识与思想架构中的"右倾化"与"军事再武装"理念，从来都没有发生根本性变化。安倍政权先后推行的价值观外交与积极和平主义既是日本的国家战略取向，是由重经济、轻军备的"吉田路线"向重政治、重军备的"大国主义"路线转换的标志；亦是日本试图通过历史修正主义方式摆脱战后体制和重塑"富国强兵"的具体反映。

一 价值观外交是背离价值的外交

按照日本的说法，价值观外交是指日本在对外政策方面将重视和加

《国别和区域研究》（第 1、2 期），第 248~255 页。

强与具有民主主义、自由、人权、法治及市场经济等基本价值的国家的合作，构筑开放和富有创造力的亚洲，为世界和平与稳定做出贡献。事实上，日本的价值观外交本质上是通过盗用价值的方式背离价值的外交。

价值观外交并不是基于"价值"的外交。从日本抛出价值观外交的衍生背景而言，主要基于以下三个因素。其一，从国际格局而言，随着冷战结束与苏联解体，美国视中国为新的"潜在威胁"，并制定了"扶日制华"政策，日本则制定了"挟美制华"政策，与之遥相呼应。其二，从日本国内政治而言，20世纪90年代以后，日本政界中的"革新势力"日渐式微，而急于摆脱"战后体制"的"新保守派"势力日益凸显，这与"历史修正主义"言行"相映成趣"。其三，从国家实力而言，日本经济在泡沫崩溃后陷于长期萧条，与之相对的是中国经济持续、快速发展。随着中国经济总量超过日本，东亚地区开始迎来历史上未曾出现过的"强强"关系时代。在日本政界，主张"牵制中国"的呼声甚嚣尘上。

可见，价值观外交的衍生背景中并不存在所谓的"普世价值"，亦非麻生太郎所称的"是一种新轴心、新名词"，而是一种标榜"价值"但实际上没有"价值"的"价值观外交"。

价值观外交是利益导向型的外交。日本提出的价值观外交表面上好像是为追求所谓"普世价值"，积极承担"和平"责任，但实际上始终是作为现实主义外交的重要手段和跳板，以谋求以下目标。其一，制衡"中国崛起"。日本把"中国崛起"视为自鸦片战争以来从未有过的情况，并将"中国威胁论"和"牵制中国"列入官方文件。从地理分布而言，安倍倡导的"日美澳印价值观联盟"意在从东南部海洋方面对中国形成钳制之势，麻生倡导的"自由与繁荣之弧"则意在由日本主导一个"欧亚大陆价值观联盟"，二者共同构成了对中国的一个完整的意识形态包围圈。其二，谋求"政治大国"。在安倍、麻生等政治家看来，日本有能力对"世界体系的稳定"承担责任，无论世界任何地方发生的任何事情都不会完全与日本无关。其三，弱化自身的"负面形象"。日本认为开展价值观外交可增进西方国家对日本的认同度，拉近与这些国家的关系，弱化和转移国际社会对慰安妇等问题的关注，从而平衡自身的"负面形象"。

可见，从目标角度而言，价值观外交明显带有遏制中国的"指向性"，带有追求"政治大国"的"利己性"，仍属于实用主义的"利益诱导型外交"。

价值观外交是基于"双重标准"的外交。回顾日本战后历史，可以发现日本在重要政治节点和实践中的诸多情况下并没有遵循"基本价值"，而是背离和践踏了其自我标榜的"价值观"。[1] 其一，在"民主""法治"方面，从 1951 年的《日美安保条约》到 2006 年的《教育基本法》、从 2007 年的《国民投票法》到 2013 年的《特定秘密保护法》，都是在未经国民、国会充分讨论的情况下以强行表决的方式通过的。政界保守势力无视民意、推进有特定倾向性的修宪进程，本身就是对作为《日本国宪法》三大基本原则之一的国民权力的漠视和亵渎。其二，在"自由""基本人权"方面，《日本国宪法》规定"政教分离"，但官员、议员甚至某些首相却以公职身份参拜靖国神社。显然，从日本国内政治的角度看，日本政府并未真正信奉与实践其所宣称的"基本价值"。

可见，日本提出的价值观外交并没有在"国内"与"国外"实施统一的价值标准，而是采用了"双重标准"，具有"虚伪性"和"欺骗性"。

二　价值观外交未取得预期效果

日本在倾力打造日美澳印"价值观联盟"的同时，也在积极构筑"自由与繁荣之弧"。"自由与繁荣之弧"的始作俑者是时任第一届安倍内阁外相的麻生太郎。2006 年 11 月 30 日，麻生在日本国际问题研究所做了《创建"自由与繁荣之弧"——拓展的日本外交地平线》的演说。麻

---

[1]　有关安倍内阁价值观外交的特征、实质的论述亦可参见邱静《两次安倍内阁的"价值观外交"》，《外交评论》2014 年第 3 期；刘江永《论日本的"价值观外交"》，《日本学刊》2007 年第 6 期。

生认为，日本外交在日美同盟、近邻外交以外，还应加上第三根支柱，它由基于"普遍价值"的"价值观外交"和在欧亚大陆建设"自由与繁荣之弧"这两条组成。麻生强调，日本应通过推行这种"价值观外交"，把欧亚大陆外沿的东北亚、东南亚、南亚、中亚、高加索、土耳其、中东欧直至波罗的海各国连接成带状，形成基于"普遍价值"的富裕而稳定的区域——"自由与繁荣之弧"，并加强与欧盟及北约的合作。2007 年版的《外交蓝皮书》中将构筑"自由与繁荣之弧"确定为日本外交的新基轴。

客观上而言，在拉近与某些国家的关系方面①，日本的价值观外交取得了某种程度上的效果。通过统计和分析日本的《外交蓝皮书》、外务省记录、官方网站信息和首脑会谈等资料（2007 年 3 月至 2015 年 4 月的资料），可以看出世界上对日本提出的"共有基本价值"予以肯定的国家有美国、澳大利亚、印度、丹麦、比利时、法国、德国、吉尔吉斯斯坦、捷克、波兰、斯洛伐克、爱尔兰、土耳其、加拿大、巴西、西班牙、匈牙利等。此外，北约秘书长拉斯穆森对此提法亦表示同意。

但是，从围堵中国的实际效果而言，价值观外交并不算成功。尽管日本在试图把澳大利亚和印度拉入其打造的"价值观联盟"构想的过程中并没有遭到两国的明显反对，但在"包围中国"等问题上两国则反应消极，并没有给予积极呼应。此外，2013 年 1 月，安倍在访问东南亚三国时发表了以价值观外交为核心的"东南亚外交五原则"，但是东南亚国家的基本态度是"可以与日本建立伙伴关系，但是不会介入中日关系中"。

可见，日本以"价值观"为理念的外交实践的实际效果并没有达到其预期，价值观外交的支出成本与收益效果形成反差的原因主要体现在以下三个方面。

其一，回顾近现代国际关系史可以发现，"国家利益"与"价值观"是不同的两个概念，拥有共同价值观的国家仍会兵戎相见，而持不同价值

---

① 日本打造"价值观联盟"和构建"自由与繁荣之弧"的主要方式：一是灵活运用 ODA，二是建立和加强对话机制。

观的国家在一定条件下却可结成同盟。前者如两次世界大战都是资本主义国家之间的战争，后者如二战中美英等资本主义国家就和社会主义的苏联一起与德意日法西斯作战。

其二，在经济全球化时代下的民族国家体系框架中，决定一个国家外交走向的因素是多元化的，不可能仅通过"价值观"这一种因素就改变或修正一个国家的外交取向、发展道路和安全战略。历史不断证明，价值观外交的推动者往往无视这样的基点，过于骄傲自大、自以为是，因而成为世界的"麻烦制造者"。

其三，安倍政权的价值观外交在国内也遭到了尖锐的批评。日本各界有识之士并不支持开展与中国相对抗的价值观外交。2007 年 3 月，日本前驻华大使阿南惟茂指出，组建四国战略同盟"绝非高明的外交政策"。事实上，"日美澳印价值观联盟"与"中日战略互惠关系"是自相矛盾的，因为如果日本和中国没有共同价值观，那又为什么会有"战略互惠关系"。

三 积极和平主义的实质是破坏"和平"

2012 年 12 月，尽管第二届安倍内阁延续了第一届安倍内阁时期的价值观外交方针，而且在 2013 年的外交实践中一直在运用这一理念，但是从 2014 年 1 月起，安倍政权的外交取向又发生了新的变化，即不再一味重点强调价值观外交，转而开始重视宣称积极和平主义。

利用积极和平主义漂白"军事大国"诉求。自小泉、安倍、麻生等新生代政治家登上政治舞台后，最优先思考的问题是如何重塑"强大的日本"、如何使日本成为"政治大国"和"军事大国"。2012 年 12 月，安倍晋三再次登上首相之位后，加快了制定日本军事安全保障政策的步伐。

2013 年是日本军事复兴"元年"，其主要表现如下：2013 年 2 月 8 日，重新启动"安保法制悬"。2 月 15 日，召开"关于设立国家安全保障会议的专家会议"，讨论 2007 年未能实施的"国家安全保障会议"
设立法案（日本版 NSC）。6 月，安倍内阁向国会提交了新的 NSC 设立
法案。9 月，设立"关于安全保障与防卫力恳谈会"。11 月，日本通过
设立"国家安全保障会议"关联法案。12 月 4 日，设立"国家安全保
障会议"。12 月 6 日，制定了与该法密切相关的"特定秘密保护法"。
12 月 17 日，内阁会议上又确定了"国家安全保障战略"和新的防卫计
划大纲。

　　事实上，现在日本殚精竭虑地试图实现"正常化国家"，极力摆脱限
制军事建设的"紧箍咒"，其背后的逻辑与昭和时期的"富国强兵"在本
质上并无区别。唯一不同的是，现在的安倍政权利用基于国际协调的积极
和平主义不断漂白其背后隐藏的"军事大国"诉求。

　　借用积极和平主义进行"挟美制华"。日本推行的价值观外交、积
极和平主义与美国实施的亚太"再平衡"，在时间节点上基本重合，在
目标设定上都有"制衡中国"的目的。"二进宫"的安倍政权在执政两
年多时间里，"制衡中国"的具体行动如下：一是炮制"中国威胁论"，
"妖魔化"中国。二是打造"安保三箭"，意指中国。新防卫计划大纲、
防卫力量整备计划和国家安全保障战略这三份文件的意图、目标和内涵
都是在以中国为对手的背景下制定实施的。三是拉拢东盟，特别是挑拨
中国与越南、菲律宾等国家之间的关系。2013 年安倍共出访了 25 个国
家，其中 10 个是东盟国家。此举一方面旨在彰显日本的存在感，谋求
在军事和经济两方面对东盟施加影响；另一方面采用"怀柔之计"，试
图进一步制衡中国。

四　中国的应对措施

　　中国必须重视"日本用策略掩盖战略"的外交模式。无论是价值观
外交还是积极和平主义，都是日本外交的策略，在其策略的背后掩盖的是
谋求"政治大国"的战略。对此，中国应进行积极应对。

　　其一，努力创造和利用重要场合和机会窗口，宣传和揭露日本价值观外交、积极和平主义的本质。必须承认，日本利用各种场合和机会，肆意"妖魔化"中国、鼓吹"中国威胁论"，起到了一定效果。对此，中国也应该积极创造和利用重要场合和机会窗口，宣传和揭露价值观外交与积极和平主义的实质。

　　其二，积极倡导和建设"亚洲命运共同体"，对冲和稀释日本价值观外交与积极和平主义的效果。东亚被安倍政权视为价值观外交的主战场，对此，中国应该宣传"亚洲命运共同体"，因为"命运共同体"比"价值观联盟"与积极和平主义更具操作性、现实性、接受性、殷实性和非排他性。"合作共赢"不仅是国家发展的现实需要，也是人类社会发展的归宿。"命运共同体"超越了相对简单的由贸易投资等驱动的"利益共同体"，还包括在政治、安全、社会、价值等更深层次上的密切国际合作。

　　其三，适当制造和提供物质公共产品和价值公共产品，参与和引领全球问题的治理、国际秩序的构建。今天的中国作为在现代化进程中迅速崛起、与外部世界深度融合的新兴经济体，已成为一个具有全球性影响的大国。客观上，要求中国在国际事务中扮演更加重要的角色；要求中国的外交不但要有"中国本位"，还应有"世界本位"。因此，中国应该坚定推进"一带一路""亚投行"建设。

　　其四，加强与美国的沟通和交流，积极发挥约束功能。中国的学界、政界和商界要有策略地、反复地向美国传达三个信号：一是不能让日本民族性中的"伪善"遮蔽现实。在日本社会、文化和国民性中有"伪善"的一面，无论是价值观外交还是积极和平主义都是"伪善"的最好注脚。二是日本提出的价值观外交与积极和平主义的表象下潜藏的是缺乏历史反思、缺乏价值底线的实用主义思维，这也正是历史上军国主义的思想根源之一。三是日本一旦成为"军事大国"，美国将会是日本最大、最后的对手。

　　其五，学界主动联合韩、俄等国家，共同组建"维护战后体制""反对历史翻案"的"统一战线"。中国政府在"统一战线"中需要注意的是：在揭露价值观外交、积极和平主义的虚伪性和危险性的同时，对日本在外交上的反复无常和无原则的形式变幻不要随之起舞与因应，需要战略定力和政策弹力相辅相成，需要灵活运用"两手对两手"的策略，以不变应万变的方式，提升对日本外交的应对能力。

A Rational Analysis of Abe's Value Diplomacy and Active Pacifism

Abstract：Abe regime's value diplomacy and active pacifism are manifestations of Japan's attempt to get rid of their postwar system and remodel "prosperous country with a powerful army" by way of historical revisionism. The so-called value diplomacy is by nature a departure from the values by means of misuse, while the essence of active pacifism is to undermine "peace" by upholding the "peace" banner. To this, China should respond actively on two levels, with strategies on the macro level and with policies on the micro level.

Keywords：Abe Regime, Values Diplomacy, Active Pacifism

埃及正处于十字路口

〔埃及〕 阿迪勒·萨布里◎

【内容提要】 埃及塞西政府希望通过沙姆沙伊赫会议吸引大量阿拉伯和海外投资改善经济状况。但西方国家直接投资埃及基础设施建设存在法律问题，且埃及各政党及议会对西方国家投资也存在争议。埃及目前只能依靠提供能源解决赤字问题。埃及各政党都支持中埃拉近关系，认为中国能够对埃及和中东国家的政治稳定发挥积极作用，埃及政府表示支持"一带一路"倡议，并认为习近平主席访问埃及有重大的政治意义。

【关键词】 埃及经济 海外投资 中埃关系

【作者简介】 〔埃及〕 阿迪勒·萨布里 埃及《华夫托报》原主编，埃及 O2-e-content 新媒体集团首席执行官。

　　沙姆沙伊赫经济会议结束后的这一阶段，埃及正在走向一个关键时期。在获得了来自沙特阿拉伯、科威特、阿联酋等国高达 120 亿美元的经济资助后，埃及总统塞西已证明自己站在了埃及政治金字塔的塔尖。通过经济援助和中央银行货币政策的调整，埃及正在致力于改善国民经济及补充外汇储备。沙姆沙伊赫会议聚集了近 2500 名国内外知名人士，其中有国家首脑、跨国公司经理及国际金融机构负责人等。埃及政府通过国内和西方媒体很好地利用了这一经济盛事，大力宣传了埃及潜在的投资机会，并引导国内舆论向塞西政府倾斜。塞西希望此次活动能够吸引大量海外投资项目，以改善埃及经济状况，并推动埃及经济复苏。

　　埃及政府的宏伟计划给埃及人民带来了美好的希望，但事实却是另外一回事。埃及政府官方公布了一组相互矛盾的数据，总理称保守估计，将获得海外投资近 360 亿美元，而投资部部长所公布的数据则为 620 亿美元；另有其他埃及政府高层人士表示，沙姆沙伊赫会议所达成的协议显示将会有 1400 亿美元的海外投资进入埃及。仔细研究会议期间埃及政府所签署的项目计划，包括电力、运输业、能源、苏伊士运河、扩建新首都等领域在内，仅涉及投资额 120 亿美元。此外，只有沙特与埃及明确签订投资协议，而其他项目都只是埃及官方同外国公司签订的谅解备忘录，或将在不久的将来落实。

将发电站建设、运输、石油勘探等涉及国家安全的项目，直接委托给美国、德国、意大利及英国等国外公司，这有违埃及现行法律。当一些埃及企业家发现阿联酋、海湾其他国家或外国公司承包由埃及国家预算支持的大项目时，他们会向政府施压，这些人与外国商人相勾结，成为外资公司在埃及国内的代理人，联合控制国家的大型项目建设。此次，在塞西将这些工程项目委托给那些代理人公司及拥有军方背景的公司后，由埃及军方、跨国公司代理人和少数支持塞西政府的埃及商人组成的经济联盟将大大加强对埃及国民经济的控制力度。

众多埃及企业家表达了对沙姆沙伊赫经济会议结果的愤慨，有一些媒体对政府进行了公开的批评。在埃及首都，工商界人士频繁召开会议讨论此次经济会议对国家未来的影响，一些人直言不讳地指出国家高层腐败盛行，官僚主义严重，没有筹划与现行经济法不同的新投资法，未给外国投资者和国际公司提供适合的投资环境，没有为他们出入埃及市场提供便利，同时也缺少监督机构的跟踪监管。

当这一切都发生时，埃及政府已暂停了新一届的国会选举，且尚未公布恢复选举的时间。有消息指出，尽管国会选举本将在 2015 年 9 月进行，但目前看国会不可能在 2016 年 7 月之前组建完成。塞西政府高官透露，议会将延期两年组建，此消息已公布于亲塞西政府的报纸上，他们称现在组建新议会将不会为稳定埃及形势做出任何贡献，新一届议会很可能变成穆兄会和前国家党之间的政治联盟，不利于实施经济改革。有现政府人士指控穆兄会、前国家党领袖在暗中挑起反对塞西的战争，使其无法专心振兴经济，从而引发民众的不满，促使其通过革命颠覆塞西政权，如同当年对穆巴拉克政府所做的那样。

埃及的安全局势趋于稳定后，来自穆兄会以外的反对派的压力逐渐减轻了，埃及第一次清算了被指控杀戮和平游行者的军官，更换了内政部部长，并对使用暴力反对政府的军队实施了严酷的军事打击。

埃及新政府在沙姆沙伊赫经济会议后得到了阿拉伯国家和国际社会的支持，随着穆兄会和其他反对派领导的游行示威力量在各省份逐渐减弱，塞西政府利用此次会议在国内积极传播其对经济复苏的乐观预期。

塞西总统利用军队力量的支持试图减缓组建议会的进程。因为，宪法给予了议会大量权力，让它能够对总统进行制衡，而塞西想要的是把持国家的立法、司法及行政大权。

企业家们抱怨政府没有保护民族企业，过于依靠海外企业及其代理人，同时数千家埃及企业自身也面临着众多问题，使它们无法正常运转，有一些企业甚至已全面停工。

埃及政府面临着外汇储备短缺的问题，无法满足基本外汇需求，也无法为国内企业进口足够的生产资料；证券市场萧条，证交所指数持续下降。由于塞西的独裁统治，埃及人民对其在政治和经济上有强烈的不信任感。但也有人认为这种威权统治对国家走出经济危机、应对安全挑战有利，利比亚、西奈、叙利亚、也门、伊拉克就是前车之鉴。埃及人民希望国家能走出现在的困境，突破经济增长瓶颈，埃及政府也想要推行新项目，降低目前已高达 30% 的失业率，控制通货膨胀等可能再次引起社会动荡不安的因素。

塞西政府公布的 2016 年度预算显示，政府再次提高了财政赤字的比例，加之海外投资匮乏，税收锐减，政府只能更多依靠提高能源和燃料价格来缓解赤字问题。同样，这也使国家的 GDP 增长难以突破 4%，而事实上，如想缓解就业问题，则至少需要在 5 年之内将 GDP 增速提升至 7%。

鉴于埃及和国际社会关系错综复杂，中国国家主席习近平 2016 年 4

月第二周的访问极具重要性，埃及政府期待此次到访的理由主要包括以下几点。

埃及希望获得中国这个世界第二大经济体的支持，经过 30 年的发展，中国已经成为继美国之后埃及的第二大经贸伙伴。

塞西总统渴望从中国获得资金援助，埃及目前很难从国际金融机构，如世界银行、国际货币基金组织以及欧洲、美国等方面获取资金援助，这些国家或组织在埃及恢复议会选举前，不会同埃及进行任何经济合作，它们称需要埃及的议会代表人民同其签署合作协议，保证国家有足够的偿债能力，并由人民监管、使用该资金。

埃及政治家和企业家期望同中国合作，获取经济援助，共同开展项目建设，习近平主席的到访具有重大的政治意义，埃及可以和中方共同探讨中东地区的未来，如帮助中国解决埃塞俄比亚复兴大坝危机、实现南苏丹稳定、解决叙利亚危机、商讨巴勒斯坦及伊拉克问题的现状与未来等问题。

埃及人民期待中国国家主席意义深远的访问，中国在埃及人民心中普遍形象良好，埃及无论自由党、共产党还是伊斯兰主义党派，各种力量都支持拉近中埃关系，中国曾在实现埃及和中东国家政治稳定的过程中发挥过积极作用，享有良好的声誉。

显而易见，中国国家主席的访问对埃及具有极其重要的政治意义，埃及政府急于强调自己未被孤立，能得到中国这样的大国的肯定，可以增强塞西政府的合法性。但遗憾的是，沙姆沙伊赫经济会议表明了埃及在经济上转向了欧洲，转向了英国、美国、意大利等西方国家，海湾国家仍是埃及最大的海外投资来源，中国与俄罗斯处于海外投资名单的末尾。埃及给予了西方国家众多大项目，这些合作的特点均反映了塞西总统渴望通过同有影响力的西方跨国企业建立合作关系，从而拉近与西方的关系，保证西方对其的大量军事援助，维护其政权的稳定。

埃及的能源部门及高科技产业部门表达了它们不相信中国和俄罗斯技术水平的看法，认为仍应优先依靠西方生产的科技设备，仅倾向于在中国购买廉价的生产生活必需品，发展小产品贸易。

中资企业在已与埃及军方建立联系的欧美跨国企业及其代理公司的面前缺乏竞争力；此外，中国政府宣传水平差，中国媒体同埃及国内及西方媒体关系不紧密，但这些媒体却能够深刻影响埃及和其他中东国家的政治经济决策。

埃及政府表示支持中国的"一带一路"倡议，埃及外交部部长一再强调该计划与埃及苏伊士运河计划高度吻合，埃及政府鼓励中国企业加入修建新运河，希望中方公司可以参与建立苏伊士湾项目。埃及政府建立了中埃合作委员会，由埃及国际合作部部长领导，该委员会审视了同中国的共建项目，努力解决两国在投资领域遇到的问题。埃及交通部也在努力向中国学习建设和发展铁路运输的经验及高铁建设的经验。

中国与埃及有广阔的经济合作前景，尤其是在交通运输领域。目前埃及铁路系统存在严重的问题，该系统已多年未进行必要的投资改进。中国可以在亚历山大建设地铁隧道、升级电网、新建发电站，这些可以通过中方提供融资，也可以是 PPP 或 BOT 模式；同时中国也可以在埃及建立石油精炼厂、化工品和化肥加工厂，利用动植物资源，建立燃料输送网，在埃及，石油精炼领域也存在很大的不足。

如果不是埃及的政治倾向，中国不会在投资上获得如此多的机会，这一切都有赖于埃及政府的支持，若非如此，如今中国企业很难在埃及市场上同西方企业竞争或长期生存下去，该市场中存在太多的腐败和官僚主义，也缺乏对行政机构的必要监管。

总之习主席的访问会对埃及和海湾国家的政治走向及国内的状况产生重大影响力，中方将对重新描绘阿拉伯国家的反恐路线图，确定联合国在处理利比亚、叙利亚、伊拉克、也门、海湾国家及非洲等问题上发挥作用。

没有埃及政府的支持，中国不会成为埃及的强大经济伙伴，埃及政府由于某些原因，不得不在经济领域"向西看"，而中国需要扩大其影响及在管理地区和世界事务时发挥有效作用，从而促使埃及和其他阿拉伯国家感受到中国与俄罗斯在中东的政治影响力，而不是任由美国独自操纵中东政治。

Egypt is at a Crossroads

[*Egypt*] *Adil Sabri*

Abstract：El Sisi Egyptian government hopes to attract Arab and foreign investments through the Sharm el – Sheikh conference in order to improve the economic situation. But before they can directly invest in infrastructures in Egypt, western countries have to straighten out the legal issues involved; in the meantime, investments from western countries are not without disputes among Egyptian political parties and within the Parliament. Currently, Egypt can only rely on energy provision to deal with its deficit. Egyptian political parties are all supportive of a close relation with China, beholding the view that China can play an active role in maintaining political stability in Egypt and the Middle Eastern countries. The government of Egypt has expressed their support for "The Belt and Road" initiatives, and believe that President Xi Jinping's visit to Egypt is of profound political implications.

Keywords：Egyptian Economy, Foreign Investment, Sino – Egyptian Relation

希腊债务危机中的政治博弈

伍慧萍◎

【内容提要】 作为欧盟和北约成员国及地中海和巴尔干的地区性大国，希腊对于欧盟乃至整个西方具有特殊的地缘政治与安全意义。整个国家运作体制的失灵导致希腊尽管在形式上拒绝欧盟的救助改革方案，但无法真正舍弃欧盟的支持。欧盟在对希腊的救助中始终深陷两难境地。在欧盟危机救助中占据上风的新自由主义紧缩路线给一体化带来了更多离心力，并随着危机的恶化遭到前所未有的质疑。各方力量的政治博弈充分体现出，欧洲内部的团结基础和相互尊重的原则在经历了半个多世纪的一体化之后仍旧十分薄弱。随着第三轮救助方案谈判的基本完成，希腊暂时摆脱退欧危机，但能否最终走出危机仍在未定之数，服务于短期目标利益的现实政治无助于危机的根本解决。

【关键词】 欧盟 债务危机 希腊 地缘政治

【作者简介】 伍慧萍 同济大学德国研究中心研究员，同济大学德意志联邦共和国问题研究所教授，博士。

　　虽然希腊经济总量只占欧元区 GDP 的 2%，但自 2015 年 6 月底以来，希腊一度处在国家破产和退出欧元区的边缘，退欧危机的戏剧性发展牵动了整个欧元区乃至全世界的神经。出于经济和地缘政治考量，欧盟自始至终一直在竭力避免希腊国家破产和退出欧元区。各方力量的地缘政治博弈使希腊债务危机的后续解决仍存在不确定性。从希腊债务危机浮出水面到今天，已经过去了五年多时间，其演进和变数对于欧洲一体化造成的政治

《国别和区域研究》（第 1、2 期），第 262～272 页。

后果难以在短期内消弭。

一　希腊债务危机中的政治博弈

（一）希腊债务危机的地缘政治与安全维度

在权衡利弊、化解危机的过程中，希腊本身固有的地缘政治与安全维度始终是欧盟必须考虑的重要方面。希腊作为北约和欧盟成员国，位于欧美国家势力范围的东南部边缘，同时，希腊也是经济最发达、与西方联系最紧密的巴尔干国家之一。希腊对于欧盟乃至整个西方特殊的地缘政治与安全意义不言而喻。

欧洲人担心，希腊的局势不稳和弱势可能使俄罗斯和中国等外部力量借机利用希腊作为跳板，在欧洲介入和扩大影响。俄罗斯与希腊两国在希腊危机中也的确越走越近：希腊在俄乌冲突中曾多次反对西方的对俄制裁，齐普拉斯总理上任后曾于 2015 年 4 月访问俄罗斯，5 月俄罗斯则提议希腊加入金砖国家发展银行，而金砖国家发展银行的一个最主要功能正是抗衡西方主导下的国际货币基金组织。这些发展一度引发欧洲政要们的集体忧虑，令欧盟国家担心俄乌冲突与希腊危机将会交织在一起，希腊与俄罗斯接近的策略会将欧洲置于一场地缘政治的挑战。出于同样的考量，美国也曾表态力保希腊，敦促债权国尽快与希腊达成一致。不过，希腊最终还是参与了需要全票通过的欧盟对俄罗斯的经济制裁，从这一点看，俄罗斯就无法做到全力支持北约和欧盟的盟友希腊。

作为地中海和巴尔干地区的地区性大国，希腊的政治和社会稳定对于地区安全局势意义重大，这主要表现在几个方面：首先，希腊与该地区另一大国土耳其之间存在领土争端，而虽然同为北约成员国，但欧盟对强人政治下的土耳其难以施加实质性影响，一旦希腊陷入国家破产，地区权力格局将朝着有利于土耳其的方向发展。其次，希腊负责守卫其东南边陲，保障地中海的战略安全，其军备开支也由此达到 GDP 的 2.3%，超出了北约的平均水平。最后，希腊是非洲或中东非法移民进入欧洲的门户，其6000 个岛屿是偷渡客的重要目标，近几年来，欧洲无法解决日益严重的非法移民问题困局，一旦希腊局势不稳，非法移民这一非传统安全问题将令欧盟的处境雪上加霜。

（二）希腊债务危机的困境与根源

希腊激进左翼政府在与国际债权人打交道的过程中前后立场矛盾，在很大程度上折射出希腊陷入的困境。欧盟过去两轮共计数千亿欧元的救助非但没有将希腊从债务的泥潭中解脱出来，相反进一步加剧了希腊的经济萧条与贫困化。自从执行财政紧缩路线以来，希腊债务水平甚至上升至GDP 的近 180%，国内生产总值下滑了四分之一，经济增长缺少动力，缺少企业投资，无法保障长期的经济健康发展和新的工作岗位，失业率居高不下，民众平均收入下跌，国内悲观情绪弥漫，自杀率达到了历史最高水平。在希腊看来，政府和民众为了换取欧盟的巨额救助已经做出了很大牺牲。而如果希腊面临国家破产，需要进行债务重组，在这种情形下，根据经济学家分析，希腊很可能会出现至少半年的混乱过渡期，陷入严重的经济衰退。希腊政府也许会继续留在欧元区，通过"打白条"的形式获得欧元现金，也可能会尝试重新引入德拉克马，而且德拉克马势必会贬值，因为希腊疲弱的国民经济不足以支撑一种没有信用的本国货币。在这样的混乱背景下，过渡阶段的困境不可避免。

希腊 2015 年 10 月底前应支付款项

单位：亿欧元

	国际货币基金组织	欧洲央行
6 月 30 日	15.446	
7 月 13 日	4.521	
7 月 20 日		34.564

续表

	国际货币基金组织	欧洲央行
8 月 1 日	1.783	
8 月 20 日		31.883
9 月 4 日	3.014	
9 月 14 日	3.391	
9 月 16 日	5.651	
9 月 21 日	3.391	
10 月 13 日	4.521	

数据来源：《明镜周刊》2015 年 6 月 28 日。

在这样的压力下，尽管在形式上拒绝欧盟的救助改革方案，呼吁希腊人公投反对欧盟，希腊还是无法舍弃欧盟的支持，大部分希腊人都希望留在欧元区，执政的左翼激进联盟也反对真正退出欧元区。齐普拉斯政府2015 年 1 月在做出迎合民意、提出不再接受欧盟紧缩政策的承诺后上台。然而，希腊政府没有找到比欧盟的方案更为合理的出路，譬如可以发挥左翼政府的优势实施改革，加大反腐力度，实施税收制度改革征收富人税。而寻找外部援助对于希腊而言难以实现，在俄乌冲突、西方联手经济制裁俄罗斯的背景下，俄罗斯国库吃紧，对希腊事务难有实质性干预。在与欧盟的周旋中，齐普拉斯政府一方面在外媒中指责国际债权人对希腊搞"恐怖主义"和政治勒索，另一方面又写"投降信"向欧洲稳定机制伸手要钱，申请 300 亿欧元稳定援助，对于欧盟方案的态度前后判若两人，在国内面临信任危机，也不可避免地造成了激进左翼联盟自身阵营的分裂。

德国汉堡世界经济研究所所长托马斯·施特劳伯哈尔认为，希腊是一个"失败的国家"，整个国家运作都有问题，国家和民众改革意愿不强，而且这一状况已经持续了几十年。自 1981 年加入欧共体以来，希腊从欧洲财政中获得 1000 多亿欧元补贴。债台高筑，罢工和社会动荡不断，工资和养老金支付无法保障，工业生产滑坡，投资人望而却步，对于这些危机症状，欧委会早在 1991 年的报告中就已经提出过警告。2000～2008年，希腊财政赤字占 GDP 的比例也从来没有低于过《马约》要求的 3%

（如何得以加入欧元区也引发过各种猜测）。加入欧元区以后，希腊没有致力于提高经济竞争力，相反，实际工资却在 8 年内增加了 40%，行政管理效率低下，裙带之风、腐败和舞弊盛行，腐败程度为所有欧盟国家中最高。在大选之前，减税和扩充公务员队伍以拉拢亲信的现象比比皆是。多任总理承诺在税收、医疗、行政、养老体制、劳动力市场和公共部门实施改革，但这都只是迫于欧盟的外部压力，整个国家和民众从文化和心态上难以实现转变。这种现状造成了希腊既抗拒欧盟的要求，又离不开欧盟的帮助，前后行为是否立场一贯，能否变"他救"为"自救"，都不在考虑范围以内。

（三） 以欧盟为代表的国际债权人的两难境地

欧盟在对希腊的救助中始终深陷两难境地。一方面，欧盟出手救助希腊带有地缘政治和经济后果的考虑；另一方面，欧盟又不能满足希腊的要求，无条件提供援助。

如果希腊国家破产并退出欧元区，必然就外债问题进行谈判要求减免，损失最惨重的绝非希腊，而是国际债权人和欧盟，各国持有的巨额希腊债务就将遭遇违约。希腊至今已经向国际债权人借了 2428 亿欧元，加上利息等总共欠账 3000 多亿欧元。欧盟最大的国民经济体德国自然首当其冲，面临的资金损失风险接近 800 亿欧元，单是国有的复兴信贷银行就借给希腊 151.7 亿欧元。较之这些经济损失，欧盟更为担心的是由此产生的多米诺效应，欧元区国家成员的破产史无前例，如果希腊退出欧元区，对于其他正在逐步走出欧债危机阴影的葡萄牙、西班牙等南欧国家将产生辐射效应，金融市场的投机势力可能会进一步瞄准这些高负债国家，甚至会波及法国。

当然，也有一些经济学者从货币政策、欧洲政策和地缘政治层面认为，希腊退欧虽然会导致希腊的政治、经济、社会动荡，对于欧元区而言却无异于扔掉了一个包袱。他们认为，目前的欧元区与危机初现的 2011年、2012 年相比，已经牢固到足以抵抗希腊危机的冲击，希腊退出反而有利于欧元区摆脱包袱，加强自身的整体实力。欧盟在危机蔓延过程中逐步建立应对机制，欧洲稳定基金的 4500 多亿欧元储备资金撑起了安全保护伞。对此，诺贝尔经济学奖得主约瑟夫·斯蒂格利茨认为，希腊退欧的影响力不亚于雷曼兄弟破产，绝非一些人认为的可以为市场所消化甚至对欧元区有利。事实证明，扔包袱的理论设想并未最终成为欧盟危机应对的主导思想。

如果说欧盟一开始对希腊退欧的担忧更多是在经济方面，那么最晚从 2015 年初希腊左翼激进联盟上台、宣布不接受国际债权人的现有救助方案以后，希腊退欧的风险就不再仅仅是在经济意义上，而更多是在政治层面上。欧元对于欧洲一体化的推动和黏合作用难以估量。德国总理默克尔一直表示，如果欧元失败，那么欧洲一体化也会失败。自《罗马条约》签订以来，欧洲一体化取得不断进步，虽然希腊经济总量只占欧元区GDP 的 2%，但希腊退欧将极大动摇对欧洲一体化的政治信任。

鉴于对政治与经济后果的考量，希腊退出欧元区绝对不符合欧盟的意愿，欧盟一直在竭尽全力避免希腊国家破产和退出欧元区，甚至不惜担当干预成员国财政的罪名。欧洲央行 2015 年 6 月底还继续追加了对希腊银行的紧急贷款，即"紧急流动性支持"（ELA），以保证希腊银行的流动性和偿付能力，至今贷款总额已经累计高达近 900 亿欧元，光是德国为此承担的担保金额就有 250 亿欧元。

然而，欧盟却又不能如希腊左翼政府所愿，向希腊无条件、无限度输血，而是始终坚持贯彻欧元区的规定，将结构性改革作为救助的前提，因为救助不单单牵涉希腊一个国家，改革方案同样也涉及欧元区其他国家，意大利、西班牙等国已经付出巨大代价，接受欧盟的救助条件进行改革，它们极度关注欧盟是否前后一致贯彻改革和紧缩目标。2015 年下半年，西班牙和葡萄牙还将举行大选，诸如西班牙公民政党之类的左翼政党已经提出与希腊左翼激进联盟类似的主张，要求放松救助条件。在这样的背景下，欧盟不能放任希腊为其他国家树立糟糕的榜样，无论希腊接受还是拒绝，都必须始终坚持改革和紧缩要求。

二　希腊债务危机的政治后果

（一）希腊债务危机解决方案引发争议

从希腊债务危机爆发以来，在欧盟的危机救助中占据上风的是以德国总理默克尔和财长朔伊布勒为代表的新自由主义保守力量，他们坚持改革与紧缩路线，将其变成不容商量、不可替代的方案，坚决要求希腊偿还债务。相比之下，欧委会主席容克针对整个欧盟提出的 3150 亿欧元长期投资计划旨在扩大投资，提振经济增长和就业，这一投资计划至今并未有实质性的推进。经过了 2015 年 7 月初的公投和拉锯式谈判之后，希腊最终还是要接受更为严厉的要求，如果无法执行，甚至要被剥夺一国的主权和国有资产，这仍旧是德国所主导的原则理念的继续，甚至比之前更为极端。

现有路线的延续给一体化带来了更多离心力。德国、芬兰、斯洛伐克等国一度极力反对与希腊谈判，德国还曾建议希腊"暂时退出欧元区"五年时间，与此相反，法国、意大利、塞浦路斯等国力主与希腊重新谈判。7 月 13 日，希腊和欧盟最终就开始第三轮救助协议谈判达成一致，但长达 17 小时的谈判极为艰难，欧元区集团内部对一体化前进方向和救助方案存在根本性分歧，德国、芬兰等国希望严格遵守明确的救助规则，而以法国、意大利等国为代表的国家则希望维持松懈和实用主义的货币联盟。①

希腊债务危机已经历经五年，默克尔一贯坚称紧缩政策的成功，拒绝减债，认为希腊不需要第三轮救助方案，希腊危机形势进一步恶化，对欧盟过去五年为克服欧债危机而执行的紧缩政策造成了重大打击。在美国学界的相关讨论中，欧盟的紧缩方案往往遭到指责。保罗·克鲁格曼和斯蒂格利茨这两位诺贝经济学奖得主一致批评道，危机根源不在希腊，而在

---

① Alexander Privitera, "The New Greek Bailout and the Never – Ending Political Fallout in Germany", *AICGS*, August 11 2015.

于欧洲货币联盟的先天制度设计错误，国际债权人尤其是德国对希腊提出了错误的救助方案，无助于危机的解决，并危害到欧洲的团结，"三驾马车"错误估计了其一系列紧缩措施带来的整体经济影响，希腊完全有理由要求改变路线。但也有美国学者指出，此类批评忽视了欧洲特殊的框架条件，包括投资环境不利造成的低增长、高赋税，就业市场的僵化和过度管制，国家债台高筑，腐败和官僚作风，而财政紧缩与经济增长事实上并不矛盾，关键要进行结构性改革，一度陷入经济滑坡的拉脱维亚就是一个有力的佐证。

（二）对欧洲传统政治文化造成损害

希腊退出欧元区问题的激化凸显了欧盟危机外交的巨大问题，对欧盟迄今的紧缩救助理念敲响了警钟，令欧盟陷入信誉危机，其矛头直接指向了在欧债危机的救助中发挥引领作用的德国总理默克尔。欧盟究竟有多少解决问题的能力和行动能力？其一贯标榜的制度创新、妥协文化和危机管理是否不再奏效？五年多以来，欧盟已经召开了无数次危机峰会，不断强调时间的紧迫性，其救助方案都是在时间压力下逼出来的权宜之计，只能缓和事态几个月时间，无法医治根本，救助政策日趋陷入死循环，不断出现新问题。自从雷曼兄弟破产后，默克尔一路贯彻了德国人的危机管理，随着欧债危机的不断蔓延，默克尔凭借其简洁明了的执政风格已经成功获得足够的权威，成为欧盟危机外交的主心骨，把握了实际的话语权。

而今，欧盟新自由主义的紧缩救助方案也遭到了前所未有的质疑，内部的立场分歧暴露无遗，德、法友谊岌岌可危。希腊退欧的问题，也引发了德国国内更看重危机解决的总理与希望进一步加深一体化进程的财长之间、两大执政党之间的巨大分歧。作为立场对立的结果，欧洲传统的团结文化、妥协文化非但没有奏效，反而被"最后通牒"、"勒索"、失望和不信任所代替，各方力量的政治博弈使欧洲一体化正经受严峻考验，欧洲内部的团结基础和相互尊重的原则，在经历了半个多世纪的一体化之后仍旧十分脆弱。

这种信任关系的缺失逐渐外溢到其他领域，集中体现在德希关系的全面恶化。在希腊与欧盟因希腊延长第二轮救助协议的改革方案争执不下的背景下，希腊一度将追讨二战的国家和个人战争赔款问题提上议事日程，威胁要将德国政府在希腊的国有资产作为抵押赔偿，还成立了专门委员会向德国索要战争赔款，以偿还希腊目前所欠部分债务。而德国舆论则普遍认为，将二战中受害者被伤害的感情和目前在债务危机中偿还债务的要求掺杂在一起是勒索行为，希腊政府提出战争赔偿要求主要是为了在与"三驾马车"谈判时争取更多回旋余地。在历史罪责与现实债务之间，德国与希腊两国难觅共识。希腊债务危机的持续发酵也给欧盟带来了其他持久的政治后果。随着南北经济落差进一步加剧，边缘国家加入欧元区获得发展的期望落空。在欧盟各国及欧洲议会，疑欧情绪高涨，质疑欧洲一体化的极右翼政党获得更多口实，势力空前强大。

三　希腊债务危机的演变及前景展望

2015 年 6 月 27 日，由于希腊政府拒绝接受欧盟救助改革方案并突然抛出公投之举，欧元区财长会议决定不再延长 6 月底到期的救助计划。希腊成为国际货币基金组织历史上首个违约的发达国家，并实行了资本管制措施。7 月 5 日的公投实质上是希腊总理齐普拉斯对自己发起的信任投案和政治豪赌，结果他至少在国内民意上战胜了以欧盟为代表的国际债权人，引领希腊人否决了救助方案。公投之后，7 月 13 日，经过拉锯战式谈判，获得国内民意支持的齐普拉斯政府同意与国际债权人就第三轮财政救助协议进行谈判，希腊退欧危机就此峰回路转。8 月 4～18 日，希腊与国际债权人进行第三轮谈判。事实上，新方案与之前被希腊人公投否决的救助方案十分雷同，对于养老体制、税收体制的改革以及军备开支的缩减，均要求希腊进行大幅紧缩与改革。较之前被公投否决的方案更为严厉的新内容是，国际债权人要求希腊加快私有化进程，出售港口、铁路、能源、房地产等部门的国有企业，并设立一项私有化托管特别基金来管理由此获得的 500 亿欧元，用于向希腊银行提供流动性。作为交换，欧盟决定在今后 3 年通过欧洲稳定机制向希腊提供 820 亿～860 亿欧元的财政援助。8 月 20 日，希腊向欧洲央行的 32 亿欧元支付义务到期，在此之前达成第三轮财政救助已基本无悬念。希腊暂时摆脱退欧危机。

　　显而易见的是，第三轮救助是否实质性地帮助希腊走出危机，仍在未定之数。能否发挥作用，关键要看欧盟和希腊能否转变思路，更多着眼于拉动对能源、道路、港口等基础设施的投资，还要看税制等多项改革能否奏效。此外，债务的减免与否也将影响到危机的解决，但欧盟与希腊在减免部分债务方面仍有待达成共识。斯蒂格利茨在德国媒体和专业期刊中多次表示，最好的解决方案是为希腊减债，并制定一个比较现实的经济增长目标，或者实行债务重组，并将贷款与经济增幅挂钩，从而保证希腊真正获得救助。而这种做法有历史经验可循。法国经济学家托马斯·皮凯蒂在 6 月 27 日接受德国《时代周报》专访时就毫不客气地指出，恰恰是现在指责希腊欠债不还的德国，在两次世界大战后都没有偿还所欠公共债务，是依靠债务减免才获得了宝贵的经济发展机遇。

　　希腊危机的加剧也引发了对欧洲一体化未来道路和欧盟机构改革的争论。皮凯蒂和德国前外长菲舍尔都主张欧洲的唯一出路在于深化政治一体化进程——至少是在欧元区范围内，直至建成联邦制国家。不走这一步，短期内欧元难以被拯救。然而，这种更具长远视野和欧洲情怀的解决方案往往被迫屈服于现实政治。在危机解决过程中，欧盟各国政要们更多考虑的，是对于上台执政的目的和国内利益的影响，即便是默克尔，在 2010 年也因为考虑本党在州议会选举中的竞选结果而推迟了希腊财政问题的应对，而齐普拉斯在短短一周内，立场前后判若两人，并不断通过全民公投、议会不信任案甚至重新大选等各种方式与欧盟及本国民意博弈，巩固自身的地位，其中的优先考量早已偏离了债务危机的根本解决。

Political Game in Greek Debt Crisis

Wu Huiping

Abstract： As a member state of the EU and NATO and a regional power of the Mediterranean and the Balkans， Greece has important geopolitical and security implications for the EU and the whole West. The malfunction of the operating system has prompted Greece to reject the EU reform plan， but only in form， because it cannot give up EU support altogether. For the EU， the Greek bailout is always a serious dilemma. The neo – liberal austerity route， which takes the upper hand in the crisis relief， has brought about more centrifugal forces to EU integration and is now facing unprecedented challenge with the deterioration of the crisis. Various forces are fully reflected in this political game， which shows that the unity basis and the principle of mutual respect within the EU are still weak even after the EU has undergone the process of integration for over a half century already. With the conclusion of the third round of bailout negotiations， Greece is temporarily out of the crisis of retreating from the EU； however， it remains uncertain if greece can eventually step out of the debt crisis， because realpolitik that serves short – term goals contributes little to the ultimate solution to the crisis.

Keywords： EU， Debt Crisis， Greece， Geopolitics

斯里兰卡政局变化及对
中斯关系的影响

【内容提要】　2014 年底，时任斯里兰卡总统的拉贾帕克萨意外提前大选，丢掉总统职务。继任者西里塞纳意外获胜而匆忙上任。新总统为了"平衡"前任的政策，不仅使斯里兰卡政策出现混乱，而且使中斯关系受到冲击，在斯中资项目受到影响。鉴于中国近年来在斯里兰卡发展中所做的重要贡献以及中国对斯里兰卡的重要作用，斯里兰卡新政府在实施"平衡"政策的过程中对此不得不慎重考虑。

【关键词】　斯里兰卡　政局　中斯关系　影响

【作者简介】　宋志辉　教育部人文社科重点研究基地副研究员，经济学博士。

马春燕　泰和泰律师事务所高级合伙人，执业律师。

2014 年底，斯里兰卡政局突变。时任总统拉贾帕克萨突然于 11 月 20 日出人意料地宣布提前两年大选，结果惨败。而原本并不抱太大希望的反对党候选人西里塞纳却意外获胜，当选新一届总统。由于匆忙上任，且缺乏治理国家的经验和驾驭政治的能力，新总统上任后做出了一系列令人意外的政治举动，不仅影响国内局势稳定，而且使中斯关系一度受到冲击。中国公司投资的科伦坡港口城项目被迫暂时停工，西里塞纳上任后首访选

《国别和区域研究》（第 1、2 期），第 273 ~ 281 页。

择印度，"中斯关系变冷"。2015 年 3 月 25 日，西里塞纳总统应邀访华并出席博鳌亚洲论坛年会。西里塞纳向中方明确表示，愿与中方一道落实好两国业已达成的各项协议，并就科伦坡港口城问题做出解释。目前，斯里兰卡政局已基本稳定，中斯关系也基本重归正常，中斯经贸合作继续进行。然而，风虽停，浪未静，西里塞纳政府仍然面临一系列考验和挑战，包括对前政府腐败问题的清算、应对前总统的反扑、兑现竞选承诺修改宪法、简政放权以及如何处理种族矛盾等问题。与此同时，如何妥善处理斯中、斯印等关系也是其必须面对的重要课题。

一 政局突然生变，政权意外更替

2014 年 11 月 20 日，时任总统拉贾帕克萨突然宣布提前两年大选，以寻求第三次总统连任。尽管遭到部分执政联盟成员的反对，自由党仍以全票通过拉贾帕克萨的提名，代表本党参与总统角逐。斯里兰卡总统任期为 6 年，拉贾帕克萨于 2005 年首次当选总统，并在 2010 年提前举行的选举中获得连任。此次大选前，拉贾帕克萨已经进入第二任期。由于拉贾帕克萨及其领导的自由党在议会掌握绝对多数，同时声望较高，拉贾帕克萨对于自己能够获得连任很有信心。在宣布提前大选后，外界普遍认为，拉贾帕克萨及其领导的自由党仍然有无可撼动的优势，大选应该毫无悬念。拉贾帕克萨对选情乐观的主要原因首先是自认任内政绩卓著，尤其是消灭了猛虎组织，结束了长达 26 年的内战。拉贾帕克萨主张对分裂主义的猛虎组织实行强硬政策，拒绝给予猛虎组织和泰米尔人高度的自治权利。在 2005 年拉贾帕克萨第一次当选总统之前，斯里兰卡中央政府与猛虎组织签订了停火协议，并进行了漫长的民族和解与自治权利的谈判。相比于竞争对手维克勒马辛哈，拉贾帕克萨主张自治权利会分裂国家，是不能退让的底线，因此得到了大量支持统一的斯里兰卡民众的支持。2008 年 1 月 2 日，斯里兰卡政府宣布退出与猛虎组织签署的停火协议。2009 年 5 月 18 日，斯里兰卡军方宣布，击毙了猛虎组织领导人普拉巴卡拉，宣布长达 26 年的内战结束。

猛虎组织也承认与政府军长达 26 年的战争以失败告终，愿意放下武器，结束与政府军的战斗。消灭猛虎组织，维护国家统一成为拉贾帕克萨最重要的政绩。甚至在其卸任后，赢得总统选举的西里塞纳所在的统一国民党的领袖拉尼尔仍高度评价拉贾帕克萨"结束内战，赢得了人民的尊重"。其次是发展经济，促进了人民生活水平的提高。拉贾帕克萨主张加快民族经济的发展，增强自身的造血功能。拉贾帕克萨主张采取自由市场与国家调控相结合的混合经济模式，在交通、能源等要害部门确保国家的所有权，坚持和完善国家的免费医疗和免费教育政策，提高就业水平，降低通货膨胀率，这些措施受到选民的欢迎。拉贾帕克萨的支持者主要来自农村地区，而其对手主张积极推动经济自由化，在知识阶层中拥有支持者。再次是引入中国因素，平衡大国关系。印度是离斯里兰卡最近的大国，也是南亚次大陆最大的国家，对于斯里兰卡有巨大的影响力。历史上，在荷兰和英国殖民者到来之前，印度曾经长期控制斯里兰卡。有传闻称印度长期支持斯里兰卡内部的印度教政党，积极与执政党角力，但因印度教政党实在太弱，未能赢得政府或议会的多数。特别是印度的泰米尔纳杜邦一直被认为是斯里兰卡泰米尔人的故乡和源头。印度在看到斯里兰卡政府军深陷内战的泥潭后，开始试图插手斯里兰卡内部事务。先是国大党议员公开支持猛虎组织的活动，又于 1987 年多次派飞机向斯里兰卡猛虎组织控制区空投补给品。当看到斯里兰卡政府军和猛虎组织陷入僵持时，印度甚至向斯里兰卡派出维和部队，接管猛虎组织控制区，主持猛虎组织和斯里兰卡政府的谈判，并要求斯里兰卡控制他国与斯里兰卡的交往和对斯里兰卡的援助，特别是外国船只在科伦坡港的停留。最后，印度长期拒绝向斯里兰卡出售武器，拒绝支持斯里兰卡的战斗。在向印度和西方国家多次请求购入武器以打击猛虎组织未果后，拉贾帕克萨转而寻求并获得中国的支持，最终成功剿灭猛虎组织，结束长达 26 年的内战。同时，中斯关系也获得长足的发展，目前中国已成为斯里兰卡第二大贸易伙伴。拉贾帕克萨通过加强与中国的关系，制衡印度对斯里兰卡的强大影响。2007 年后，拉贾帕克萨 4 次访问中国，斯里兰卡总理 5 次访问中国，次数和密度均远超此前任何一届斯里兰卡领导。通过引入中国的因素，斯里兰卡平衡了印度对斯里兰卡的巨大影响力，维护了国家的独立自主，在南亚地区的话语权和国际地位都有所提升。然而，在拉贾帕克萨宣布提前大选的第二天，自由党总书记、拉贾帕克萨的亲密战友、时任卫生部部长西里塞纳于 11 月 21 日突然倒戈，宣布辞去自由党总书记和卫生部部长职务，出任反对党统一国民党的候选人参加总统大选，随即 20 位部长和其他政府官员也相继跟随西里塞纳倒戈。选情突变令拉贾帕克萨措手不及，使大选悬念重重。西里塞纳此前一直担任卫生部部长，小心翼翼地避免任何问题和纷争。西里塞纳本人曾在苏联留学，曾深信马克思主义，是毛泽东思想的追随者。宣布倒戈后，西里塞纳所有的竞选口号处处针对拉贾帕克萨，包括猛烈抨击拉贾帕克萨政权严重腐败，搞"裙带关系"，主张通过修改宪法削弱总统权力。针对拉贾帕克萨主张国家引导产业，西里塞纳则支持自由化，主张市场经济。而最重要的是，拉贾帕克萨的支持来自中国，西里塞纳便针锋相对，直接拿中国在斯里兰卡投资项目说事。西里塞纳多次提到要重审外国投资者在斯里兰卡投资的各个项目，而外国投资者中最大的组成部分正是中国。最终，在 2015 年 1 月 8 日举行的总统选举投票中，西里塞纳获得约 621 万张选票，得票率为 51.28%；拉贾帕克萨获得约 577 万张选票，得票率为 47.58%。拉贾帕克萨当天承认失败，并承诺将与西里塞纳进行和平权力移交。[①] 拉贾帕克萨提前大选及败选的主要原因是过高估计了自己的政治优势，并忽视了自己的权欲和贪腐的负面影响，同时其铁血作风引起对手及选民的强烈反感。而西里塞纳之所以能够获胜，一是因为他对最近几年斯里兰卡政府推行的一些政策主张持有不同意见，并获得多位前政要，包括前总统钱德里卡·班达拉奈克·库马拉通加在内的多名政府要员的大力支持；二是其抓住选民心理，大打反腐牌，赢得了广泛民心。此外，印度对斯里兰卡反对派的支持也是拉贾帕克萨落败的重要外因。

---

① 《斯里兰卡总统大选 拉贾帕克萨"认输"》，中国联合新闻网，http：//www.cucnews.com/news/gj/2015 - 01 - 09/12098. html。

二 新政困难重重，政权渐趋稳定

尽管西里塞纳因获得一些政要和多数选民的支持而赢得选举，但其接手的其实是一个"烂摊子"。目前，西里塞纳组成的临时内阁的首要任务是全力以赴完成此前承诺的"百日变革"计划，包括打击贪污腐败行为、消除权力过度集中现象、建立起英联邦国家沿袭的威斯敏斯特式的政府体制。然而，要破旧立新，注定举步维艰。首先，政治对手的威胁依然存在。斯里兰卡自由党是该国历史悠久、底蕴深厚的政党。该党由拉贾帕克萨领导多年，虽然西里塞纳曾担任11年的该党总书记，但与老到的前总统相比毕竟根基浅薄。作为总统，西里塞纳不仅要面对政敌的反扑，也有来自昔日同僚的敌意。① 2015年3月17日，斯里兰卡工党领袖利亚纳盖表示，前总统拉贾帕克萨将在新议会选举中代表工党角逐总理一职。此前，拉贾帕克萨试图在其所属的自由党内部获得支持，以代表该党参选，但没有得到党内全部成员的支持。其次，斯里兰卡种族矛盾仍然根深蒂固。西里塞纳必须努力协调僧伽罗人和泰米尔人的关系，并在国际社会"调查战争责任"压力和国内僧伽罗人普遍反感这种调查情绪间努力寻求平衡点。尽管拉贾帕克萨的大选失利能在一定程度上缓解业已紧张的族群矛盾，但斯里兰卡毕竟仍然是由僧伽罗人和僧伽罗人政党在执政，族群和解并未完成，族群冲突仍有死灰复燃的可能。斯里兰卡于1979年制定的《反恐法》至今仍然有效。该项法律规定，警察可以以"涉嫌支持恐怖主义"为由，在未经法庭辩论的情况下，关押嫌疑人长达18个月。该法何时能废除，关系到新政府能否得到少数族群的支持。最后，反腐能否深入将考验其执政能力。1月8日，拉贾帕克萨的胞弟、经济发展部部长巴西尔·拉贾帕克萨在执政党大选失败后，随即前往美国居住。新政府组成后，斯里兰卡反贪委员会对巴西尔·拉贾帕克萨提起诉讼，指控其在任期

---

① 方忱：《后强人时代的斯里兰卡》，《南风窗》2015年2月1日。

间涉嫌金融诈骗。4 月 21 日，巴西尔从美国返回科伦坡，22 日即在接受当地金融犯罪调查局问讯后被捕。4 月 23 日，斯里兰卡总理拉尼尔·维克勒马辛哈在接受媒体采访时重申，斯里兰卡政府打击腐败的战斗不会因为部分议员的反对声音而停止。然而，由于拉贾帕克萨执政多年，腐败问题已冰冻三尺，且牵涉面广，新政府的反腐能否深入，将是对西里塞纳执政能力的巨大考验。

尽管大选后拉贾帕克萨本人承认选举结果，实现了权力的顺利交接，斯里兰卡政权实现平稳过渡。但由于西里塞纳意外赢得选举而匆忙上任，并因缺乏治理国家的经验和驾驭政治的能力，上任初期做出了一系列令人意外的政治举动，这不仅影响国内局势稳定，也使中斯关系一度受到冲击。目前，斯里兰卡政局已基本稳定，中斯关系也基本重归正常，中斯经贸合作继续进行。由于得到多位前政要，包括前总统钱德里卡·班达拉奈克·库马拉通加等在内的多名重量级政府要员的大力支持，西里塞纳地位逐渐巩固，原计划于 2015 年 4 月 23 日举行的议会选举也已改到 8 月举行。此外，斯里兰卡议会各党派已就第 19 次宪法修正案达成共识，修宪问题取得进展，西里塞纳在竞选期间的削弱总统权力以还权于议会的承诺有望兑现。[1] 为了巩固执政党，西里塞纳于 3 月 22 日大幅改组内阁，邀请 26 名来自反对党自由党的官员入阁，与执政党统一国民党组建联合国民政府。改组后斯里兰卡内阁人数从 51 人增加到 77 人。这是斯里兰卡历史上首次由两个最大政治党派组建联合政府，新政权渐趋稳定。[2]

三　斯里兰卡政局变化对中斯关系的影响

斯里兰卡是一个以种植园经济为主的农业国家，由于资源缺乏，大量

---

① Maithripala Sirisena, "No Room for Family Rule in Future", *Daily Mirror*, March 16 2015, http://www.dailymirror.lk/69381/r - family - rule - in - future#sthash.jJ3VQ6yN.dpuf.

② "President Says Ready to Follow SWRD Path of Sacrifice", *Daily News Online*, June 15 2015, http://www.lankanewspapers.com/news/2015/6/94122.html.

工业原材料仍需从国外进口。斯里兰卡内战结束后，得益于中国的大力援助和国际金融机构的大量贷款支持，斯经济得到了迅速恢复和发展，经济增长率持续攀升，居南亚地区前列。目前，中国是斯里兰卡第一大投资来源国，斯里兰卡要维持经济发展，离不开中国的投资。如果中斯关系恶化导致中资撤离，将对斯里兰卡经济造成沉重打击，而且会在国际上造成恶劣影响。在其他国家特别是印度无力对斯里兰卡进行大规模投资的情况下，斯里兰卡无法承受如此打击。因此，为了其国家利益，斯里兰卡政府将维持其经济稳定并保证中资企业的合法利益。

新总统上台后，为了兑现竞选时的承诺，采取了针对前任的一系列大动作，致使中斯关系一度受到影响。西里塞纳掌政后，首先拿中国的投资项目开刀，以环境保护为由叫停科伦坡中国港口城等项目。此举既是针对前任的手段，同时也是借机向中方提高要价，也不排除是受到外部势力如印度的压力所致，目的是为兑现其竞选期间的"平衡"承诺做出的一种姿态。但斯里兰卡政府终止中资项目将得不偿失，一来会面临巨额经济赔偿，二来会因导致工人失业而引发罢工和社会动荡，三来会造成恶劣国际影响，破坏其国际投资环境。也正因如此，西里塞纳上任后不久即冒雨视察了由中国企业承建的摩拉加哈坎达和卡鲁干加水库项目，这是他就任总统后首次视察该项目，并表示中国的投资对斯里兰卡非常重要，同时强调，发展斯中两国关系是他作为总统的责任，未来将为进一步推动两国关系努力。[①] 2015 年 3 月 26 日，西里塞纳总统在访华期间与习近平主席的会谈中明确表示，斯里兰卡政府愿与中方一道落实好两国业已达成的各项协议，并就科伦坡港口城问题做出解释，称目前的情况是暂时的，问题不在中方。

平衡斯中、斯印关系，新总统不得不慎重掂量。2015 年 1 月 18 日，斯里兰卡新任外长萨马拉维拉访问印度时表示，"前政府的外交政策有

---

① 杨梅菊、黄海敏：《斯里兰卡不会叫停中国项目》，参考消息网，http：//www.cankaoxiaoxi.com/world/ytxw /20150126/874765. shtml。

失偏颇"，其此举主要是因为西里塞纳即将访问印度，需要营造适当的气氛。3 月 25 日，西里塞纳总统应邀访问中国，并出席博鳌亚洲论坛年会。在 3 月 26 日与习近平主席的会谈中，西里塞纳明确表示，斯新政府将采取比过去更有力的措施，继续发展同中国的友好合作和斯中人民友谊，希望同中方加强经贸、教育、科研、防务领域的合作。目前看来，西里塞纳上任初期冷却斯中关系一方面可能是出于缺乏外交经验，另一方面则是由于要兑现选举诺言，与前任政府有所切割。西里塞纳当选前，作为反对党领导人，其以所谓的环保、不允许外国拥在本国地产，以及优先发展与印度的国家关系等为由针对中资项目，目的是获取选票。但是，如果斯里兰卡完全投入印度怀抱，因而失去中国的经济支持，导致经济下滑，即便西里塞纳得以上台执政，其政府也不可能长久。因此，获得政权后的西里塞纳不可能不顾及国家利益而全身心与印度发展关系。维持"平衡"外交是其最佳选择。这样做不论是从安全角度，还是从经济角度来看，对斯里兰卡都十分有利。在平衡斯中、斯印关系问题上，斯里兰卡可能会在安全战略上更多依赖近在咫尺的印度，而又在经济发展上不拒绝中国的支持，从而实现其所谓"平衡"外交。

为实现利益最大化，斯还会争取印度、日本、美国等国的支持。斯里兰卡是"一带一路"沿线重要国家，从地缘政治的角度而言，它是中、印、美、日等国的利益博弈之关键。西里塞纳就职后即宣布，将实施同包括美国、日本、中国和印度在内的"平衡外交"。西里塞纳外交政策的核心是要降低对中国的依赖，加强与原本就有联系的日、印、美等国的关系。因此，上任后西里塞纳一方面避免露骨地批评中国，另一方面又表示重视美、日、印等国，试图从各国均等地吸收援助，实现国家利益最大化。日本在 2009 年之前一直是斯里兰卡最大的援助国，2009 年中国超过日本成为斯里兰卡最大投资来源国后，日本也开始加大对斯里兰卡的经济援助，同时还与斯里兰卡开展海上安保合作，以牵制中国影响力的扩大。为了实现"平衡外交"，西里塞纳仍然对日本寄予厚望。1 月 12 日，安倍晋三向西里塞纳发出了"将共同致力于进一步发展两国关系"的信息。为了牵制中国，安倍首相还表示将向斯里兰卡无偿提供巡逻船。为了"平衡"中国，西里塞纳政府欣然接受。此外，由于美国正忙于"重返亚太"以遏制中国、制裁俄罗斯，无力顾及斯里兰卡，尽管西里塞纳政府希望得到美国的支持，但美国反应冷淡。但随着美国撤出阿富汗，伊朗核问题得到解决，美国将会加大对斯里兰卡的投入，联合印度、日本等国共同反制我"一带一路"计划，对此，必须引起我国高度重视。

Changes in Sri Lanka's Political Situation and their Impact on Sri Lanka's Relation with China

Song Zhihui & Ma Chunyan

Abstract：At the end of 2014, Mahinda Rajapakse, then President of Sri Lankan, unexpectedly declared early election, which resulted not only in his losing of presidency, but also in his successor Sirisena's taking office in a haste after an unexpected win in the election. The new president, with a view to "balancing" his predecessor's legacies, introduced some policies which are not compatible with the existent ones and have thus impacted Sino – Sri Lanka relation as well as China funded projects in Sri Lanka. Giver China's great contribution to Sri Lanka's development, the Sri Lankan government, in implementing its new "balancing" policies, should carefully weigh China's important role.

Keywords：Sri Lanka, Political Situation, Sino – Sri Lanka Relation, Impact

缅甸政局的变化及对中缅
关系的影响

秦治来◎

【内容提要】 自缅甸 2010 年转型以来，中缅关系屡遭挫折。中国如何准确把握缅甸变局，勇于打破对缅工作旧局，善于创造对缅工作新局，成为当前中缅关系研究的前沿性课题。本文基于对转型以来的缅甸政治局势现状的客观评估，勾勒出未来缅甸局势"大变革"与"小战争"并行不悖的发展态势，以此分析缅甸转型对中缅关系的影响，并提出中缅关系困境的破解之道。文章认为，缅甸推进现代化转型与中国化解周边崛起困境息息相关，缅甸的机遇与中国的机遇相向而行。缅甸新政府对华政策仍将保持稳定性，中缅两国此前形成的合作惯性不会马上消失。为此，我对缅外交应坚持原则坚定性和策略灵活性相结合，确保二者实现积极动态平衡，努力使缅甸成为中国运筹好周边外交全局的助推器。

【关键词】 缅甸政局 转型 中缅关系

【作者简介】 秦治来 中共中央党校国际战略研究所教授。

中缅关系在我国周边外交布局中具有特殊重要性。缅甸是我国构建两洋战略最可优先依靠的地缘支点，属于我国周边外交必争、必保、必稳之地。作为曾经备受西方制裁困扰的国家，缅甸在没有出现太多征兆的情况下"突然"走上转型之路，逐步融入国际社会的主流。缅甸转型以来，中缅关系进入了一个关键时刻，两国全方位合作面临实现新发展、新跨越

《国别和区域研究》（第 1、2 期），第 282~290 页。

的重大机遇，同时也存在不少风险和挑战。缅甸局势的变化错综复杂，要求我对缅外交战略要有新的调整。

一 转型以来的缅甸政治局势

2010 年 11 月 7 日，缅甸举行全国大选。此后，长期"默默无闻"的缅甸突然成为全世界关注的焦点。缅甸的政治局势变化错综复杂，"变脸"之快让人始料未及，"走向"之谜也是见仁见智。未来，缅甸局势依然充满"大变革"。在大的国际环境中，缅甸发生大的动乱概率很小，但由此就认为缅甸将结束 60 余年的内乱也是不切实际的。

缅甸民主化进程不可逆转。2011 年 3 月 30 日，缅甸总统吴登盛领导的民选政府在首都内比都宣誓就职，标志着缅甸由军人政府向民主制度跨出了关键的一步。吴登盛政府推行了一系列改革措施：2011 年，缅甸进行了两次大赦，释放 300 名政治犯；2012 年 1 月，吴登盛大赦 6656 名服刑人员，缅甸政府释放了 651 名被判刑人员；允许昂山素季带领其合法全国民主联盟参加 4 月的议会补选。2012 年 4 月 1 日，缅甸议会举行补选，最终由昂山素季领导的全国民主联盟获得 45 个空缺席位中的 43 席，联邦巩固与发展党和掸族民主党各获得 1 席。2012 年 8 月，缅甸各大城市的民众踊跃参与"8888 民主运动"24 周年纪念活动，联邦政府也首次批准和支持民众举行纪念活动。2013 年 1 月，缅甸政府废除了前军政府对异议分子实行长期监禁的法律，宣布取消长达 25 年之久的禁止 5 人以上公众集会的法规。2012 年 9 月，吴登盛在联合国大会发表讲话时祝贺昂山素季获颁美国国会金质奖章，同时与昂山素季在纽约会面并表示，将支持缅甸人民投票选择反对派领导人昂山素季担任总统。2013 年 6 月，包括掸、钦、若开、卡央等少数民族党派在内的 15 个缅甸民族政党已经同意合并成立缅甸联邦联盟政党（FUP），应对 2015 年大选。尽管缅甸已经开启了一些民主化改革，频频伸出橄榄枝，但是西方国家大多保持"谨慎的乐观"态度，认为改革派难以完全剔除军队摄政的因素，并继续对缅甸施以温和的压力。另外，缅甸与境内少数民族的内战未息，佛教与回教的冲突频传，成为国际社会质疑、干涉缅甸新政府的一个主要依据。

民族和解与局部军事斗争并举。与少数民族武装签署停火协议，是缅甸政府进行国内改革的重要举措之一。有分析指出，2008 年制定的宪法是缅甸动乱的根源（该宪法第八条规定国家实行联邦制）。在属于政治层面的民族和解问题上，吴登盛政府与非缅族原住民武装力量先后签订停火协议。缅甸新政府成立后，缅甸政府高级官员多次表达了推动民族和解的强烈愿望。2011 年 7 月，缅甸政府发表声明，邀请少数民族武装举行和平谈判。吴登盛于同年 8 月 18 日发表了与缅甸各少数民族建立和平的宣言，向各地方武装组织提出停战谈判的邀请。9 月底，缅甸第二特区（佤邦）、掸邦第四特区与政府相继签订了和平协议，骨牌效应迅速发生。12月，缅甸政府军与掸邦军达成了初步停火协议。至 2011 年底，南、北掸邦军都先后与政府达成和平协议，先后有 40 支武装与政府实现和解。2012 年 1 月 6 日，缅甸政府联邦和平小组同克钦民族阵线（CNF）签订了初步停火协议。就连进行了 60 余年武装斗争、国内最大的民族武装克伦民族解放军，也于同年 1 月与政府达成了停战协定。2012 年 4 月，总统吴登盛和克伦民族联盟的 6 名代表在内比都进行了历史性的首次会谈，会谈达成了包括逐步实现全国停火、制定与遵守停火规则、建立和平监督机制、计划重新安顿国内流离失所的人民等 13 点共识。至今只有克钦独立军一家在和政府军打打谈谈，但和谈将是缅甸局势的主要走向。

积极改善与西方国家的关系，是缅甸改善国际形象的重要举措。缅甸新政府以推行改革开放换取西方国家的支持，推动西方放松对缅甸的制裁政策。2011 年末，美国国务卿希拉里访问缅甸，宣布将援助 120 万美元以支持缅甸进行社会改革，并考虑向该国派驻大使，标志着缅甸的外交情势发生重大变化。之后，日本、英国等国家纷纷派出高官访问缅甸，并且都表示了对缅甸民主改革的初步认可。同时，缅甸政府也一再重申继续重视与东盟、中国、印度等邻近国家的友好合作关系。相比而言，缅甸新政府"心向西方"的外交意图更加明显。尤其是在美国"重返亚太"的大背景下，美国因素深刻影响缅甸政局。2012 年 11 月，奥巴马在连任后的首次出访中就访问了缅甸，这也是历史上美国在任总统对缅甸的首次访问，标志着华盛顿与这个长期被孤立国家之间的关系迅速解冻。2013 年 5 月，缅甸总统吴登盛对美国展开正式访问，这是 47 年来缅甸国家元首首度访美，是缅甸重返国际舞台的里程碑，对于亚太局势有着重要象征意义。

二　缅甸转型对中缅关系的影响

缅甸民主转型以来，如何有效打造中缅战略合作升级版引发热议。国内学者就缅甸转型对中缅关系的影响主要有两种代表性观点。

一种观点认为，中缅关系总体看好，两国山水相连、命运相系，其表现一是双边政治关系继续向好。2011 年 5 月，吴登盛总统访华，双方宣布建立"全面战略合作伙伴关系"，中国成为缅甸第一个全面战略合作伙伴。2013 年 4 月 5～7 日，吴登盛赴海南三亚出席博鳌亚洲论坛并对华进行国事访问。习近平主席与吴登盛总统举行会谈，就发展中缅全面战略合作伙伴关系深入交换意见，双方发表联合声明。9 月，吴登盛总统来华出席第十届中国－东盟博览会，李克强总理会见吴登盛总统。中方领导人表示，作为友好邻邦，无论缅甸发生什么变化，中缅全面战略合作伙伴关系将继续推进，胞波情谊将继续传承。缅方领导人强调，缅甸深知维护中缅友好合作对两国关系乃至区域稳定发展的重要性，缅甸无论发生什么变化，缅中关系大局和发展态势不会改变。二是中缅经贸合作取得长足发展，合作领域从原来单纯的贸易和经援扩展到工程承包、投资和多边合作。国家统计局数据显示，2003～2012 年中国对缅甸进出口总额增加了 6 倍。2012 年双边贸易额达 74 亿美元，较上年增长 8.2%。1988～2012 年，缅甸在中缅贸易中一直处于逆差地位，25 年间逆差总额累计 252 亿美元。据缅甸官方公布的数据，截至 2013 年 8 月底，中国在缅甸共投资逾 140 亿美元，外资来源中，中国排名第一。2013 年 5 月、7 月，历时三年建设的原油管道、天然气管道全线贯通。三是其他领域合作势头看好。我旅缅华人华侨约 250 万人，其中华侨约 17 万人，主要来自云南、福建和广东。2013 年 1 月，中国人民解放军副总参谋长戚建国中将访缅，与梭温副总司令在内比都举行了两军首次战略安全磋商。目前，缅甸担任东盟轮值国主席对岛屿争端所持立场得到中国的肯定。

另一种观点认为，缅甸变局对中缅此前 20 多年的特殊关系造成重大冲击。有舆论指出，密松项目搁置、中缅铁路计划中止、中缅通道战略受阻、缅北和平进程曲折不断，这些客观现实与中缅实现全面战略合作的既定目标相差甚远。其表现一是中缅经贸关系趋于停滞。2011 年缅甸民选政府上台，特别是 2012 年缅甸投资法颁布后的这几年，也正是中国在缅投资额锐减的几年，时间是吻合的。2013 年中国在缅甸全年投资额也由 2000 万美元上下，锐减至 2012 财政年度（约 4 亿美元）的 1/20，与高峰时期的 2010 财政年度（约 82 亿美元）相比，还不到 1%。在投资额排名上，中国 4 年来首次让出第一宝座，跌至第 10 名左右。二是缅甸民众对华不满情绪上升。缅甸对中国的态度既友好，又抵触，不愿成为中美博弈中的棋子。中、缅老一辈革命家共同缔造的中缅友好的胞波情谊已越来越少有人愿意提起，这是一个值得警惕的动向。三是缅北地区的长期战事严重影响了中国边境的安全。2011 年 10 月 5 日，泰国 9 名军人在湄公河枪杀了中国 13 名船员，制造了震惊中外的"湄公河惨案"。2012 年 1 月 12 日，两名缅甸政府军士兵非法进入中国云南省德宏州境内，将一名中国公民杀害。缅甸难民涌入中国境内，对维护中缅边境稳定带来了考验。如不能妥善处理，这有可能引发人道主义危机，并让中国陷入复杂的外交困境。

客观地说，缅甸转型使中缅关系在各个层面的协调面临着复杂多变的局面。首先，缅甸政府为了保护自身利益，急于转向民主化，放开民意与舆论管制，政治改革明显超前，但缺乏稳固、完善的市场经济基础。其次，在民族权力和经济利益等方面，中央政府利益与地方政府利益、缅族与少数民族利益、缅甸发达地区与边境地区利益之间的矛盾开始凸显。近期缅甸境内发生多起爆炸事件，有舆论担心中缅管道安全。最后，由于缅甸在东南亚、南亚地区的重要性与特殊性，它已成为全球一些大国及相关国家关切并介入的一个重点地区，这给我对缅外交带来较大的国际压力。能否充分利用缅甸国内局势的复杂性，将问题转化为于我国发展有利的方向，是中缅关系发展对我是否有利的关键。

总体上，缅甸无论发生什么变化，中缅关系大局和发展态势不会改变。在缅方领导人看来，维护中缅友好合作对两国关系乃至区域稳定发展极端重要。这就不难理解中国缘何成为缅甸第一个全面战略合作伙伴。从政治上看，缅甸保障自身安全的根本在于中缅关系的深化。缅北问题解决的基点应是与中国发展友好关系，而不是与中国搞僵关系，让缅北冲突持久化。从经济上看，中国产业的梯度转移与中国基础设施建设，如交通、能源等领域的接驳对缅甸的发展至关重要。从缅甸未来的目标定位看，中国是缅甸维持大国平衡关系的重要依托。缅甸将自己视为处于大国夹缝中的小国、弱国，其最大利益是保持与各大国之间关系的动态平衡。保持良好的中缅关系，对缅甸维持大国平衡局面具有重要意义。

三 应对缅甸变局的若干思考

缅甸变局虽对发展中缅关系看似挑战增多，但实际上给中国提供了真正成为学习型外交强国的绝佳机会。此前，对缅甸工作习惯"韬光养晦"或者坚持"不干涉内政"；现在，对缅甸工作要"开门迎新客"。在一定程度上，应对缅甸变局也反映了中国经略周边能力亟待提高。

首先，应从战略的角度提升破解中缅关系难题的能力。坚持一个基本判断：理解并尊重缅甸国家利益的多元化维护。一些西方人士借缅甸出现的变化渲染中国因素，甚至无端将中国放到这些变化的对立面。事实上，缅甸在进行民主改革的同时，并没有改变其传统的对华友好政策。但同时还应看到，缅甸对华友好并不代表着缅甸只发展同中国的关系。例如，双方在缅甸中部地区勘探陆上石油和天然气资源。这份合约也是缅甸2010

年举行选举以来，首次有外国石油公司参与签署的陆上探油合约。对缅甸和包括美国在内的西方国家加强接触，中国同样持欢迎态度。

坚持一个正确方向：深化全面战略合作，推动中缅关系继续健康稳定向前发展。中缅山水相连、命运相系。当前，国际和地区形势复杂多变，中缅两国都处在深化改革的重要阶段。中方坚定发展对缅甸友好，这一政策不会因一时一事而改变。

坚持一个基本原则：积极践行正确的义利观。坚持正确义利观，是以习近平同志为总书记的党中央提出的中国外交重要思想。正确对待和处理"义"与"利"的关系，重视道义与责任，是我国优秀传统文化的重要内容。践行正确义利观的根本是辩证地处理好道义和利益的关系。坚持正确义利观，做到义利兼顾，要讲信义、重情义、扬正义、树道义，多向缅甸提供力所能及的帮助。

其次，应准确评估在缅甸的投资环境。缅甸局势的发展有可能将超乎预料。缅甸已经上演一幕又一幕的博弈大戏。要妥善处理好与缅甸军人集团的关系，慎重处理、平衡好与缅甸和平武装组织的关系。美国不会将缅甸现政府和执政党视为坚定的同盟者，伺机将会扶持自己选中的代理人上台。有舆论担心，一旦昂山素季未能全面获胜，很有可能出现缅甸版的"颜色革命"。缅甸新政府的改革进程能走多远目前还不明朗。

参与缅甸经济金融体系设计。对中国来说，2011年12月8日中国驻缅甸大使与昂山素季的正式会见成为标志性的事件，这意味着，中国对缅甸的政策不再局限于与执政党和政府打交道，中国希望从更多的渠道获得更多更真实的缅甸各阶层、各政党、各民族的信息。以缅甸政府的执政能力和缅甸政府金融专家及经济专家对西方金融体系的顶礼膜拜的状况来看，如果任由这部分专家来主导缅甸的新经济和金融体系的规划和建设，缅甸今后长期发展的前景并不乐观，中国在缅甸的巨额投资将会面临极大的风险。如何影响到缅甸新政府对经济和金融体系的法规制定，这将充分考验中国决策者在这方面的智慧。

在缅中资企业应借机提高竞争力。在受到美、欧全面制裁的背景下，缅方将中资视为经贸合作的主要选项。由于在整体经济环境封闭的背景下缺乏竞争，中资项目出现了"鱼目混珠、泥沙俱下"的情形，加上中资经营者国际形象公关经验的缺失，出现了花钱出力却不讨好的局面。中国政府和企业应该主动与克钦独立军及宗教团体、民间组织沟通联系，听取、解决他们的合理要求，重点做好移民的生活和生产安排，减少对抗和摩擦。目前，协助缅甸国内各派力量维持现状应该成为中方的首选政策。

发挥涉缅边境地区的积极性。涉缅边境地区的优势在边、活力在边、发展在边、希望在边。管好边，维护国家主权是前提，是先决条件；用好边，搞好开放，实现边境地区发展是关键，兴边富民是重要手段。在涉缅边境地区应进一步统筹好"管边"与"用边、兴边"的关系，将边境开发作为国家扩大对外开放新的增长点。要继续大力推进中缅边贸合作，实行先行先试、特事特办，努力建设好瑞丽国家沿边开放试验区。

最后，应加强中缅边境安全合作。中缅应加强防务、执法安全等领域合作，共同打击恐怖主义和跨境犯罪，维护地区安全稳定。缅甸军人枪杀中国平民，不是简单的刑事案件。中方在向缅方提出严正交涉的同时，应要求缅方切实加强对边境地区驻军的教育和管理，杜绝再次发生此类事件，并适当设置惩罚措施。

关于缅北和平谈判，中国应主动提出各方都可接受的解决方案。要坚决反对缅甸对特区的军事行动，支持缅甸北部特区的高度自治。实际上，高度自治的方案不是中国提出的，而是由 1947 年《彬龙协议》规定的。唯有实现高度自治，才能促使 KIA 放下武器，实现实质性和解。简言之，"少数民族高度自治和确保安全"是解开缅北问题死结的关键。

Changes in the Political Situation of Myanmar and Impact on its Bilateral Relations with China

Qin Zhilai

Abstract：Since the transformation in Myanmar in 2010，Sino – Myanmar relations have been frustrated. How to accurately grasp the change in the situation of Myanmar and courageously break the old situation and creatively open up a new prospect has become the cutting – edge research topic concerning Sino – Myanmar relations. Based on an objective assessment of the current political situation in Myanmar since the transformation，this article outlines the future situation in Myanmar as "big changes" and "small wars" running parallel，and analyzes its impact on Sino – Myanmar bilateral relations，with a view to breading the deadlock in Sino – Myanmar relations. The article argues that the modernization transformation of Myanmar is critical for China's resolution of the disputes arising around the borderlines and that there are shared opportunities between Myanmar and China. Myanmar new government's policy on China will remain stable，and the cooperation inertia between China and Myanmar will not immediately disappear. Therefore，China's policy toward Myanmar should combine firmness of principle with flexibility of strategy and ensure a positive dynamic equilibrium between the two，endeavoring to shape Myanmar as a booster for Chinese diplomacy with neighboring countries.

Keywords：Political Situation of Myanmar，Transformation，Sino – Myanmar relations

乌克兰危机的根源及前景

王洪涛◎

【内容提要】 乌克兰危机引发美俄新一轮对峙和全球大国关系深刻调整，其实质是"东西问题"，也就是在欧亚两大地缘政治板块的挤压和争夺态势下向东还是向西的问题。乌克兰危机的根源在于欧亚两大板块的长期碰撞，造成历史上积聚"东西仇怨"，经济上"东西分裂"，政治上"东西分野"，文化上"东西冲突"。未来一段时间，克里米亚归俄虽不被世界承认，但已成定局；乌克兰危机还会持续，但不会"破局"；美俄关系进入"僵冷期"，但不会总是"僵局"，而是会维持"不和、不斗、不破、不断"的新常态；乌克兰的未来在于找到"东西平衡"之道，寻求"和局"。

【关键词】 乌克兰危机 大国博弈 地缘政治 美俄关系

【作者简介】 王洪涛 中央党校研究生院国际政治专业博士。

乌克兰危机延续至今，引发俄罗斯与美国及西方新一轮对峙和全球大国关系新一轮调整。乌克兰问题的实质就是"东西问题"，未来解决之道也在于"东西平衡"，与此相联系的俄罗斯与美国及西方关系也将维持"不和、不斗、不破、不断"的新常态。

一 乌克兰危机始末

此次乌克兰危机是 2004 年"橙色革命"以来，乌克兰遭受的最严重

《国别和区域研究》（第 1、2 期），第 291～298 页。

的、受外部势力影响最大的危机，动荡至今仍在延续。演变大致可分为以下三个阶段：一是自危机爆发至前总统亚努科维奇离职，这个阶段美国及西方不断取得进展，俄罗斯相对被动。危机的爆发点是 2013 年 11 月 21日亚努科维奇宣布暂停与欧盟签署联系国协定（Association Agreement）及"深入而全面的自由贸易协定"（Deep and Comprehensive FTA），把合作重点转向俄罗斯，引发乌克兰国内亲欧民众的大规模抗议示威。亚努科维奇政府在国内、国际多重压力下，进退失据，应对无方。尤其是在动乱当中，美国及西方为达到推翻亲俄政府、实现地缘利益的政治目的，暗中推波助澜，并派遣人员到示威现场公开煽动，直接推动抗议升级为流血骚乱。即便亚努科维奇政府在压力下与反对派签署危机解决协议，也无法控制局势。危机导致亚努科维奇出走，并在 2014 年 2 月 22 日被乌克兰议会宣布为"自动丧失总统职权"，乌克兰被街头政治更迭政权。二是自亚努科维奇离职至克里米亚并入俄罗斯，这个阶段美国及西方处于下风，俄罗斯实现逆转。2 月 23 日，乌克兰亲欧过渡政府成立，克里米亚亲俄民众开始集会抗议并要求进行"脱乌入俄"公投，公投结果显示 96.77% 的选票赞成。俄罗斯迅速行动起来，仅仅两天后就与克里米亚共和国和塞瓦斯托波尔市签署入俄条约。自此，美、俄从幕后走上博弈的前台，乌克兰成为美、俄直接进行地缘政治对抗的前线。三是克里米亚入俄至今，公投入俄的示范效应显现，美国及西方与俄罗斯博弈互有攻守，深层矛盾不断显现，关系进入僵冷阶段。乌克兰东部和南部各州亲俄民众也较多，尤其是东部卢甘斯克、顿涅茨克、哈尔科夫等州相继爆发示威游行，顿涅茨克和卢甘斯克两州举行公投并宣布脱离乌克兰成为"主权国家"。乌政府对其实施所谓的"反恐"行动，双方武装冲突一度十分激烈。签署《明斯克协议》后局势有所缓和，但未能根本解决问题，乌克兰实际上已经处于内战和国家分裂的境地。①

---

① 戴长征、张中宁：《国内圄域下乌克兰危机的根源及其影响》，《东北亚论坛》2014 年第 5期；冯绍雷：《从乌克兰危机看俄罗斯与金砖国家相互关系的前景》，《国际观察》2014 年第 3 期。

二 乌克兰危机的根源在于欧亚两大板块的长期碰撞

唯物辩证法认为，事物的内部矛盾（即内因）是事物自身运动的源泉和动力，是事物发展的根本原因。外部矛盾（即外因）是第二位的原因。内因是变化的根据，外因是变化的条件，外因通过内因而起作用。而在乌克兰，外因由于力量过于强大且在历史上长期发挥作用，不但对乌克兰局势和疆域产生巨大影响，还对乌克兰社会产生巨大的撕裂效应，甚至可以说，在乌克兰问题上，一些外因在一定程度上已经内化为内因而发挥巨大作用，真正的内因难以发挥应有的影响。乌克兰是苏联第三大加盟共和国，是欧洲除俄罗斯外陆地面积最大的国家，在欧亚地缘政治板块中具有不可忽视的重要地位。美国战略家布热津斯基曾说过，乌克兰是欧亚棋盘上一个新的重要地带。它作为一个独立国家存在有助于改变俄罗斯，因此它是一个地缘政治支轴国家。没有乌克兰，俄罗斯就不再是一个欧亚帝国。少了乌克兰的俄罗斯仍可争取帝国地位，但其所建立的将基本是个亚洲帝国，并且更有可能被卷入与觉醒了的中亚人的冲突而付出沉重代价。对于这一点，世界上的战略家都看得很清楚。因此，从全球战略层面来看，无论是俄罗斯还是美国及西方，都把乌克兰当成全球大博弈的必争之地，此次危机就是最新、最充分的体现。对于乌克兰来说，这实际上是个"东西问题"，也就是在欧亚两大板块的长期碰撞中选择向东还是向西的问题。

地缘上强权"东西争夺"。这是造成乌克兰危机的地理根源。乌克兰的意思就是"边缘之地"，地处红海、地中海、波斯湾、黑海、里海和亚、非、欧交界的"五海三洲"之地，自古以来就是文明冲突的交会点、大国博弈的必争地，这个"四战之地"造就了乌克兰独特的历史。冷战后，乌克兰成为美国霸权战略与俄罗斯地缘战略的冲突点。美国坚定推行"弱俄""遏俄""制俄"政策，俄罗斯则不断丧失苏联势力范围，尤其是"9·11"事件后，美国发动全球反恐历史性进入中亚，并通过支持

"颜色革命"在独联体地区推进美式民主，对俄罗斯在地缘政治上形成强大压力。①"橙色革命"之后，美国积极推动乌克兰加入北约，导致乌俄关系骤冷。与此同时，随着俄罗斯经济度过"休克期"、普京推出一系列行之有效的政策和国际市场能源价格的持续走高，俄罗斯国力全面复苏，自信心逐步恢复，建设"欧亚联盟"，全力制止乌克兰倒向西方。外部力量的强势介入和渗透使乌克兰很难掌控国内局势。

历史上积聚"东西仇怨"。乌克兰的历史就是一部被侵略、被瓜分的血泪史，大国的肢解和吞并造成其疆域的多次演变。从公元 882 年罗斯大公国建立到 13 世纪分裂后，这块地方先后经历了蒙古、波兰王国、奥匈帝国、沙皇俄国的侵略和统治。乌克兰东西部也因在不同历史时期分属不同阵营而相互杀伐，积累了很深的历史仇怨。第二次世界大战后，乌克兰在苏联支持下获得历史性统一并成为加盟共和国，1991 年后才真正成为一个统一独立的民族国家。可以说，乌克兰是一个拥有悠久历史的"年轻"国家。现在的乌克兰还有一部分新领土是苏联在二战前后从波兰、捷克斯洛伐克和罗马尼亚等国并入的，这是传统俄罗斯帝国从未控制过的地区，民族情绪非常强烈，苏联强硬镇压当地民族主义者班杰拉分子、强制推行集体化等，造成更加尖锐的敌对情绪。这些历史仇怨成为民族融合的巨大障碍。

经济上"东西分裂"。乌克兰东、西部经济发展极不平衡：东部经济相对发达，以重工业和机器制造业为主，占经济总量的 2/3。西部生产力落后，以农业为主。东西部贫富悬殊加剧了地区间的分化。在对外经济关系上，苏联通过计划经济使乌克兰和俄罗斯之间形成紧密的地区分工和产业分工，乌克兰对俄罗斯存在高度不对称的依赖关系。乌克兰独立后，这种依赖关系并没有得到实质性改变，尤其是在能源领域严重依赖俄罗斯。俄罗斯是乌克兰的最大贸易伙伴国，2012 年俄乌贸易占乌克兰对外贸易总额的 29.6%，对俄罗斯主要出口机械设备、火车车厢及其零部件、冶

---

① 冯玉军：《乌克兰危机：多维视野下的深层透视》，《国际问题研究》2014 年第 3 期。

金和金属制品、矿产、粮食。与此同时，乌克兰对欧洲的依赖也在上升。欧盟是乌克兰的最大贸易伙伴经济体，2012 年欧乌贸易占其进出口总额的 33.7%，对欧主要出口农业产品。乌克兰与俄、欧任何一方交恶都会严重影响国民经济的整体运行。更重要的是，乌克兰内部对俄、欧的贸易存在明显的东、西地域之分，东部与俄罗斯关系更加紧密，西部与欧洲经济联系更加紧密。这种经济地理上的东、西分裂也体现在政治上。

政治上"东西分野"。乌克兰东部和南部亲俄罗斯；西部和中部亲欧洲，有较深的"反俄情结"。2004 年乌克兰总统选举就是在对俄、欧政策上的"东西"较量，西部坚定支持尤先科，东部坚定支持亚努科维奇，最终亲西方的尤先科战胜亲俄的亚努科维奇取得胜利。此后尤先科带领乌克兰积极发展对欧关系，寻求加入北约，与欧盟签署《联系国协定》《东部伙伴关系宣言》等，招致俄罗斯一系列"能源大棒"的打击。2010 年总统选举重演了 2004 年的历史，不同的是亚努科维奇赢得胜利，无非是改善经济状况，选择深化对俄关系，撤销加入北约的申请，并制定《内外政策原则法》，在法律上杜绝了未来加入北约的可能，并暂停与欧盟联合协议的准备工作，引起了欧洲一体化支持者的大规模抗议活动。[①] 由此可见，正是乌克兰国内政局的"东西分野"造成了整个国家政策上的"东摇西摆"。

民族构成上"东西分明"。乌克兰有 130 多个民族，但主要是两大民族。乌克兰族约占 77%，主要分布在乌克兰西部，俄罗斯族约占 17%，主要分布在乌克兰东部。这种泾渭分明的民族结构也会导致民族之间越来越深的隔阂而不是融合。还是这种历史和现实情况，致使乌克兰难以形成一个统一的国家。[②]

文化上"东西冲突"。世界两大宗教（基督教、伊斯兰教）和五大宗

---

① 宋国友、高群博：《经济地理、政治版图与不对称相互依赖的权力效用——以俄罗斯阻止乌克兰加入北约为例》，《世界经济与政治》2012 年第 9 期。

② 葛汉文、丁艳凤：《乌克兰民族主义：历史演进、政治诉求与极端发展》，《俄罗斯研究》2014 年第 3 期。

教派别（天主教、东正教、浸礼教、犹太教和伊斯兰教）都在乌克兰有很大影响，彼此之间争夺教众的矛盾长期存在。伊斯兰教是发展最快的少数宗教。此外，乌克兰语和俄语的交锋十分激烈，并激化了社会对立情绪。这种情况很不利于形成相对统一的乌克兰文化。

三　乌克兰危机的走向

克里米亚归俄虽不被世界承认，但已成定局。克里米亚"回归"俄罗斯已经一年，局势比较稳定。俄罗斯也发布了《克里米亚和塞瓦斯托波尔 2020 年前社会经济发展》联邦纲要，大力扶持克里米亚的经济发展。国际社会对此消化得也差不多了，虽然反对和指责的声音不断，但即便是以美国为首的西方在内心深处也认为克里米亚本就属于俄罗斯。况且，克里米亚归属俄方已经写入俄宪法，要想改变这个局面很可能引发战争，这是乌克兰和美国及西方无法面对的挑战。在可预见的未来，克里米亚属于俄罗斯的现状很难改变。

乌克兰危机还会持续一段时间，但不会"破局"。乌克兰单靠自身难以解决问题，东部武装力量强大，"反恐"行动效果不佳，外部力量深度介入，令局势更趋复杂，虽勉强达成《明斯克协议》，但落实困难，单靠自身力量难以解决问题。美国及西方与俄罗斯尚无缓和迹象，双方还在角力。美军已经在乌克兰开展军事培训，隶属于美国陆军第 173 空降战斗旅的 300 名伞兵 4 月 20 日开始对乌克兰士兵进行培训，代号为"无畏卫士 2015"，时间为 6 个月。这对俄罗斯无疑是新的刺激，俄罗斯表示这样的行为可能破坏乌克兰停火局势。与此同时，我们也看到在与美国存在巨大的利益分歧的背景下，以法、德为主导的欧洲国家也正乘势而为，极力推动局势向好发展，成为防止"破局"的重要力量。德国、法国等欧盟主要国家不断敦促乌克兰尽快执行有关乌克兰东部地区停火问题的新《明斯克协议》，明确表示不可能向乌克兰派遣维和部队。同时也不放弃在乌经济利益，第 17 次乌克兰－欧盟峰会决定自 2016 年 1 月 1 日起正式实施《欧乌自贸协议》。

从国际秩序的角度看，在乌克兰问题上，乌克兰与俄罗斯联系极为密切，在经济和能源上乌克兰又严重依赖俄罗斯，不具备完全倒向欧美的条件。未来一段时间，虽然乌克兰的外交指针可能会向欧美更多地摆动，但从长远来说，乌克兰社会的"风格"不允许它单纯倒向任何一方，而只能在东、西方之间游走。

美俄关系进入"僵冷期"，但不会总是"僵局"。短期内不会很快缓和，但长期来看，欧俄关系甚至美俄关系还会在合适的时机再度重启。首先，此轮对抗并未发展成为全面对抗，对抗性最强的美俄双方也都留有余地，对未来达成新的平衡也都有心理准备。其次，引发对抗的原因虽然性质恶劣但也不是新矛盾，而是既有矛盾的新发展，美俄关系是复杂的，不至于因为单个矛盾而全面对抗。最后，世界范围内竞争与合作并存的大趋势没有改变，各方都经不起大国关系对抗的后果。美国及西方与俄罗斯都离不开彼此，也承受不起全面斗争的后果。对俄制裁是"杀敌一万，自损八千"，欧洲与俄罗斯在贸易上的相互依赖性很强。对欧洲来说，为了乌克兰而牺牲自身发展得不偿失，何况欧洲当前面临经济复苏乏力的难题，与俄罗斯交恶并不情愿。近期德国总理默克尔和美国国务卿克里接连访问俄罗斯，虽然未实现关系上的突破，但表明了谈判的态度，维持了交流的渠道，给未来缓和关系留下一线希望。

乌克兰的未来在于平衡东西，寻求"和局"。乌克兰存在的深层次问题短期内很难解决，经济在动乱的局面下能维持就不错了，根本不可能着手调整结构，政治版图的地域性也将因此保留下去，民族东西分布的实际情况很难改变，东西方文明的冲突将长期存在，未来乌克兰仍将是一个"东西分裂"的国家，在"东西问题"上也还会是"东张西望"。外部势力对乌克兰的争夺和渗透，甚至扶持、培植代理人还会继续。乌克兰面临的最大任务就是如何做好在东、西方的"平衡外交"，在稳住国际环境的情况下，徐图改革，逐步解决国内问题，而不是全面倒向东、西任何一方。拉夫罗夫有句话说得中肯：纵观乌克兰独立后的发展史就会一目了然，试图一举决定该国外交倾向——向东还是向西的尝试，无一不以失败而告终。乌克兰的未来需要实现"和局"，才能在夹缝中求得新生。

Origins and Prospects of Ukraine Crisis

Wang Hongtao

Abstract：The Ukraine crisis has triggered a new round of US – Russia confrontation and profound adjustments in big power relations. The essence of the crisis is "a matter of East or West"; that is , facing the squeeze and contest from two geopolitical plates of Eurasia, Ukraine needs to choose to go east or west. The Ukraine crisis is rooted in the long – term collision of the two Eurasian plates, which has resulted in the accumulation of "east – west hatred" in history, "east – west split" in economy, "east – west distinction" in politics, and "east – west clash" in culture. For some time in the future, it will be a foregone conclusion for Crimea to be in the hand of Russian, regardless of no recognition from the international community; Ukraine crisis will continue, but with no risks of "breaking"; US – Russian relations will enter a "frosty period", but not an eternal "deadlock", or maintain the new normal of "no concerting, no fighting, no breaking, no severing". Ukraine's future lies in a balanced and tied east – west relationship.

Keywords：Ukraine Crisis, Great Power Game, Geopolitics, US – Russian Relations

应重视国别和区域研究
学科化及人才培养

胡春春◎

【内容提要】 本文以为，为推进国别和区域研究应借鉴发达国家经验。其中，美国的国别和区域研究的学科化发展与实体机构建设基本同步，而我国对此尚无学科之名，使学科化建设受阻。为此，应发展增设"国别和区域学"的学科论证工作，进而解决国别和区域研究的人才培养问题。

【关键词】 国别研究 区域研究 学科人才培养

【作者简介】 胡春春 同济大学德国研究中心副教授，博士。

我国在扩大并深化对外交往、实施"一带一路"等国家发展大势下，急需既精通对象国或区域的语言，又充分了解对象国或区域的政治、经济、社会和文化等多方面情况的高层次、复合型涉外人才。在全国留学工作会议上，国别和区域研究的人才培养受到中央领导的高度重视。为了迅速推动国别和区域研究人才培养工作，我们需要借鉴发达国家经验。

《国别和区域研究》（第1、2期），第299~303页。

一 发达国家纷纷加大对国别和区域研究人才培养的投入

"国别和区域研究"亦称区域研究，兴起于冷战时期的美国，从起始就与保护美国的国家利益密不可分，美国国家与社会力量曾对此提供了大量资助。1950年，美国福特基金会成立"国外区域奖学金项目"（FAFP），1953~1966年为34所美国高校的区域和外语研究出资2.7亿美元；美国《国防教育法案》（1958年）与后续的《高教法案》（1965年）也批准资助了125所高校区域研究机构。随着美国高校的日益国际化，其国别和区域研究获得了很大发展，相关课程业已成为美国当代高等教育标准设置之一。

在全球化背景下，世界各国认识到国别和区域研究对于解决现实政治、经济、社会和文化问题的重要性，纷纷加大投入。美国教育部2014年10月8日宣布，向269家高校机构投资6330万美元，通过国际研究和世界语言培训加强全球竞争力，强化美国在世界市场、全球介入和相关知识的领袖地位；德国联邦教育科研部在2009~2017年，分两期向区域研究领域的16个研究项目和机构共投资5950万欧元。

二 美国国别和区域研究的学科化和人才培养模式

美国高校的区域研究从学科发展、学科定位来看，一直面临两种发展方向的竞争，即究竟是依附于多个传统学科领域，比如研究某一国家和区域的政治、历史、文学、语言等，还是走超越具体国家和区域的社会科学普遍理论化道路。这两种思路也反映在建立何种形式的教学和科研实体以进行人才培养上。

美国高校在区域研究的学科发展过程中，采取了两种实体建设的途径：一是建立独立的区域研究系，二是建立平台性区域研究中心、研究所或者提供区域研究课程项目。

美国学者认为，美国高校独立的区域研究系涉及多个学科，但是偏向文科。在本科学习阶段，课程设置包含语言、文学、历史、宗教，有时也包括某一地区的政治；在研究生阶段，课程设置开始集中于文学和历史领域。但是，这种做法的结果之一就是培养的人才经常具有"双重认同"，比如说，"既是历史学家也是中国学研究者，既是社会学家也是拉美学研究者"。从学科化的角度来说，这实际意味着传统学科——如上例中的历史学、社会学——依旧强势，而建设中的区域研究学科则被边缘化。

与高校内独立的区域研究系相比，第二种组织形式则更为灵活，也获得了更大的成功。目前，美国高校设有大量的平台性区域研究中心和研究所。从人才培养的角度，这些机构一般不设置独立的学位学习项目（degree course），但是能够吸引多个学科的学者和学生参与不同类型的课程、讲座、研习班、研讨会、科研项目、出版计划等学术活动，以及辐射社会。这对美国的校园生态以及办学筹资等方面具有积极的意义。

因此，美国的区域研究学科化以及与之相应的实体机构建制化仍旧处于动态的发展过程，究竟是依附传统学科还是形成单独学科，还没有最终结论。但是，后一种发展越来越占据上风已经是不争的事实。

三　学科问题已成为制约我国国别和区域研究人才培养的"瓶颈"

对比之下，中美经验的最大区别是：美国的国别和区域研究的学科化发展与实体机构建设探索基本同步，学科取向基本由科学发展自身规律解决。而我国的学科化建设遵循另一套管理机制，即必须"名实相符"——如果没有学科之名，实体机构建设就会困难重重。而学科存在与否，受到国务院学位委员会、教育部颁布的《学位授予和人才培养学科目录（2011 年）》的约束，高校评估、专业评估等都以目录内学科为指导框架。学科目录也因此对高校发展具有强烈的引导性。

"国别和区域研究"由于没有进入上述学科目录，所以发展空间严重受限：无法以"国别和区域研究"为名招生，培养学生只能挂靠目录内学科，学生毕业后没有对口专业，后备人才的专业上升空间（如晋升职称等）在很大程度上取决于目录内学科的"脸色"，以至于国别和区域研究很难吸引和留住优秀人才。

例如，由于国别和区域研究对于研究对象国语言掌握程度要求较高，所以在国内高校多集中于外国语言文学院/系，而国别和区域研究的内容又大大不同于传统语言文学研究，因而这一机制培养的人才很可能不具有美国式区域研究的"双重认同"，而是受到传统语言文学研究的排斥，产生"寄人篱下""无所认同"的挫折感。

综上所述，笔者认为学科化问题已经成为国别和区域研究人才培养的瓶颈。只有把"国别和区域学"在学科目录中单独设立为一级或二级学科，才能在我国的高等教育和科研体制内顺利推动教学和科研机构的实体化建设，从而根本解决国别和区域研究的人才培养问题。为了配合国家战略的需要，培养国家急需的人才，我们呼吁国务院学位委员会和教育部迅速组织相关专家，开展增列"国别和区域学"为一级或二级学科的论证工作。

Focus On the Disciplinization of International and Regional Studies and Talents Cultivation

Hu Chunchun

Abstract：In order to promote international and regional studies in China, we should draw on the experiences of developed countries. Among them, US has managed synchronization between discipline development and entity construction. This studies has not been deemed as a discipline yet in China, which is blocking its development. Therefore, more attention should be paid to examine the feasibility of disciplinizing international and regional studies, and subsequently address the issue of talents cultivation in this studies.

Keywords: International Studies, Regional Studies, Talents Cultivation

图书在版编目（CIP）数据

国别和区域研究 . 第 1、2 期 / 罗林主编 . -- 北京：
社会科学文献出版社，2017.4
ISBN 978 - 7 - 5201 - 0498 - 2

Ⅰ . ①国… Ⅱ . ①罗… Ⅲ . ①社会科学 - 研究②区域
经济合作 - 国际合作 - 研究 - 中国 Ⅳ . ①C②F125.5

中国版本图书馆 CIP 数据核字（2017）第 057621 号

国别和区域研究（第 1、2 期）

主 编 / 罗 林
执行主编 / 夏征难

出 版 人 / 谢寿光
项目统筹 / 祝得彬 王晓丽
责任编辑 / 仇 扬 王小艳

出 版 / 社会科学文献出版社 · 当代世界出版分社（010）59367004
地址：北京市北三环中路甲 29 号院华龙大厦 邮编：100029
网址：www. ssap. com. cn
发 行 / 市场营销中心（010）59367081 59367018
印 装 / 北京季蜂印刷有限公司

规 格 / 开 本：787mm×1092mm 1/16
印 张：19.75 字 数：292 千字
版 次 / 2017 年 4 月第 1 版 2017 年 4 月第 1 次印刷
书 号 / ISBN 978 - 7 - 5201 - 0498 - 2
定 价 / 78.00 元